© AGYEMANG DUAH KWEKU JR - SHUTTERSTOCK.COM

89 GREATER ACCRA

C'est la région qui concentre la majeure partie de la population du pays. On y trouve Accra, la vibrante et infatigable capitale ghanéenne, et quelques plages !

127 LITTORAL

Certainement la zone la plus touristique du pays, et non sans raison : le littoral abrite des plages et de nombreux forts de l'époque coloniale classés à l'UNESCO.

155 EST ET RÉGION VOLTA

La plus verdoyante région du Ghana. Autour du lac Volta, le plus grand d'Afrique de l'ouest, les paysages déploient de beaux reliefs et abritent quelques cascades.

179 GHANA-INTÉRIEUR

Ce chapitre couvre ce qui correspond grosso modo au territoire de la puissante ethnie Ashanti, dont Kumasi, seconde ville du pays, est le chef-lieu. Immanquable.

195 GRAND NORD

Le Grand Nord porte bien son nom : difficilement accessible car très éloigné de la côte, il n'en demeure pas moins fascinant. Aux portes du mystérieux Sahel...

215 ORGANISER SON SÉJOUR

La boîte à outils ultime pour préparer votre voyage et l'organiser une fois sur place. Vous trouverez aussi ici quelques pistes pour rester plus longtemps que prévu.

Plage d'Axim. © PAUL D SMITH - SHUTTERSTOCK.COM

BURKINA FASO
BÉNIN
CÔTE D'IVOIRE
Boura
PAGA
SIRIGU
Bawku
WIDENABA
TUMU
NAVRONGO
DAPAONG
BOLGATANGA
TONGO
LAWRA
Wiaga
Mango
Tchanaga
Loropéni
Gaoua
Nadowli
Boukombé
Koumongou
WA
Monkaringa
Janga
Karaga
Batié
WECHIAU
Kpong
Saboba
Sefahiridouo
MOLE NATIONAL PARK
TAMALE
YENDI
MOGNORI
Bouna
LARABANGA
Bassar
Kpalbe
Bole
Sokodé
Buipe
Damanko
Salaga
Sotouboua
Kpasa River
Bui Reservoir
BUI NATIONAL PARK
Gulubi
KYABOBO NATIONAL PARK

TOGO
TECHIMAN
NKORANZA
SUNYANI
Ejura
DIGYA NATIONAL PARK
Volta
Tomegbé
Babianiha
Agnibilékrou
BIA NATIONAL PARK
Kenyasi
HOHOE
KYABOBO NATIONAL PARK
Agordeke
Afram
TAFI ATOME MONKEY SANCTUARY
Kpalimé
NTONSO
Kwawufoso
AMEDZOFE
Abengourou
KUMASI
KUBEASE
HO
WLI
New Sayereso
BONWIRE
KPETOE
Bekwai
LAC BOSUMTWI
Nkawkaw
KALAPKA GAME RESERVE
TSÉVIÉ
SHAI HILLS
RESOURCE RESERVE
AKOSOMBO
OBUASI
KPONG
LOMÉ
Dadieso
SOMANYA
AFLAO
KLIKOR-AGBOZUME
KOFORIDUA
SOGAKOPE
Wompam
LARTEH
ABURI
KETA
Keta
Agortoe
New Yakasi
Anum Apapam
ADA FOAH
TESHI-NUNGUA
TEMA
KOKROBITE
TESHI
Alépé
Aboisso
Agona Swedru
ACCRA
PRESTEA
WINNEBA
KAKUM NATIONAL PARK
Adiaké
Noé
Tarkwa
Frami
MANKESSIM
ANKASA GAME RESERVE
AMPENYI
ANOMABU
KORMANTAN
BRENU
CAPE COAST
Alomatuope
BEYIN
ELMINA
Asasetre
NZULEZO
NKROFUL
KOMENDA
Golfe de Guinée
TAKORADI – SEKONDI
SHAMA
Sekondi-Takoradi
AXIM
BUTRE
PRINCESS TOWN
BUSUA
AKWIDAA
100 KM

QUAND Y ALLER

JANVIER

23° / 32°

AKWASIDAE
(KUMASI)
La fête ashanti Akwasidae est célébrée toutes les six semaines à Kumasi. Le roi parade, paré de tous ses attributs en or.

EDINA BRONYA FESTIVAL
(ELMINA)
Le premier jeudi de janvier, Elmina célèbre la nouvelle année : c'est Edina Buronya, un moment de réjouissances partagées.

$ $

FÉVRIER

24° / 32°

$

MARS

24° / 32°

$

JUILLET

22° / 27°

$ $

AOÛT

21° / 27°

CHALE WOTE STREET ART FESTIVAL
(ACCRA)
Mi-août : un festival street à Accra. Musique, photo, danse, peinture, graffiti, cinéma... Effervescence internationale garantie !

HOMOWO
(ACCRA)
Pour conjurer la famine, le peuple Ga célèbre Homowo à Accra. De la nourriture est alors offerte aux dieux et aux ancêtres.

$ $

SEPTEMBRE

22° / 29°

FESTIVAL KUDUM
(BUSUA)
Organisé entre août et septembre à Busua, sur la côte, ce festival traditionnel permet de découvrir le folklore fanti.

KOBINE FESTIVAL
(LAWRA)
Gigantesque festival de danse dans la partie nord du pays : y participe une trentaine de troupes venues des quatre coins du nord !

$

Le Ghana et le golfe de Guinée en général sont soumis à un climat tropical. Si la côte est chaude et plutôt sèche, le sud-ouest du pays est chaud et humide, tandis que le nord – portes du Sahel – est chaud et particulièrement sec. Afin de ne pas trop souffrir de la chaleur et pour éviter la pluie, la meilleure période pour se rendre au Ghana est entre septembre et novembre, et entre mars et juin.

AVRIL

24° / 32°

MAI

23° / 31°

ABOAKYER FESTIVAL
(WINNEBA)

© K.KYERE - SHUTTERSTOCK.COM

En mai, une partie de chasse à l'antilope a lieu à Winneba. Le premier qui ramène un animal au chef est déclaré vainqueur.

JUIN

23° / 29°

OCTOBRE

22° / 30°

DURBAR FESTIVAL
(WA)
Un rite ancien et impressionnant : dans le village de Wa, en octobre, le roi doit enjamber une vache sous peine d'être exécuté.

PANFEST
(CAPE COAST)
Un grand festival multisupport est célébré à Cape Coast chaque année avec un objectif : œuvrer pour panafricanisme international.

NOVEMBRE

23° / 31°

NKYIDWO
(KUMASI)
On célèbre ici les ancêtres qui seraient sortis d'un trou, suivis par un chien et un lion, des musiciens et des danseurs.

DÉCEMBRE

23° / 31°

FEOK FESTIVAL
(BOLGATANGA)
Une célébration dans la capitale de la région nord-est qui permet aux différents villages Builsa de régler leurs différends.

LES BONNES RAISONS D'Y ALLER

© GERHARD PETTERSSON - SHUTTERSTOCK.COM

UNE DESTINATION BALNÉAIRE

Plage de sable clair, palmiers et océan attirent les étrangers sur la côte ghanéenne.

UNE GASTRONOMIE DE QUALITÉ

Restaurants et maquis servent pour des prix modiques une cuisine épicée et exotique.

© SURA NUALPRADID - SHUTTERSTOCK.COM

© FELIX LIPOV - SHUTTERSTOCK.COM

MÉMORIAL DE L'ESCLAVAGE

Des dizaines de forts européens, héritage du commerce triangulaire, émaillent la côte.

UN AGENDA CHARGÉ

Les festivités qui rythment l'année sont des rites socio-politiques de prime importance !

L'AFRIQUE DE L'OUEST EN SÉCURITÉ

Pour découvrir l'Afrique de l'Ouest sans prendre des risques majeurs pour sa sécurité.

UNE DESTINATION SURF

Les surf camps se multiplient dernièrement sur la côte, vers Busua, mais vers Keta aussi.

SAFARI DANS LE NORD

Le parc Mole, dans le nord du pays, abrite une belle population d'éléphants d'Afrique !

LES BONNES RAISONS D'Y ALLER

LE LAC VOLTA

Le plus grand lac artificiel du monde est aussi un lieu de vacances des plus serein.

© SOPOTNICKI - SHUTTERSTOCK.COM

© TRUBA71 - STOCK.ADOBE.COM

NIGHT LIFE

Ceux qui aiment la musique seront servis : Accra le week-end est un immense dance-floor !

UNE SCÈNE ARTISITIQUE DYNAMIQUE

Accra abrite quelques galeries d'art et de créateurs on ne peut plus avant-gardistes.

LES 12 MOTS-CLÉS

#BAINS DE MER

En opposition aux bains de rivière, déconseillés en raison de la bilharziose (maladie parasitaire). La bonne nouvelle, c'est que côté océan, les plages sont propres et les spots recommandables sont nombreux, à l'image par exemple de Fetteh (Winneba). Si la chaleur ambiante invite à la baignade, montrez-vous prudent : la mer peut être dangereuse.

© SOPOTNICKI - SHUTTERSTOCK.COM

#BUSINESS

Tous les hommes aimeraient en faire au Ghana. De part et d'autre du pays, ils sont là, prêts à négocier les prix, pour leurs amis, pour eux-mêmes, pour arranger un touriste... Bref, pour faire du business. Dans ce domaine, le but ultime pour les Ghanéens est de faire de l'import-export pour avoir des devises étrangères et gagner beaucoup d'argent.

#CHOP

Chop (chop-chop ou chop-restaurant) est une expression utilisée pour désigner les petits maquis où la nourriture « ready-made » est à la disposition du client. Chop signifie littéralement « gober ». Il s'agit en effet plus de se remplir l'estomac que d'apprécier un bon repas. Ce mot pourrait renvoyer à l'expression française « casser la croûte ».

© TAYVAY - SHUTTERSTOCK.COM

#DEVISE

Une seule devise à retenir : « Freedom and Justice » (« Liberté et Justice »). Des Ghanéens viennent souvent à la rencontre des touristes en clamant combien leur pays est libre et qu'il est possible de tout y faire. Les Ghanéens sont très fiers de leur patrie. Le drapeau national est visible partout, spécialement à Accra sur les grands axes routiers.

#HAPUSSKÉLÉKÉ

Hapusskéléké, c'est le nom donné aux jeunes femmes portant des jeans bien moulants. Le mot s'est échappé d'une chanson de highlife, dont le refrain était « hapusskéléké ta monnaie peut finir, la chose sera toujours là... ». Le morceau avait pour sujet principal les jeunes femmes très apprêtées pour sortir, portant notamment un pantalon bien moulant.

#HIGHLIFE

Le highlife est basé sur des rythmes traditionnels mélangés au son des guitares et des basses plus modernes. Cette musique typiquement ghanéenne est aussi la plus populaire, et les gens l'écoutent à longueur de journée, même si des sonorités plus actuelles, plus électroniques, tendent à gagner du terrain, parmi la jeunesse ghanéenne notamment.

#KOTOKO

Fabruos !, c'est le cri vainqueur des supporters de l'équipe de foot ashanti de Kumasi, connue sous le nom de Kotoko. Les Ghanéens sont complètement fous de foot. Sur les taxis, le rouge et le blanc sont les couleurs symbolisant les supporters Kotoko. Alors que le rouge, bleu et jaune sont les couleurs des Hearts, leurs adversaires de la capitale.

#NANA

Nana désigne qui descend d'une famille de chef. Dans certains coins du Ghana, il s'agit aussi d'un titre honorifique donné par les habitants d'un village à un personnage impliqué dans le développement dudit village. Ainsi Rita Marley, par ses dons à la communauté d'Aburi, est devenue une Nana presque autant respectée qu'un chef traditionnel.

LES 12
MOTS-CLÉS

#NITE CLUBS

Les « Night Clubs », orthographe à la ghanéenne, sont le lieu de prédilection de la jeunesse d'Accra et des milieux urbains du Ghana. Les sound systems élèvent leurs décibels très hauts, la musique dure jusqu'au petit matin, et cela le vendredi, le samedi et le dimanche soir chaque semaine ! Au menu : hip-hop, highlife, musiques afro et reggae !

© SAM EDWARDS - ISTOCKPHOTO.COM

#OR

Bien que « Côte d'Or » fut jadis le nom du pays, il est aujourd'hui difficile de trouver quelconque trace de ce passé glorieux. Des manifestations – comme l'Ogua Fetu Afahye (Cape Coast) ou les réceptions de l'Asantehene (Kumasi) – maintiennent en vie cet héritage et quelques mines subsistent (Tarkwa et Obuasi) mais leur visite est quasi impossible.

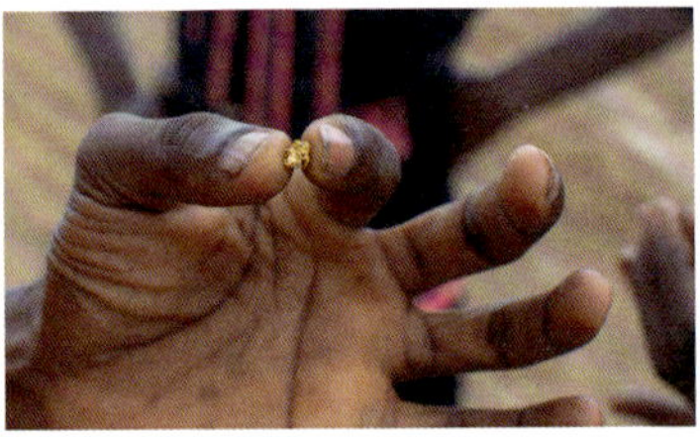

© DELALI ADOGLA-BESSA - SHUTTERSTOCK.COM

#OBRONI

Obroni est une expression générique qualifiant les Blancs, ou toute personne n'ayant aucun de ses deux parents Noirs. Les visiteurs risquent de l'entendre souvent ! Dans la région de la Volta, *Yovo* sera également une alternative courante. Mais on entend plus généralement *White Man*. A noter que les métis aussi sont considérés comme *obroni*.

#PURE WATER

Impossible de voyager au Ghana sans entendre des dizaines et des dizaines de fois par jour des vendeurs à la sauvette, souvent de jeunes femmes, crier « *pure wata* ». Il s'agit des sachets en plastique de 25 cl contenant de l'eau. Cette eau est censée avoir été traitée contre les bactéries, mais les qualités entre les marques peuvent varier.

VOUS ÊTES D'ICI, SI...

▸ Vous êtes le plus respectueux possible des règles. Politesse, code de la route, règlements divers... Ces codes régissent fortement la société ghanéenne et les gens sont attentifs au comportement des étrangers. Montrez votre meilleur profil, c'est tout un pays (le vôtre) que vous représentez !

▸ Vous ne photographiez pas les gens sans leur accord préalable.

▸ Lors d'une visite d'un village, vous demandez à rencontrer le chef. C'est l'usage de présenter ses respects aux organes traditionnels. Ainsi, l'on gagne la faveur de tout le village.

▸ Fumer est mal vu au Ghana. Très peu de gens fument, et vous savez que si vous fumez, vous engendrez la désapprobation générale. Si vous êtes fumeur, fumez en extérieur en vous assurant de n'incommoder personne.

▸ Vous n'hésitez pas à marchander lorsqu'on vous donne un prix sur les marchés, dans les taxis et avec les vendeurs de rue. En dehors des prix fixes (hôtels, restaurants ou magasins), ceux qu'on propose aux étrangers sont souvent largement augmentés.

INTERVIEW

MON GHANA

AVEC MARTIN FOUQUET, AUTEUR

Qu'est-ce que vous a poussé à vous rendre au Ghana ?

Ayant toujours été fasciné par la culture très musicale de l'Afrique de l'Ouest et déjà séduit par l'accueil des Togolais et des Béninois, c'est assez naturellement que mes pas m'ont conduit jusqu'au Ghana. J'avais très envie de découvrir le lieu de naissance du high-life et l'afrobeat. En fin gourmet, la cuisine ghanéenne attirait mon attention aussi. Je n'ai pas été déçu !

Quel est le meilleur souvenir que vous rapportez du Ghana ?

De manière générale, je dirais toute une collection d'impressions fortes : images, lumières, musiques et bruits de fond, regards, sourires, saveurs... Bref une expérience totale ! La bonne humeur des Ghanéens reste toutefois mon meilleur souvenir.

Quel lieu vous a particulièrement marqué ?

Le Ghana est un pays magnifique et aux paysages très variés ! Le nord, par exemple, est émaillé de villages évoquant ceux du Sahel. Personnellement, je suis tombé sous le charme de la région de la Volta : les vallées y sont vertes et la présence de l'eau est très agréable. La visite des forts de la côte, points de départ des esclaves africains vers l'Amérique, m'a également beaucoup ému. Les plages du côté de Butre et Busua m'ont plu aussi, les couchers de soleil notamment...

Quel est le meilleur conseil que vous aimeriez donner à nos lecteurs ?

Cela pourra paraître étonnant venant de la part d'un auteur de guides de voyage, mais le meilleur conseil que je puisse donner est : ayez confiance et laissez-vous porter ! Il est certes essentiel de planifier un minimum ses visites, mais le rythme même du pays exige du visiteur une certaine souplesse. Il appelle à une ouverture de l'esprit... et du cœur !

DISTANCES

TEMPS DE TRAJET

	ACCRA	KUMASI	TAKORADI-SEKONDI	ELMINA	CAPE COA
ACCRA		248 KM 4h30	226 KM 4h30	156 KM 2h45	147 KM 2h4
KUMASI	248 KM 4h30		287 KM 5h45	218 KM 4h	209 KM 4h
TAKORADI-SEKONDI	226 KM 4h30	287 KM 5h45		72 KM 1h30	82 KM 2h
ELMINA	156 KM 2h45	218 KM 4h	72 KM 1h30		12 KM 30m
CAPE COAST	147 KM 2h45	209 KM 4h	82 KM 2h	12 KM 30mn	
BUSUA	256 KM 5h30	277 KM 6h15	34 KM 1h	102 KM 2h45	112 KM 3h
AXIM	281 KM 5h30	295 KM 6h15	60 KM 1h30	127 KM 3h	138 KM 3h3
AKOSOMBO	95 KM 1h45	270 KM 5h15	318 KM 6h45	248 KM 5h15	240 K 5h
ADA-FOAH	109 KM 2h	354 KM 6h30	332 KM 7h	263 KM 5h30	254 K 5h1
TAMALE	609 KM 10h15	378 KM 6h30	665 KM 12h30	595 KM 11h	586 K 10h
MOLE NATIONAL PARK	674 KM 11h30	444 KM 7h45	730 KM 13h45	660 KM 12h	652 K 12
BOLGATANGA	771 KM 13h	541 KM 9h30	827 KM 15h30	757 KM 13h30	748 K 13h

Pour circuler sur l'ensemble du territoire ghanéen, il faudra vous armer de patience. Si votre budget vous le permet, l'idéal est de disposer d'un véhicule avec chauffeur, ou tout du moins de recourir aux services d'un taxi pour des moyennes et courtes distances. Pour les plus longues distances, selon l'itinéraire, il existe des bus mais aussi des mini-bus (10-15 places) qui font des trajets comme Accra-Kumasi ou Accra-Cape Coast.

BUSUA	AXIM	AKOSOMBO	ADA-FOAH	TAMALE	MOLE NATIONAL PARK	BOLGATANGA
256 KM 5h30	281 KM 5h30	95 KM 1h45	109 KM 2h	609 KM 10h15	674 KM 11h30	771 KM 13h
277 KM 6h15	295 KM 6h15	270 KM 5h15	354 KM 6h30	378 KM 6h30	444 KM 7h45	541 KM 9h30
34 KM 1h	60 KM 1h30	318 KM 6h45	332 KM 7h	665 KM 12h30	730 KM 13h45	827 KM 15h30
102 KM 2h45	127 KM 3h	248 KM 5h15	263 KM 5h30	595 KM 11h	660 KM 12h	757 KM 13h30
112 KM 3h	138 KM 3h30	240 KM 5h	254 KM 5h15	586 KM 10h45	652 KM 12h	748 KM 13h30
	47 KM 1h	345 KM 8h	362 KM 8h	651 KM 13h15	717 KM 14h30	813 KM 16h
47 KM 1h		374 KM 8h	388 KM 8h15	669 KM 13h30	735 KM 14h30	831 KM 16h15
345 KM 8h	374 KM 8h		133 KM 2h30	499 KM 9h	682 KM 12h	689 KM 12h
362 KM 8h	388 KM 8h15	133 KM 2h30		594 KM 10h30	777 KM 13h30	738 KM 13h
651 KM 13h15	669 KM 13h30	499 KM 9h	594 KM 10h30		184 KM 3h	163 KM 2h45
717 KM 14h30	735 KM 14h30	682 KM 12h	777 KM 13h30	184 KM 3h		347 KM 6h
813 KM 16h	831 KM 16h15	689 KM 12h	738 KM 13h	163 KM 2h45	347 KM 6h	

IDÉES DE SÉJOUR

Naturellement, au Ghana comme ailleurs, les possibilités d'itinéraires sont très nombreuses. Il y a toutefois quelques immanquables - comme un passage par la vibrante Accra - et des lectures thématiques du territoire à entreprendre. C'est pourquoi nous vous proposons ici quelques idées de séjours qui permettront à qui découvre le Ghana pour la première fois quelques étapes indispensables pour connaitre le pays. Également, nous avons élaboré quelques itinéraires thématiques. Le premier s'intéresse aux richesses naturelles du pays, et le Ghana n'en manque pas (plages, reliefs, zones lacustre, déserts, parcs, etc) ; la seconde explore un pan moins léger de l'histoire du pays : celui de la traite des esclaves, le Ghana ayant été l'un des points d'envoi d'esclaves principaux durant des siècles. Et les vestiges construits - principalement des forts, tout le long du littoral - continuent de raconter cette histoire.

DÉCOUVERTE DU GHANA

Pour ce court séjour, on longera la côte du Ghana, au départ d'**Accra** ★★ (p.93) sa capitale, pour découvrir les vestiges de l'ère coloniale et profiter des longues plages.

› Jour 1 - Premier jour au Ghana

Arrivée à **Accra** ★★ (p.93), repos. Nuit à Accra.

› Jour 2 - Visite d'Accra

Visite du **Musée national** (p.103)du Ghana, déjeuner, puis balade dans le vieux quartier de **Jame's Town** (p.103). S'il reste un peu de temps, il faut le passer au **marché Makola** (p.103)pour tomber en plein dans l'ambiance africaine. Nuit à **Accra** ★★ (p.93).

› Jour 3 - Winneba, ville du littoral

Départ tranquille d'**Accra** ★★ (p.93) pour **Winneba** ★ (p.131), journée de farniente à la plage pour finir de s'acclimater au pays. Nuit à **Winneba** ★ (p.131).

› Jour 4 - Visite de l'ancienne capitale

En route pour **Cape Coast** ★★★ (p.133), visite du fort, balade dans la vieille ville et visite des marchés. Nuit à **Cape Coast** ★★★ (p.133).

› Jour 5 - Vestiges coloniaux à Elmina

De **Cape Coast** ★★★ (p.133), il faut rejoindre **Elmina** ★ (p.139) qui n'est qu'à quelques kilomètres. Visite du Java Museum et des deux forts d'Elmina. Nuit à **Elmina** ★ (p.139).

© JACEK_SOPOTNICKI - ISTOCKPHOTO

Canoë au Ghana.

© MTCURADO - ISTOCKPHOTO

Bateaux de pêche à Elmina.

› Jour 6 - Farniente sur la plage

D'Elmina ★ (p.139), partir pour Busua ★★ (p.149) pour une journée détente à la plage. Nuit à Busua ★★ (p.149).

› Jour 7 - Fort portugais d'Axim

La balade le long de la côte se poursuit. Lever au petit matin, visite d'Axim ★ (p.151), de son fort et du port de pêche traditionnel. Déjeuner à l'Axim Beach Hotel, pour profiter du magnifique panorama et éventuellement de la plage. Retour à Cape Coast ★★★ (p.133) avant la nuit.

› Jour 8 - Dernières heures à Accra

Retour le matin à Accra ★★ (p.93) pour faire les achats de dernière minute.

RICHESSES DU GHANA

On partira au moins pour deux semaines pour faire le tour du Ghana et découvrir ce que ce pays a à offrir. En commençant par sa capitale Accra ★★ (p.93), puis en partant vers le nord avant de redescendre sur le littoral pour une fin de séjour farniente.

› Jour 1 - Premier jour au Ghana

Arrivée à Accra, repos. Nuit à Accra.

› Jour 2 - Visite d'Accra

Visite du Musée national (p.103)du Ghana, déjeuner, puis balade dans le vieux quartier de James Town. (p.103) S'il reste un peu de temps, il faut le passer au marché Makola (p.103) pour tomber en plein dans l'ambiance africaine. Nuit à Accra ★★ (p.93).

› Jour 3 - Découverte de la culture ashanti

Départ tôt pour Kumasi ★★★ (p.183), la deuxième ville du pays et la capitale du royaume ashanti. Visite du palais du roi des Ashanti et balade sur l'énorme marché de Kumasi. Nuit à Kumasi.

› Jour 4 - A la recherche de l'or

Aller-retour dans la journée Kumasi ★★★ (p.183)-Obuasi ★★ (p.189) pour découvrir les mines d'or. Nuit à Kumasi ★★★ (p.183).

› Jour 5 - Chutes de Kintampo

Départ pour Techiman (p.192) et visite des chutes de Kintampo (p.193) sur la route avant le déjeuner, en bas des chutes rafraîchissantes. Nuit à Techiman (p.192).

› Jour 6 - Observation des singes

Lever tôt à l'aube, visite du sanctuaire des singes Baobeng Fiema Sanctuary (p.194) et de la forêt où ils vivent. Retour et nuit à Kumasi ★★★ (p.183).

› Jour 7 - Immersion dans la culture traditionnelle

Visite des villages traditionnels autour de Kumasi ★★★ (p.183). Après-midi au lac Bosumtwi (p.190). Nuit sur place.

› Jour 8 - Cap sur Tamale

Une journée de route pour Tamale (p.200). Nuit à Tamale.

› Jour 9 - Escapade en pleine nature

Départ pour le parc Mole ★★★ (p.203)en début d'après-midi. Nuit au parc, en plein cœur de la nature.

› Jour 10 - Mythe ancestral

Visite du parc de Mole au petit matin, puis découverte du village de Larabanga ★ (p.202), sa mosquée et sa pierre magique. Nuit à Larabanga ★ (p.202).

› Jour 11 - Route vers le nord

Départ le matin pour Tamale (p.200), puis l'après-midi pour Bolgatanga (p.209). Nuit à Bolgatanga (p.209).

› Jour 12 - De village en village

Visite du village traditionnel de Sigiru, et éventuellement d'autres petits bourgs autour en fonction du temps disponible. Nuit à Bolgatanga (p.209).

› Jour 13 - Retour vers Kumasi

Une longue journée de route vers Kumasi ★★★ (p.183). Nuit à Kumasi ★★★ (p.183).

› Jour 14 - Shopping à Accra

Kumasi ★★★ (p.183)-Accra ★★ (p.93). Repos à Accra ★★ (p.93) et achats de dernière minute.

› Jour 15 - Dernières heures sur la plage

Journée de farniente bien méritée sur la plage de Labadi. Départ le lendemain.

SÉJOUR NATURE

Deux semaines pour découvrir la nature abondante du Ghana, entre longues plages, rivières et forêts verdoyantes.

› Jour 1 - Premier jour au Ghana

Arrivée à Accra ★★ (p.93), prise de contact avec la population au marché de Makola (p.103). Nuit à Accra ★★ (p.93).

› Jour 2 - Visite d'Accra

Visite du Musée national, (p.103) puis shopping à Osu ou à l'Artists Alliance Gallery. Découverte de la vie nocturne d'Osu, de ses restaurants et de ses discothèques. Nuit à Accra ★★ (p.93).

› Jour 3 - Bol d'air frais

Les collines d'Aburi ★ (p.159), juste derrière Accra ★★ (p.93), n'attendent que la visite des étrangers étourdis par le chaos de la capitale. Visite du jardin botanique. Nuit à Aburi ★ (p.159).

› Jour 4 - Lac artificel d'Akosombo

Destination Akosombo (p.164). Le trajet doit permettre de passer par Koforidua (p.162) (un jeudi si possible pour visiter le marché de perles unique au monde). Fin d'après-midi à Akosombo (p.164). Balade sur le lac et apéro le long du fleuve Volta. Nuit à Akosombo (p.164).

› Jour 5 - Randonnée en pleine nature

Départ pour Wli ★★ (p.176) et la plus grande chute d'eau du Ghana. Randonnée dans les plus hauts monts du pays, au bord de la frontière togolaise, et visite de villages retirés. Nuit dans le parc (arrangée au préalable).

© BYTESTROLCH - ISTOCKPHOTO.COM

Parcours du Canopy au Kakum National Park.

© MTCURADO

Kwame Nkrumah Memorial Park.

› Jour 6 - Village côtier d'Ada Foah

Wli ★★ (p.176)-Ada Foah ★★ (p.168) en passant par Ho (p.172). Nuit à Ada Foah ★★ (p.168).

› Jour 7 - Farniente sur la plage

Journée plage à Ada Foah ★★ (p.168). Nuit à Ada Foah ★★ (p.168).

› Jour 8 - Retour sur Accra

On profite encore un peu de la plage à Ada Foah ★★ (p.168) avant de rentrer à Accra ★★ (p.93). Nuit à Accra.

› Jour 9 - Visite de l'ancienne capitale

Départ tôt le matin pour Cape Coast ★★★ (p.133). Visite des forts et du marché de Cape Coast. Nuit à Cape Coast.

› Jour 10 - Visite du Kakum National Park

Trek dans le parc. Nuit dans la forêt, voire dans la cime des arbres.

› Jour 11 - Longues plages de Busua

Départ pour Busua ★★ (p.149), via Cape Coast ★★★ (p.133). Après-midi plage et farniente. Nuit à Busua ★★ (p.149).

› Jour 12 - Dernières heures au Ghana

Retour pour la capitale pour les achats de dernière minute. Nuit à Accra ★★ (p.93) pour départ le lendemain.

SUR LES TRACES DE L'ESCLAVAGE

Ce circuit se propose de remonter dans le passé du Ghana, et d'en apprendre plus sur l'histoire de l'esclavagisme en Afrique.

› Jour 1 - Arrivée au Ghana

Vol pour Accra ★★ (p.93). Transfert à l'hôtel. Tour de quartier. Repas typique dans un restaurant. Nuit à Accra.

› Jour 2 - Visite d'Accra

Visite du quartier historique d'Accra ★★ (p.93), Jamestown (p.103)avec son château, ses forts esclavagistes et son port. On observe à distance le château de Christiansborg, qui abrite le bureau présidentiel. Construit en 1659 par les Danois, il a servi à la traite négrière jusqu'en 1876, date à laquelle il devint résidence des gouverneurs britanniques, lors du transfert de la capitale de Cape Coast ★★★ (p.133) à Accra ★★ (p.93). Le phare rouge et blanc, Jamestown Lighthouse ou simplement The Light House, est visible dès l'arrivée dans le quartier, il permet une vue imprenable sur le centre-ville et sur le port de pêche. Ce petit port de pêche offre l'occasion d'admirer des scènes ancestrales. La visite se poursuit avec les autres forts. Ussher (p.104)Fort est considéré comme le plus vieux des trois (Ussher Fort (p.104), James Fort, Light House), transformé en prison jusqu'en 1993. Dr Kwame Nkrumah y était enfermé à l'époque coloniale, comme tous ceux qui luttaient pour l'indépendance du pays.

› Jour 3 - Route vers Cape Coast, l'ancienne capitale

En route pour Cape Coast ★★★ (p.133) avec un détour à Assin Manso. Assin Manso, à une quarantaine de kilomètres au nord de Cape Coast ★★★ (p.133), constituait la dernière escale sur la route négrière, drainant les esclaves de l'intérieur de l'Afrique vers les principaux châteaux de Christiansborg, Cape Coast ★★★ (p.133) et Elmina ★ (p.139). À Assin Manso, la rivière qui recevait leurs derniers bains avant les cachots et les cales des bateaux garde toujours le nom de « Nnonkonsuo » ou la Rivière des Esclaves. Déjeuner à Assin Manso.

Continuation à Cape Coast ★★★ (p.133). Visite du Château de Cape Coast. (p.134) Construit en 1665 par les Anglais. Pour y découvrir une architecture unique et très bien préservée. On passe à travers le musée, le cachot des hommes, celui des femmes, le Palaver Hall où se déroulaient les négociations entre les acheteurs et les fournisseurs de captifs. Le clou de la visite pourrait être le passage de la « Porte du non-retour », qui conduit les visiteurs comme il conduisait les esclaves des XVIIe et XVIIIe siècles, sur le quai où attendent des bateaux prêts à se lancer sur les océans jusqu'au Nouveau Monde. Les guides, qui le plus souvent ne manquent pas d'humour, aiment faire cette plaisanterie : *Nous voici sur le point de franchir « The Door Of No Retour » mais aujourd'hui, nous serons de retour !* Dîner et nuit calme à Cape Coast ★★★ (p.133).

› Jour 4 - Cape Coast la moderne

Petit déjeuner tranquille. Petit tour matinal sur le port de pêche au pied du château. Partir ensuite à la découverte du Cape Coast ★★★ (p.133) d'aujourd'hui, à travers ses rues et son marché. Halte déjeuner dans le quartier populaire et commerçant de London Bridge. Après-midi farniente à la plage.

› Jour 5 - De Cape Coast à Elmina

Seulement une quinzaine de kilomètres sépare les deux châteaux. Donc c'est sereinement que la route se fait, après une grasse matinée. Juste avant le château d'Elmina, le Fort San Jago (p.141) se visite. Son édification par les Néerlandais commence en 1637 et se termine en 1660. Il s'agit d'un fort militaire de défense. Arrive, ensuite, la visite du château d'Elmina, le premier et l'unique du genre dans toute l'Afrique de l'Ouest. Bâti par les Portugais en 1482 (soit 10 ans avant la découverte du Nouveau Monde), sous le commandement de Don Diego d'Azambuja. Dans l'histoire du commerce triangulaire (Europe / Afrique / Amérique), 60 % des captifs qui ont transité par la côte ghanéenne étaient partis des châteaux de Cape Coast ★★★ (p.133) et d'Elmina ★ (p.139). Une fois ces deux édifices négriers visités, on comprend aisément l'émotion qui peut envahir certains visiteurs jusqu'aux larmes. Mais comme le rappelle si justement le Ghana (à travers ses guides), ce legs de l'histoire doit nous guider tous pour que l'humanité ne commette plus pareille injustice contre l'humanité. Nuitée à Elmina ★ (p.139).

› Jour 6 - Retour à Accra

Flânerie dans les rues d'Elmina ★ (p.139), sur la côte... Retour à Accra ★★ (p.93) pour la nuit.

› Jour 7 - Journée shopping

Déjeuner dans un bon restaurant spécialiste de la cuisine ghanéenne. Finaliser ses valises pour le vol retour.

© SOPOTNICKI - SHUTTERSTOCK.COM

Cape Coast Castle.

DE L'AÉROPORT AU CENTRE-VILLE

Depuis 2017, la compagnie Air France propose des vols directs entre Paris-CDG et l'aéroport d'Accra-Kotoka. Comptez entre 550 et 1 700 € un vol aller-retour. Les prix varient sensiblement en fonction de la période et du délai de réservation et achat du billet. Ce même trajet peut être effectué par la compagnie KLM avec escale à Amsterdam, par Brussels Airlines avec escale à Bruxelles, par Royal Air Maroc avec escale à Casablanca ou par TAP Portugal avec escale à Lisbonne à des prix intéressants. D'autres compagnies desservent également Accra, comme Turkish Airlines, British Airlines ou encore Emirates.

▶ **L'aéroport international de Kotoka** est situé à une dizaine de kilomètres du centre-ville. Les minibus des grands hôtels vous y conduiront. Vous pourrez également monter à bord d'un taxi (en négociant la course à l'avance, autour de 10 € max pour rejoindre le centre) pour rejoindre l'hôtel que vous aurez réservé avant d'arriver. Aucune taxe supplémentaire n'est demandée à l'aéroport si vos papiers sont en règle, que vous ayez obtenu un visa touriste ou business. Des aéroports secondaires existent à Kumasi, à Takoradi, à Sunyani et à Tamale. Un nouvel aéroport, l'aéroport de Ho, a été mis en service commercial en 2021 dans le but de dynamiser le tourisme et l'économie du Volta Region.

TRANSPORTS EN COMMUN

▶ **Les bus** dépendent principalement de la société publique, State Transport Corporation (STC). Mais il existe également des entreprises privées qui proposent leurs services, comme V.I.P Jeoun Transport Service. Le bus reste le meilleur moyen de transport au Ghana, bien plus confortable que le taxi-brousse qui n'est préférable que pour les courts trajets. Il n'est pas permis de fumer dans les bus. L'ambiance qui y règne est pittoresque, des vendeurs en tout genre circulent dans les travées pour vous proposer leurs marchandises (savon, médicaments…), quand ce ne sont pas des prêcheurs inspirés qui récitent leurs paroles sacrées. Il est conseillé d'être à la gare routière une heure avant le départ pour être certain d'avoir une place assise.

▶ **Le tro-tro** est le moyen de transport favori des Ghanéens. Ce sont des minibus de type van Volkswagen, transformés en taxi collectif, avec une dizaine à une quinzaine de places. C'est plus rapide, mais plus inconfortable et plus dangereux (les chauffeurs de tro-tro sont des cracks du volant) que le bus. Il faut payer un prix fixe en sortant. Il y a des lignes et des arrêts fixes, mais souvent difficiles à déceler. Mieux vaut demander à quelqu'un. Dans les espaces péri-urbains ou ruraux, un tro-tro s'arrête si on lui fait signe, et vous pose là où vous lui demandez, si c'est sur la ligne de son trajet. Ayez quelques cedis en poche.

VÉLO, TROTTINETTE & CO

Si le Ghana ne dispose pas des meilleures routes du monde, si vous vous en tenez à la route littorale et que vous disposez de tout l'équipement du cycliste prêt à tous les problèmes techniques, vous devriez être en mesure de traverser le pays sans encombres. Certaines zones se prêtent plus à la pratique du vélo, et du VTT notamment du côté de Wli. Un centre de location a même vu le jour il y a quelques années.

AVEC UN CHAUFFEUR

Les taxis sont en général assez fiables mais aussi bien souvent l'option la plus pratique (et parfois la seule possible) pour couvrir certains trajets. Prenez soin de négocier clairement le prix de la course avant de monter à bord. En moyenne, comptez plus ou moins 20 € pour une heure de trajet.

▶ **VTC.** A noter que des applications de VTC type Uber et Bolt sont en fonctionnement au Ghana (et plus spécialement dans la capitale et le long de la bande côtière, ainsi qu'à Kumasi). La réservation se fait via votre smartphone mais le paiement se fait en espèces. A noter qu'une simple connexion wi-fi vous suffit pour effectuer la réservation. Une fois qu'elle est acceptée par le chauffeur, vous pouvez monter tranquillement à bord sans vous soucier de savoir si vous avez toujours accès à internet, la réservation est validée.

1580 kgCO_2e / personne
Aller-retour Paris-Accra

→ Le calcul de cette consommation CO_2 est fait à partir de Paris. L'idée est ici de montrer concrètement l'empreinte carbone de ce trajet, même s'il n'existe pas d'autre alternative que l'avion pour se rendre dans cette destination de manière directe.

EN VOITURE

Le réseau routier comporte officiellement plus de 40 000 km. On roule à droite au Ghana, mais la priorité est à gauche. Seuls les grands axes relient la capitale aux principales villes du pays. Louer une voiture sera la meilleure façon de voyager en indépendant. Les prix vont grosso modo de 130 US$ par jour (sans essence) pour une voiture classique à 200-250 US$ pour un 4x4.

Sachez que vous aurez du mal à convaincre les loueurs de vous donner le volant, ils voudront vous donner un chauffeur (peur de la conduite des étrangers, qu'ils disparaissent avec la voiture, souci de donner du travail aux locaux). Ceci peut s'avérer à la fois pratique (le chauffeur gèrera lui-même les problèmes de la route) et pesant (il faudra veiller à lui pendant tout le voyage). Ainsi, il faut bien mettre au clair les conditions d'emploi du chauffeur avant le départ. Certains voudront que ce soit vous qui payiez pour son gîte et son couvert, d'autres vous le confieront *all inclusive*.

Les routes sont moyennement bien balisées ; en dehors de l'axe Accra-Kumasi, Cape Coast-Kumasi et la route côtière, elles sont en sale état : nids de poules, pistes... Il faut conduire prudemment. Parfois, la route la plus courte n'est pas la meilleure. Demandez aux locaux laquelle il vaut mieux prendre ; vous pourriez vous retrouver sur d'interminables pistes où l'on ne peut dépasser le 20 km/h. Les routes du nord sont presque toutes mauvaises, et on ne vous louera pas de voiture non 4x4 pour aller plus au nord que Kumasi. Les barrages de police à l'entrée et à la sortie des villes sont des étapes à franchir.

ACCESSIBILITÉ

Les infrastructures du Ghana ne sont pas – mis à part dans certains hôtels de chaînes internationales – adaptées aux voyageurs handicapés ni aux personnes utilisant des poussettes pour enfants.

LES ATTRAPE-TOURISTES

Encore une fois, prenez bien soin de négocier le prix d'une course avec le chauffeur avant de monter dans un taxi. Pour le reste, une saine vigilance devrait suffire à vous tenir à distance d'escroquerie.

LES PHRASES CLÉS

Bonjour, comment puis-je me rendre à…
Hello, how can I get to…

Est-ce loin à pied ? Y a-t-il le métro ou un bus... pour y aller ?
Is it far on foot? Is there a tube or a bus I can take to get there?

Pouvez-vous me montrer cet endroit sur la carte s'il vous plait ?
Can you show me this place on the map please?

Où puis-je acheter les tickets de transport ? Est-ce que je peux payer en carte de crédit ?
Where can I buy transport tickets? Can I pay by credit card?

Où est la sortie ? A gauche, à droite ou tout droit ?
Where is the exit? Left, right or straight on?

Je suis perdu et je suis en retard, s'il vous plait, aidez-moi ! Merci beaucoup !
I'm lost and I'm running late, please help me! Thank you very much!

PRATIQUE

A VOIR / A FAIRE

HORAIRES

Si l'on met les places publiques et espaces naturels du Ghana à part (qui n'ont pas d'horaire d'ouverture/fermeture), la plupart des sites d'intérêt touristique du Ghana – à savoir musées et édifices anciens (majoritairement des forts) – ouvrent vers 9h30 et ferment vers 17h/18h max.

A RÉSERVER

Peuvent être réservées à l'avance des excursions bien spécifiques. En général vous pourrez vous renseigner directement auprès du lieu où vous logez et monter la sortie que vous souhaitez effectuer le jour même ou le lendemain.

LES ÉVÉNEMENTS

La vie annuelle du Ghana est emplie de festivals traditionnels qui sont souvent des rituels à la fois sociaux, politiques et religieux. La côte ainsi que la région d'Ashanti sont particulièrement riches de tels évènements auxquels il peut être bien dépaysant de participer. Consultez la rubrique Agenda de ce guide pour de plus amples informations à ce sujet là.

BUDGET / BONS PLANS

Il n'existe hélas pas de pass culture au Ghana. Mais de manière générale, vous ne dépenserez pas des sommes mirobolantes pour visiter les principaux sites touristiques du pays. En moyenne, comptez entre GHC 10 et 40 par adulte pour visiter forts et musées.

VISITES GUIDÉES

Quelques agences locales ou étrangères proposent des excursions guidées allant d'une demi-journée à plusieurs jours.
Pour en savoir davantage et vous organiser à l'avance, reportez vous au dernier chapitre de ce guide : *Organiser son voyage / Séjours et Circuits*.

FUMEURS

De manière générale, les Ghanéens ne fument pas, et il est assez mal vu de fumer. Dans les espaces publics, personne ne vous dira rien si vous fumez. Veillez toutefois à ne gêner personne. Il est interdit de fumer dans les musées et sites culturels.

LES PHRASES CLÉS

Bonjour, puis-je avoir deux entrées adultes et un enfant s'il vous plait ?
Hello, can I have two adults and two children tickets please?

Le tarif enfant est jusqu'à quel âge ? Et pour les seniors, est-ce qu'il y a une réduction ?
What age counts as a child? Is there an OAP discount?

Est-ce qu'il y a des visites guidées en français ou un audioguide ?
Is a guided tour in French or an audioguide available?

Combien de temps faut-il pour faire la visite ?
How long does the visit take?

J'ai du mal à monter les escaliers, avez-vous un ascenseur ?
I struggle with stairs, do you have a lift please?

Excusez-moi, pouvez-vous me dire où sont les toilettes ? Merci beaucoup.
Excuse me, can you tell me where the toilets are please? Thank you very much.

PRATIQUE

SE RÉGALER

HORAIRES

La plupart des restaurants, maquis et tables plus internationales, sont généralement ouverts tous les jours, midi et soir, parfois aussi sans interruption entre le déjeuner et le dîner.

BUDGET / BONS PLANS

On peut manger bien et à tous les prix au Ghana. Pour 3 à 5 € en moyenne, on se repait copieusement de riz et poulet (voire poisson si il y en a au menu) dans les typiques maquis de bords de route. Dès lors que l'on se rend dans des restaurants plus huppés, notamment dans la capitale, la note peut vite monter un étage plus haut, c'est à dire autour de 10 à 20 €, pour atteindre les 40-50 € dans les adresses les plus chics.

EN SUPPLÉMENT

Le prix affiché au menu est le prix qu'il convient de payer. Ni l'eau ni le pain ne sont inclus dans le repas. Si vous souhaitez manifester votre satisfaction quant au service, vous pourrez laisser un pourboire.

C'EST TRÈS LOCAL

Il est facile de goûter à la cuisine africaine au bord de la rue ou dans les maquis, petits restaurants servant la nourriture locale avec une musique très forte en toile de fond. Par ailleurs, dans la capitale mais aussi dans le reste du pays, on ne manque pas de choix : les restaurants présentant différentes cuisines (africaine, européenne, asiatique, libanaise, indienne) ainsi que des fast-foods et des snack-bars sont légion.

A ÉVITER

Lorsque vous mangez des plats locaux sans couvert (*fufu* et *banku* notamment), prenez soin d'apporter votre main droite à la bouche. Un conseil d'hygiène : évitez l'eau plate dans les restaurants.

ENFANTS

Les enfants sont bienvenus partout, dans tous les restaurants et à toute heure. Aucune restriction particulière ici.

FUMEURS

Les restaurants ghanéens sont non-fumeurs dans leur immense majorité. Toutefois, si l'adresse dispose d'une terrasse et que vous ne gênez personne, vous pourrez a priori fumer. Demandez aux tenanciers ou à l'équipe de service quelle règle s'applique chez eux, au cas par cas.

LES PHRASES CLÉS

Bonjour, je voudrais réserver une table pour deux personnes pour ce midi ou ce soir.
Hello, I'd like to book a table for two for today at lunchtime or in the evening.

Avez-vous un menu en français ou en anglais ?
Do you have a menu in French or English?

Je suis végétarien, y a t-il des plats sans viande ?
I'm vegetarian, are there any dishes that don't contain meat?

Je n'ai vraiment plus faim mais avez-vous une carte des desserts ?
I'm full now but can I see the dessert menu just in case?

Puis-je avoir l'addition s'il vous plait ? Je peux payer par carte ou en espèces ?
Can I have the bill please? Can I pay by card, or do you need cash?

C'était très bon, nous reviendrons. Merci et à bientôt.
It was delicious, we will be back. Thank you, see you soon.

PRATIQUE

FAIRE UNE PAUSE

HORAIRES

Bars et cafés sont en général ouverts toute la journée à partir de 8h ou 9h, et ce jusqu'à 22h/23h, voire plus tard pour certains. Notons au passage que certains bars de la capitale (qui proposent également quelques plats de grillades) organisent presque chaque jour des concerts de groupes locaux.

C'EST TRÈS LOCAL

Dans le nord du pays, à Tamale et dans ses environs, on fabrique une bière nommée Pito à partir de mil fermenté (ou sorgho). Cette boisson réputée se trouve moins facilement dans le sud.

BUDGET / BONS PLANS

Selon le lieu où vous vous rendez, la bière coûtera entre 1 et 2 € et le cocktail peut aller de 3/4 € à 10 €, voire bien plus dans certains bars plus huppés.

A PARTIR DE QUEL ÂGE

Les bars de nuit sont accessibles aux personnes ayant plus de 18 ans. Il faudra, dans certains cas, montrer une pièce d'identité.

FUMEURS

Il est interdit de fumer dans les cafés et bars. Toutefois, la plupart possèdent des terrasses où vous pourrez consumer votre cigarette.

LES PHRASES CLÉS

Bonjour, quelle est la spécialité de la maison ? Nous voulons découvrir.
Hello, what's the speciality here? We want to try it.

Avez-vous de la place en terrasse ?
Do you have any room on the terrace?

Quel est votre nom ? Je m'appelle… Ravi de vous rencontrer !
What's your name? I'm... So pleased to meet you!

A votre santé ! Zut, j'ai renversé mon verre… pouvez-vous m'aider ?
Cheers! Oh no, I've knocked over my drink...can you help me?

C'était très bon. Nous allons reprendre la même chose s'il vous plait.
It was delicious. We'll have the same again please.

PRATIQUE

(SE) FAIRE PLAISIR

HORAIRES

Les horaires d'ouverture et de fermeture sont très flexibles au Ghana. Certains commerçants sont ouverts en continu (8h-8h30 à 16h30-17h), d'autres ferment à l'heure du déjeuner (entre 12h-12h30 et 14h30-15h).

BUDGET / BONS PLANS

Parfois, il vous faudra négocier les prix. Petite astuce : divisez le prix annoncé par deux, puis augmentez-le petit à petit jusqu'à ce que vous tombiez d'accord avec le marchand.

Bon plan : pour faire des emplettes souvenir « conscientes », c'est à dire en assurant que l'argent dépensé intègre un circuit commerce équitable, nous recommandons la boutique de Baobab Guesthouse à Cape Coast. En plus de proposer des articles originaux et prix corrects, l'ONG derrière la boutique s'assure que l'argent généré par ces ventes a été injecté dans des projets d'insertion professionnellle d'enfants en situation de décrochage. Dans une moindre mesure, les boutiques Global Mama's (Accra et Cape Coast) sont aussi des adresses estampillées « commerce équitable » mais les prix sont nettement plus élevés.

C'EST TRÈS LOCAL

Que ce soit à Accra ou dans les villes et villages de la côte et de l'intérieur, la production artisanale ghanéenne est riche et vous aurez sans doute envie de ramener bien des souvenirs : sculptures en bois ou en métal, bijoux, tableaux, vêtements et objets divers, mais aussi quelques consommables (savon, miel, café, huiles, etc), vous aurez l'embarras du choix. Soyez prêts à négocier fermement !

LES PHRASES CLÉS

Bonjour, c'est superbe, mais combien ça coûte ?
Hello, that's stunning, but how much is it?

Vous auriez ma taille ? Où se trouvent les cabines d'essayage ?
Do you have it in my size? Where are the changing rooms?

Est ce que je pourrai vous le rapporter et l'échanger si ça ne va pas ?
Can I exchange it if it doesn't fit?

J'ai trop dépensé aujourd'hui, pouvez-vous me faire une réduction sympa ?
I've spent too much today already, any chance of a discount?

Je prendrai celui-ci. Pouvez-vous me faire un paquet cadeau ?
I'll take this one. Can you gift-wrap it for me?

Vous prenez la carte de crédit ? Où puis-je trouver un distributeur de billets ?
Do you take credit cards? Where can I find a cash point?

BUDGET / BONS PLANS

Sports nautiques. La barre étant assez forte au Ghana, il vaut mieux prendre un maximum de précautions, aussi bien en bateau qu'en surf. Les endroits sans risques sont sur la côte ouest, car elle est très découpée et de nombreux caps encadrent des eaux calmes. Parmi les plages à recommander, d'ouest en est : Axim, Busua, le littoral entre Sekondi et Takoradi puis entre Elmina et Cape Coast, entre Biriwa et Winneba. Vient ensuite la plage préférée des habitants d'Accra, Fetteh, puis les plages d'Accra : Riviera Beach et Labadi Beach pour le folklore. Enfin Acapulco Club (à 16 km à l'est d'Accra), Paradise Beach (à 30 km d'Accra), Prampram (à 50 km), Ada et Keta.

Vous trouverez des piscines dans la plupart des grands hôtels du pays et dans les villes suivantes : Teshi, Tema, Takoradi, Akosombo, Kumasi, Mole et Bolgatanga. La natation est pratiquée à l'échelon national depuis 1971. Vous trouverez des clubs de voile dans la région d'Accra et à Sekondi- Takoradi. Notons au passage qu'il est déconseillé de se baigner dans les rivières à cause de la bilharziose. Même chose pour les lacs Volta et Bosumtwi.

La pêche sportive est pratiquée de façon individuelle par les touristes dans l'embouchure de la Volta.

Sports terrestres. Comme dans toutes les anciennes colonies britanniques, le Ghana ne manque pas de golfs, ni de courts de tennis. De beaux parcours de golf ont été aménagés à Accra (Achimota et Sakumo), près du port de Tema ainsi qu'à Kumasi, à Akwatia, à Obuasi (région ashanti), à Tafo (région orientale) et à Takoradi (région occidentale).

On pratique également le « foot-safari », randonnée pédestre dont le Ghana s'est fait une spécialité, et qui se pratique notamment au Mole National Parc. Dans beaucoup d'autres pays africains, les safaris se font à bord d'un véhicule, généralement un 4x4. Au Ghana, il est possible de le faire à pied, les populations animales n'étant jamais très loin de la base ou du camp de départ. Ainsi, les guides du parc Mole expliquent à raison que c'est au Ghana qu'il est possible de s'approcher, plus près qu'ailleurs, des éléphants. Il suffit de marcher quelques heures pour se retrouver nez à nez avec le plus gros des mammifères.

L'équitation se pratique également beaucoup à Accra, à Takoradi, à Kumasi et dans la réserve de Shaï Hills.

© DAVE PRIMOV - ISTOCKPHOTO.COM

Safari dans le Mole National Park.

C'EST TRÈS LOCAL

Le football est le sport le plus populaire au Ghana, et beaucoup de joueurs ghanéens ont évolué à l'étranger (principalement en Europe). Depuis de nombreuses années, la boxe a également su rassembler pléthore de fans au Ghana. L'apparition sur la scène internationale de champions ghanéens dans les années 1980 et 1990 a permis l'essor de ce sport sur la Gold Coast, mais des traces lointaines de sports de combat dans l'histoire du pays sont à signaler.

A RÉSERVER

Que ce soit pour les balades en pirogue, la pêche en haute mer, les « foot-safari » ou les balades à cheval, il est conseillé de réserver à l'avance auprès de l'agence réceptive.

LES PHRASES CLÉS

Bonjour, comment puis-je me rendre à… ? Est-ce loin ?
Hello, how can I get to...? -Is it far?

J'aimerais aller courir. Il y a un coin sympa pour cela dans la ville ?
I'd like to go for a run. Is there somewhere good to run around the town?

J'adore cuisiner. Savez-vous où je peux trouver des cours de cuisine ?
I love cooking. Do you know where I can take a cooking class?

Vous pourriez m'indiquer une salle de sport pas très loin ?
Can you tell me where the nearest public gym is?

Quel est le sport national ?
What is the national sport?

Pensez-vous que nous pourrions voir cela ou même participer ?
Do you think we could watch it somewhere, or maybe try it?

PRATIQUE

SORTIR

HORAIRES

À Accra et dans les sites touristiques du Ghana en général, clubs et discothèques ouvrent aux alentours de 23h, se remplissent vers 1h le week-end et restent ouverts jusqu'au petit matin !

TRANSPORTS NOCTURNES

Vous trouverez facilement des taxis à la sortie des bars et des boîtes de nuit. Les tarifs sont plus élevés qu'en journée, mais toujours abordables.

A PARTIR DE QUEL ÂGE

Bars de nuit et discothèques sont accessibles aux personnes âgées de plus de 18 ans. Une pièce d'identité peut être exigée à l'entrée.

FUMEURS

Il est interdit de fumer en intérieur et donc dans les clubs et discothèques. Toutefois, la plupart de ces établissements disposent de coins adaptés aux fumeurs, en général en extérieur.

LES PHRASES CLÉS

Bonsoir, comment puis-je me rendre à…
Good evening, how can I get to…

Est ce que cet endroit est tranquille ? Il n'y a pas de problème de sécurité ?
Is it a calm place? Are there any safety issues?

J'aimerais voir un spectacle typique ! Qu'est-ce qu'il y a en ce moment ?
I'd love to see a traditional show! What's on at the moment?

Je ne comprends pas… pouvez-vous répéter s'il vous plait ? Merci.
I don't understand, can you repeat please? Thank you.

Est-ce que je peux vous offrir un verre ? Quel est le meilleur cocktail de la maison ?
Can I buy you a drink? What's the best house cocktail?

J'ai la gueule de bois, auriez-vous quelque chose pour que j'aille mieux ?
I'm hungover, do you have anything that might help?

SE LOGER

BUDGET / BONS PLANS

Le Ghana est relativement bien pourvu en infrastructures hôtelières, surtout dans les grandes villes et sur la côte. En revanche, les prix sont assez élevés (15 US$ pour quelque chose de basique en dehors des villes, mais souvent 60 US$ en ville et rapidement 70-150 US$ à Accra), pour une qualité plus que moyenne, pour ne pas dire faible. Manque d'eau chaude très souvent, propreté laissant à désirer, mauvais petit déjeuner... Avec la rude concurrence que se livrent actuellement les professionnels de l'hôtellerie, certains établissements devront vite relever leur niveau, au risque de disparaître les uns après les autres.

Le choix est tout de même vaste entre les petits établissements familiaux, plus du type motel que chambre d'hôtes, les hôtels moyens, les boutiques hôtels et les hôtels de luxe de groupes internationaux. Sur la côte, il y a un grand nombre de *beach resorts*, type petits villages de vacances ou bungalows près de la plage. Là encore, la qualité est très variable, mais certains établissements sont très corrects. Ne vous étonnez pas de trouver de gigantesques lits à quatre places ; ils ne sont pas prévus pour une équipe de rugby, c'est que l'espace au lit est un critère de base de confort pour les Ghanéens !

C'EST TRÈS LOCAL

Il n'existe pas de camping au Ghana. Néanmoins, si vous souhaitez poser votre tente quelque part, demandez à parler avec le chef du village. Il pourra sûrement vous trouver une solution. Vous trouverez quelques campements dans les endroits reculés du Ghana, notamment dans le Nord. Ils se composent de cases traditionnelles et rudimentaires où seul un lit ou deux occupent l'espace. La douche se prend à l'extérieur, avec un seau d'eau. Pour ce séjour, il faudra accepter de mettre de côté votre confort habituel pour un dépaysement total. L'accueil y est chaleureux et les rencontres inoubliables.

POUR LES GOURMANDS

Dans les maisons d'hôte et hôtels types écolodge, vous vous régalerez des plats typiques ghanéens comme le fufu, le banku ou encore l'incroyable riz jollof, préparés avec le savoir-faire d'une cuisinière locale. Au petit déjeuner, vous trouverez en général, au minimum, café et fruits de saison.

A RÉSERVER

S'il peut être bienvenu de réserver un hôtel pour votre arrivée à Accra – de fait vous devrez, pour

Eco-hotel à Axim.

obtenir votre visa, présenter une lettre de votre hôte annonçant qu'il se fait garant de votre bonne compréhension de la loi du pays – bien à l'avance afin d'obtenir des tarifs intéressants, la majorité des hôtels dans le reste du pays ne remplissent que le week-end. Vous pouvez donc vous organiser une semaine ou deux avant votre arrivée dans tel ou tel lieu. En semaine, vous n'aurez normalement pas de problème à trouver une chambre du jour pour le lendemain.

LES PHRASES CLÉS

Bonjour, avez-vous de la disponibilité pour une chambre double pour ce soir ou demain soir ?
Hello, do you have a double room available tonight or tomorrow?

Avez-vous un code wifi… les enfants ne tiendront pas sans !
Do you have a Wi-FI code... otherwise my kids will go nuts!

C'est bruyant, est ce que je peux changer de chambre ?
It's noisy, can I move to a different room?

Jusqu'à quelle heure est-ce que nous pouvons aller à la salle de sport et à la piscine ?
What time do the swimming pool and gym close?

Est-ce que je peux laisser mon bagage et revenir plus tard le récupérer ?
Can I leave my luggage and come back later to pick it up?

Est-ce que vous pouvez nous appeler un taxi ? Merci beaucoup.
Can you call us a taxi? Thank you very much.

ALLO ?

Pour téléphoner de l'étranger, il faut composer le 233 (indicatif du Ghana), l'indicatif de la ville en omettant le 0 qui sert aux communications locales, et enfin le numéro de l'abonné. Au Ghana, les numéros de téléphone se composent de 3 à 6 chiffres et les indicatifs de zones se composent de 3 ou 4 chiffres commençant toujours par 0, comme 030 (anciennement 021) pour Accra.

Téléphone fixe. Vous pouvez obtenir une ligne téléphonique auprès de Ghana Telecom. Vous devrez vous abonner à l'agence de votre quartier. Vous aurez à compléter un formulaire et à le retourner à l'agence, une facture avec votre numéro d'abonné vous sera alors adressée. Vous serez ensuite placé sur une liste d'attente et, un ou deux mois après, vous serez connecté. Un nouveau système téléphonique a été mis en place en 2010, avec de nouveaux indicatifs de ville. Si un numéro ne marche pas, essayez d'intervertir l'indicatif du lieu, vous aurez peut-être du succès.

Téléphone mobile. Le marché des portables a littéralement explosé, vous pouvez vous équiper auprès de Tigo, Vodaphone ou MTN. Il est très facile au Ghana d'acheter une carte SIM, dans les boutiques spécialisées ou dans la rue auprès des marchands ambulants. Pour GHC 80

© MTCURADO - ISTOCKPHOTO.COM

Cape Coast.

vous obtiendrez une carte SIM et suffisamment de crédit téléphonique et de datas internet pour 2 semaines.
Si vous souhaitez garder votre forfait français, il faudra avant de partir, activer l'option internationale (généralement gratuite) en appelant le service clients de votre opérateur. Qui paie quoi ? La règle est la même chez tous les opérateurs. Lorsque vous utilisez votre téléphone français à l'étranger, vous payez la communication, que vous émettiez l'appel ou que vous le receviez. Dans le cas d'un appel reçu, votre correspondant paie lui aussi, mais seulement le prix d'une communication locale. Tous les appels passés depuis ou vers l'étranger sont hors forfait, y compris ceux vers la boîte vocale.

ACCESSIBILITÉ

La Ghana n'est pas une destination adaptée aux personnes en fauteuil roulant. Quelques hôtels de luxe d'Accra disposent d'infrastructures adaptées, mais ça ne va pas plus loin.

Voyager avec des enfants. Le pays n'a pas d'infrastructures spécialement adaptées aux enfants ; mais culturellement, les enfants sont appréciés, et on vous réservera sans doute toujours un meilleur accueil avec enfant plutôt que sans.

SANTÉ

Il faut être vigilant sur un certain nombre de choses afin de ne pas avoir à subir de désagréments de santé au cours de votre voyage, pouvant aller même jusqu'à écourter celui-ci.

Accidents de la circulation. Ils représentent 30 % des causes de rapatriement dans le monde. Conduisez prudemment et vérifiez l'état de votre véhicule. Faites très attention en traversant les rues. Et surtout, attention en moto, particulièrement exposée. Même si c'est désagréable dans un pays chaud, de grâce mettez un casque.

Eau. Dans de très nombreux pays, et en particulier au Ghana, l'eau est le principal ennemi du voyageur. Statistiquement, un voyageur sur deux est touché par la fameuse turista au cours des quarante-huit premières heures et 80 % des maladies contractées en voyage sont directement imputables à une eau contaminée. Certes, une turista est heureusement souvent bénigne, mais une diarrhée contractée en zone à risques peut aussi dissimuler des amibes, la giardia, des bactéries ou des virus, qui peuvent être vec-

Etal de fruits et légumes à Accra.

teurs de maladies graves (typhoïde, choléra, par exemple). La plus grande prudence s'impose donc. Il ne suffit pas d'éviter de boire de l'eau du robinet : les glaçons, les aliments lavés avec de l'eau impure ou le brossage des dents avec l'eau du robinet – même dans un hôtel 4-étoiles – sont des vecteurs de contamination. Mieux vaut donc prévenir que guérir : acheter si possible des bouteilles d'eau capsulées. Mais attention il ne faut pas qu'elles arrivent décapsulées sur la table, car certains petits malins n'hésitent pas à remplir la bouteille avec l'eau du robinet ! Faites bouillir l'eau (le café et le thé sont des boissons « sûres »), évitez de manger des crudités ou des fruits non pelés (suivre la devise : « lavés, pelés, bouillis ou rejetés ! »), bannissez les glaçons et, un bon conseil : ayez toujours sur vous des comprimés désinfectants. Rien n'est plus simple : un comprimé dans votre gourde ou dans votre bouteille d'un litre et vous êtes tranquilles pour votre trek. Utilisez-les pour vous brosser les dents ou pour boire un peu d'eau en pleine nuit ou même pour laver vos fruits. Selon le lieu, les circonstances ou le type de voyage, on ne trouve pas partout des bouteilles capsulées et on ne peut pas toujours faire bouillir son eau.

Hygiène alimentaire. Les cas les plus courants sont les troubles intestinaux. Le fait de changer de régime alimentaire est déjà source de perturbations, mais lorsque s'ajoute à cela une nourriture épicée préparée dans des conditions d'hygiène pas nécessairement en phase avec les normes auxquelles nous sommes habitués, cela se traduit la plupart du temps par de fortes diarrhées, également connues sous le nom de turista. Pour l'éviter, attention aux fruits déjà pelés (pas de problème pour ceux que vous pelez vous-même), aux mets crus. Faites aussi attention à ne pas manger des fruits ou légumes qui auraient été lavés avec de l'eau non bouillie. Et lavez-vous les mains régulièrement. La source de tous ces maux est également un remède à ceux-ci. En effet, si les diarrhées sont plus désagréables que dangereuses, il faut savoir qu'elles ont pour effet de déshydrater, et c'est pourquoi il faut penser à boire beaucoup d'eau purifiée lorsqu'on est atteint de ce genre de troubles intestinaux.

Mer et plages. Les plages sont tentantes, mais pas toutes autorisées à la baignade. Renseignez-vous. Les courants sont parfois dangereux et il faut donc être prudent : ne vous baignez pas seul, trop loin de la côte, ou après un repas trop copieux (de surcroît bien arrosé). Evitez de plonger soudainement dans l'eau après une exposition prolongée au soleil : pénétrez dans l'eau progressivement. Méfiez-vous des oursins, des coraux, des requins et des méduses. Evitez donc de marcher pieds nus.

Piqûres et morsures. La prévention contre le paludisme nécessite un traitement antérieur au départ. Les premiers symptômes de cette maladie peuvent se déclencher plusieurs semaines après votre retour, laquelle peut s'avérer mortelle si elle n'est pas traitée à temps.

Voilà donc une bonne raison d'éviter autant que possible les piqûres de moustiques et autres bestioles. Les moustiques ont des habitudes et des horaires : en plein soleil, vous ne risquez quasiment rien ; par contre, entre le coucher et le lever de l'astre diurne, c'est l'heure du casse-croûte de ces petites bêtes volantes. L'eau [lacs, marécages] et les espaces ombragés [forêts] sont leurs habitats favoris ; il ne vous reste plus qu'à laisser le moins de peau possible à la portée de leur appétit vorace [pantalon, sweat à manches longues, chaussettes]. La nuit, la meilleure protection reste la moustiquaire que vous pouvez, pour plus d'efficacité, vaporiser d'un spray antimoustique.
Pour les autres cas de piqûres [abeilles, guêpes, taons, scorpions], morsures [tiques, araignées, serpents] ou coupures, il n'existe pas vraiment de moyens préventifs, il faut donc rester attentif à l'environnement : secouez vêtements et chaussures avant de les enfiler, soulevez les draps du lit plutôt que de sauter à pieds joints dessus. Les plaies dans les climats chauds et humides mettent longtemps à cicatriser et peuvent même s'infecter : il convient donc de les traiter le plus rapidement possible avec un antiseptique et de les laisser le plus souvent à l'air libre plutôt que de les couvrir d'un pansement.

- **Soleil.** Attention aux brûlures dues au soleil. Le soleil d'Afrique frappe vite ! Il faut se montrer prudent et éviter les expositions trop longues. Lors des marches éprouvantes en forêt, portez un couvre-chef. Utilisez des écrans solaires efficaces et n'hésitez pas à vous couvrir avec des vêtements en toile légère et des chapeaux à larges bords. Les enfants à peau claire sont particulièrement vulnérables. A signaler que la brise marine est trompeuse et que les nuages qui règnent parfois dans le ciel ghanéen ne filtrent pas forcément les U.V. : on ressent la chaleur du coup de soleil sur la peau alors qu'il est déjà trop tard. L'excès de rayonnement solaire est dangereux pour la peau. A court terme, les coups de soleil et autres allergies solaires ne sont pas si graves, mais à long terme les rayonnements U.V. provoquent un vieillissement accéléré de la peau avec certaines conséquences : cancer de la peau au pire, mais à coup sûr perte d'élasticité de la peau [vieillissement irréversible].

L'idéal serait de ne pas vous exposer trop longtemps chaque jour. A défaut, utilisez des écrans solaires ayant un degré de protection suffisant, mais aussi châles, écharpes, chemises flottantes et chapeaux à larges bords. Evitez les heures les plus chaudes, en milieu de journée. Tenez compte de votre « capital soleil », c'est-à-dire de votre capacité génétique à réparer les dégradations de l'épiderme. Cette vulnérabilité n'est pas la même si l'on compare une peau rousse [très sensible] et une peau mate ou noire [qui réagit au mieux en prenant une teinte plus foncée faisant office d'écran].

URGENCES SUR PLACE

Vous trouverez sur place des cliniques, hôpitaux et pharmacies pour faire face à vos problèmes de santé, mais les infrastructures sont médiocres. Les hôpitaux sont soit publics soit privés. Chaque région et district possède également un service de santé publique de qualité. Les églises et les principaux services publics [armée, police, pompiers...] possèdent en outre des hôpitaux souvent mieux équipés que les hôpitaux publics, ce qui entraîne un système de santé à deux vitesses.

- **En cas de maladie.** Un réflexe : contacter le consulat de France. Il se chargera de vous aider, de vous accompagner et vous fournira la liste des médecins francophones. En cas de problème grave, c'est aussi lui qui prévient la famille et qui décide du rapatriement. Pour connaître les urgences et établissements aux standards internationaux : consulter les sites www.diplomatie.gouv.fr et www.pasteur.fr

SÉCURITÉ

Les principaux numéros d'urgence sur place :

- **Police :** 191
- **Police Intelligence and Professional Standards** [PIPPS, contrôle de la légalité d'action de la police] : 030 277 64 35
- **Pompiers :** 192
- **Urgences / ambulances :** 193

AMBASSADE ET CONSULATS

L'Ambassade de France se trouve sur Liberation Avenue [12th Road], juste en face des bureaux de la chaîne de télévision TV3 et d'Afrikiko Leisure. Les services sont ouverts de 9h à 12h30 et de 14h30 à 16h30 [service des visas de 9h à 12h30, sauf le vendredi]. Plus d'infos sur www.ambafrance-gh.org ou par téléphone au +233 302 214 550.

LGBTQ

Être homosexuel dépasse l'entendement au Ghana. Vous ne trouverez donc pas d'endroits où ils se réunissent. Deux hommes s'embrassant en public serait extrêmement choquant. En revanche, deux amis se tiendront très facilement par la main ou par le bras.

POSTE

Les services postaux ghanéens sont bon marché et relativement efficaces vers l'Europe et les Etats-Unis. Les lettres mettent une dizaine de jours ouvrables pour arriver en Europe. Par contre, pour un envoi vers les autres pays africains, le délai peut aller jusqu'à deux mois.

LES PHRASES CLÉS

Bonjour, mon téléphone ne fonctionne pas, pouvez-vous m'aider s'il vous plait ?
Hello, my phone isn't working, can you help me please?

Je ne me sens pas bien, pouvez-vous m'amener à l'hôpital le plus proche ?
I don't feel well, can you take me to the nearest hospital?

Est-ce que vous avez un médecin qui parle français ?
Do you have a doctor who speaks French?

Je viens de me faire voler mes papiers, où est le poste de Police le plus proche ?
My passport has just been stolen, where is the nearest police station?

Est-ce un quartier dangereux ou je peux y aller sans crainte ?
Is this area dangerous or can I walk around without worrying?

Avez-vous des timbres pour une carte postale à envoyer en France ? C'est combien ?
Do you have any stamps for a postcard to France? How much is that?

PASSPORT

DÉCOUVRIR

Dans ce chapitre du guide, nous proposons une présentation succinte et transversale du Ghana. Que vous connaissiez déjà la destination ou non, vous apprendre à coup sûr quelque-chose ici. L'histoire du Ghana est passionnante et tragique à bien des égards, et c'est bien ce que le dossier chronologique ici présenté s'attache, en bien moins de lignes qu'il n'en faudrait réellement, à mettre en lumière. La géographie est abordée aussi : le territoire ghanéen, variant notablement du nord au sud, du désert aux plages en passant par les plaines fertiles du pays ashanti et du bassin de la Volta, abrite une faune et une flore qui méritent la rencontre. D'autres aspects du pays sont développés : la culture, l'art et l'artisanat, les modes de vie, la religion, la gastronomie... Bref, voici un portrait général du Ghana qui permettra aux prétendants-voyageurs de ne pas arriver sans rien connaître de la destination... et qui peut-être les inspirera !

POMPES FUNÈBRES FANTAISIE, OU L'ART DU FANTASY COFFIN !

Si l'existence du cercueil fantaisie (ou cercueil fantastique, cercueil proverbial, « sur mesure » ou « sur commande ») ne date pas d'hier au Ghana, la nouvelle n'est toutefois pas parvenue aux oreilles des Occidentaux avant il y a une trentaine d'années. C'est en effet à l'occasion de l'exposition *Magiciens de la Terre* (Centre Georges-Pompidou – été 1989) que furent exposés pour la première fois dans un musée occidental plusieurs de ces pièces funéraires colorées : sept cercueils taillés et peints par le désormais défunt menuisier ghanéen Seth Kane Kwei (1922-1992) et son assistant Paa Joe (1947-). Suite à ce coup de projecteur, les cercueils-fantaisie ont gagné en succès et ont commencé à être montrés dans des musées, fondations et autres galeries d'art aux quatre coins du monde ! Plus de trente ans plus tard, le phénomène continue de fasciner et de gagner de l'ampleur aussi bien au Ghana qu'à l'international,

Les origines royales du cercueil fantaisie

Si l'on considère parfois que Kane Kwei est l'inventeur des cercueils-fantaisie dans les années 1950, des études menées récemment par des ethnologues européens tendent à montrer qu'il serait plutôt celui qui aurait popularisé cet art. Il semblerait que la fabrication de ces cercueils soit en effet directement inspirée de celle des palanquins, ces fameuses chaises portées à bras d'homme utilisée par les rois Ga (ethnie présente dans la région du Grand Accra) lors des cérémonies et festivals importants, et plus précisément des palanquins figuratifs. Ces palanquins figuratifs étaient ornés d'attributs représentant le totem de clans spécifiques. En effet, pour se distinguer de leurs voisins Akan qui n'utilisaient que des palanquins en forme de bateau ou de chaise, les Ga commencèrent au début du siècle passé à construire des palanquins de toutes sortes : en forme de lion ou d'éléphant (comme celui du roi d'Accra, le *Ga mantse*, en 1925) mais aussi de plantes ou d'objets. Les éléments choisis sont toujours associés à l'histoire du clan. En plus d'être une marque de distinction clanique, le palanquin figuratif, par ses symboles totémiques et ses insignes royaux, assure la protection par les esprits et ancêtres d'une part, mais il confère aussi au chef les pouvoirs magiques associés au totem.

Si ces palanquins figuratifs sont toujours utilisés de nos jours, ils sont très rarement montrés au public, à l'inverse des cercueils-fantaisie. Ce sont généralement les mêmes artisans qui sculptent palanquins et cercueils. D'ailleurs, les deux objets sont intimement liés. Il semblerait en effet que les premiers cercueils figuratifs aient vu le jour afin d'accompagner les chefs dans leur dernier voyage. Dans la tradition Ga, l'initiation, le règne et les funérailles d'un chef doivent se compléter. Le palanquin portant les insignes claniques ne peut toutefois pas être enterré avec celui qu'il porta. S'est alors imposé, dans les années 1930, l'idée d'un substitut : un cercueil figuratif qui ressemblerait au palanquin. Une copie destinée à être sacrifiée et enterrée. Les chefs étant inhumés secrètement, souvent au milieu de la nuit, personne dans l'assistance n'était apriori en mesure de faire le distinguo entre le palanquin original et son substitut. C'est donc ainsi que serait nés les premier cercueils figuratifs.

Passer dans l'au-delà avec panache

Au Ghana, la cérémonie des funérailles compte parmi les moments fondamentaux de la vie d'un homme, si l'on peut s'exprimer ainsi. En effet, un enterrement est une importante réunion sociale qui prend généralement la forme d'une grande fête.

Pour l'occasion, la famille du défunt dépense généralement des sommes astronomiques, parfois même plus que pour un mariage, n'hésitant pas à s'endetter pour faire des obsèques un moment inoubliable. Le faste de la cérémonie est un indicateur du statut social de la famille du mort, mais c'est aussi une occasion de mettre sa générosité à l'épreuve de la communauté. Aussi, au Ghana, lorsqu'on est invité à des funérailles, on n'hésite pas à faire de très longs trajets. La mort est célébrée dans la joie, et la fête dure souvent plusieurs jours !

Pour ce qui est de l'aspect mystique, les croyances divergent selon les ethnies. Chez les Ga, on considère que la mort physique ne

© HOMO COSMICOS - SHUTTERSTOCK.COM

Cercueil en forme de guitare.

marque pas la fin de la vie d'une personne, mais plutôt un passage vers l'au-delà, où la vie continue sous une autre forme. Par ailleurs, on prête aux morts et aux ancêtres un pouvoir bien supérieurs à celui que l'on accorde aux vivants. Leur action peut en effet avoir un impact réel, une influence concrète sur la cours de l'existence des vivants auxquels ils sont liés. Raison pour laquelle les familles de défunt font tout leur possible pour s'attirer les sympathies du disparu.

Les caractères social et métaphysique de la mort se croisent dans la pratique de l'élaboration des cercueils-fantaisie. Les premiers cercueils de ce type et qui n'aient pas de lien avec la chefferie clanique (c'est à dire dépourvus de symboles totémiques) aurait été taillés par Ataa Oko (1919-2012) vers 1945, suivi de près par Kane Kwei au début des années 1950. Ce dernier a en effet construit pour sa grand-mère un cercueil en forme d'avion. La raison ? D'une part parce que son aïeule avait toujours rêvé de voir du pays sans pouvoir le faire, mais aussi pour la force symbolique du véhicule : l'avion, qui emmène son passager dans l'au-delà. L'histoire raconte que quelques temps plus tard, un pêcheur serait venu voir Kane Kwei pour lui demander de fabriquer un cercueil en forme de bateau pour sa mère récemment trépassée. Et c'est ainsi que naquit la tradition ghanéenne du cercueil personnalisé.

Un cercueil pour tous

Libéré de sa symbolique royale, le cercueil figuratif devient accessible à tous, tout du moins à ceux qui peuvent se le payer (une pièce assez sophistiquée valant plusieurs milliers d'euros et requérant plusieurs semaines de travail). Si sur les sarcophages destinés aux personnes jouissant d'un statut social élevé, les symboles royaux ou sacerdotaux dotés de fonction magique ou spirituelle sont au rendez-vous, ils ne sont pas autorisés pour le reste de la population. Aussi, les premiers faiseurs de cercueils-fantaisie Ataa Oko et Kane Kwei ont débarrassé leurs créations profanes de symboles forts comme le lion, le coq ou le crabe (totems de clans) et de significations profondes au profit d'éléments plus prosaïques, d'objets liés à la vie quotidienne. Ainsi, à l'image du cercueil avion ou du cercueil bateau, les commandes les plus farfelues ont commencé à succéder dès les années 1950-1960 dans les ateliers de ces pompes funèbres fantaisie. En général, le cercueil prend la forme d'un objet symbolisant le métier, l'occupation qui a été celle du défunt au cours de sa vie.

Mais il peut également refléter ses goûts, ses aspirations, ses passions. Ainsi, le cordonnier sera enterré dans une chaussure géante, le musicien dans le coffre d'un piano, le mécanicien dans une clé de 12 gigantesque, le chauffeur dans une voiture... Bref, tout est possible : le cercueil téléphone ou revolver, en forme de bouteille ou d'appareil photo... Les animaux aussi sont à nouveau réclamés, et avec beaucoup de couleurs ! A noter que les formes évoquant des proverbes sont également très appréciés (d'où l'expression *abebuu adeka* : « cercueils proverbiaux »), tout comme les moyens de transport et les chaussures, pour leur forte charge symbolique liée à la notion de voyage. Le dernier !

GÉOGRAPHIE

Le Ghana, petit pays de la côte ouest africaine grand comme le Royaume-Uni et ouvert sur le golfe de Guinée (537 km de plages) est un territoire assez plat et peu contrasté : ses monts ne dépassent en effet guère les 900 mètres. De fait, plus de la moitié de la surface du pays se trouve sous la barre des 150 mètres d'altitude, ce qui ne l'empêche pas de posséder quelques petites montagnes qui brisent de-ci de-là la monotonie du paysage. Cette description peu engageante ne doit toutefois pas donner des fausses pistes au lecteur : aucune route ne se ressemble en Ghana, et si la montagne est absente, les épingles à cheveux que l'on empreinte et les forêts tropicales font leur petit effet. Autre image impressionnante : la côte sauvage et rocailleuse sur laquelle viennent se jeter les vagues du golfe, ou encore la puissance des pluies de juillet à octobre qui renforce cette ambiance de nature sauvage !

La plaine côtière

Naturellement très habité en raison de l'accès à la mer et des activités économiques associées à cette proximité, le littoral ghanéen est une zone également particulièrement fréquentée par les visiteurs. La plaine côtière des régions du sud s'étend de Sekondi (à l'ouest) jusqu'à la frontière togolaise (à l'est), avec une largeur de 80 km environ à une extrémité du pays comme à l'autre (contre à peu près 50 km au niveau d'Accra). Région sans relief particulier, elle est assez morcelée, oscillant entre zones d'herbage, bosquets, marécages et lagunes. Si certaines zones de la plaine côtière sont bien irriguées, la grande majorité est très sèche, voire même aride.

Notons par ailleurs que la partie sud-ouest est plus attrayante que la région d'Accra : la route longe magnifiquement le bord mer et les infinies allées de palmiers. La plage, partout présente dans cette région, confère une allure estivale ne manquant pas charme au paysage, qui demeure le même jusqu'à la Côte d'Ivoire. Autre caractéristique spécifique de la plaine côtière ghanéenne : la présence de nombreuses forteresses et châteaux forts ! Les plus anciennes de ces bâtisses remontent au XVe siècle, témoins silencieux de la conquête européenne des littoraux ouest-africains et du trafic d'êtres humains qui s'en est suivi.

Le grand nord

La région nord du pays est dominée par un plateau culminant à 500 mètres d'altitude. Toute la zone est occupée par des savanes sur environ 150 000 km^2 : ici, on s'adonne essentiellement à la culture du coton. On trouve également, cette fois-ci plus spécifiquement dans le Nord-Ouest, quelques reliefs sous la forme de collines arrondies, qui s'étirent jusqu'à la frontière avec le Burkina Faso et la Côte d'Ivoire. A l'ouest, c'est le plateau précambrien qui fait office de prolongation du plateau du grand nord ghanéen, culminant à 500 mètres d'altitude lui aussi. Il est recouvert de forêts et strié en tous sens de profondes gorges. Le plateau précambrien descend jusqu'à la côte et rejoint à l'est du pays la plateau de Kwahu.

Un peu plus au sud, dans la zone dite du pays Ashanti – qui couvre la zone intermédiaire entre le nord et le sud du pays –, on cultive massivement le cacao, et ce depuis des temps immémoriaux. La région est également célèbre pour ses innombrables mines d'or. Signalons par ailleurs l'heureuse présence du lac Bosumtwi au cœur de pays Ashanti, alimenté par les rivières environnantes.

Omniprésente Volta

Juste au-dessus de la plaine côtière s'étendent 60 000 km^2 d'une dense forêt tropicale et le bassin de la Volta. Ici, l'altitude n'excède pas les 100 mètres et les sols sont principalement composés de grès et autres pierres tendres. Il faut dire que l'une des particularités du Ghana est d'être couvert à plus de 60 % par le bassin du fleuve Volta. C'est que le lac artificiel Volta est tout simplement l'un des plus grands au monde : avec ses 8 500 km^2 d'envergure, il couvre une surface trois fois plus grande que la superficie du Luxembourg. Alimenté par la Volta blanche et la Volta noire (deux fleuves qui prennent leur source au Burkina Faso), le lac donne lui naissance à des rivières secondaires : Pra, Ankobra et Tano. L'édification du barrage a profondément modifié la physionomie du pays. Et ce, en bien comme en mal. Il est en effet notamment responsable de l'érosion côtière dans la région de Kéta. Entre le lac et la frontière togolaise, on trouve les collines d'Akwapem et du Togo. Cet îlot de vallées verdoyantes abrite les pics les plus élevés du pays, dont le plus haut, le mont Afadjato, culmine à 885 mètres.

LE RÉSERVOIR DE LA VOLTA

UN IMMENSE LAC DE RETENUE, SYMBOLE DU GHANA MODERNE

Un lac colossal

Le lac Volta est un réservoir d'une longueur de 402,50 km qui domine la région de la Volta (c'est-à-dire la zone se trouvant directement au nord-est de la capitale) et va même jusqu'à s'étendre sur une partie de la région de Brong-Ahafo. Avec une surface de 8 502 km² (3,6 % de la superficie du Ghana), le Volta est tout bonnement l'un des plus grands lacs artificiels du monde ! Au total, ses berges mises bout à bout mesurent plus de 4 830 km. Et en temps normal, le lac contient environ 14 700 millions de m³ d'eau. Pendant la saison des pluies, sa surface s'agrandit d'au moins 20 %. C'est la construction du barrage d'Akosombo, entamé en 1961 et achevé en 1965, qui a rendu possible l'existence du lac Volta tel qu'il est aujourd'hui. Toutefois, les bouleversements sur l'organisation du territoire ont été importants : le lac a en effet submergé 740 villages, inondé 15 000 maisons et entraîné le déplacement d'environ 85 000 personnes ! Si la majeure partie des personnes déplacées a été relogée dans de nouvelles habitations, l'état général de la région avait tellement changé que nombre de résidents ont décidé de partir vivre ailleurs.

Intérêt économique du Volta

Forcément, cette profonde transformation du paysage et de l'écosystème de la région a engendré de nouvelles pratiques humaines. La pêche d'abord. Elle est essentiellement pratiquée sur les bords du lac Volta. On estime qu'environ 20 000 poissons sont sortis de l'eau chaque année. Un chiffre qui, dit-on, pourrait facilement doubler si cette activité était rationalisée. La zone où furent relogées les populations déplacées n'est que peu cultivée : l'agriculture demeure en effet marginale en raison du fait que les techniques d'irrigation ont été très peu développées dans les fermes alentours. En revanche, le lac Volta représente un formidable point de passage entre le nord et le sud. Depuis le barrage d'Akosombo, la traversée mène jusqu'aux localités de Yapei et de Buipe, toutes deux se trouvant à 1h de route de Tamale, ville d'importance de la région du Nord ghanéen. D'un point de vue géologique, très peu de minéraux ont été découverts dans la région (il semblerait toutefois que des espoirs de prospection pétrolière soient permis). L'intérêt économique majeur du lac repose avant tout sur l'exploitation du barrage d'Akosombo. Il s'agit de loin du projet industriel le plus important, le plus coûteux et le plus ambitieux qu'ait connu le Ghana moderne. Il continue, presque 60 ans après son inauguration, de symboliser le désir d'un peuple de réussir son développement et de transformer son potentiel économique en une réalité. Lors de son édification, le but du barrage était de fournir une électricité abondante et bon marché à l'ensemble du pays et au-delà. Et c'est chose faite ! La création du barrage a par ailleurs permis de faciliter les transports intérieurs, en particulier vers le nord, mais aussi le traitement de l'aluminium à Tema, ce qui a permis l'établissement d'une industrie métallurgique grâce à l'électricité bon marché, fournie depuis Akosombo.

Barrage et tourisme

Le tourisme est également une activité qui s'est développée autour du lac et sur le lac. Vous pourrez ainsi visiter avec intérêt ses rives bordant le parc naturel de Digya, le deuxième plus grand du Ghana. Mais vous pourrez surtout profiter de cette formidable voie d'accès vers le nord que représente le lac pour vous offrir une longue croisière jusqu'à Kpandu et Kete-Krachi (comptez tout de même trois jours l'aller-retour). Si cette traversée s'adresse aux voyageurs qui disposent de beaucoup de temps, elle offre l'opportunité d'appréhender le pays sous un angle différent : vous découvrirez une région mal desservie par les transports terrestres et donc méconnue, mais d'une grande beauté ! Partant du port d'Akosombo, vous traverserez d'abord les gorges de la Volta et les collines Akwamu. Ensuite, ce sont les monts Akwapim et Kwahu qui apparaissent, avant d'atteindre les plaines d'Afram dans la partie centrale du pays. Vous observerez les changements de la végétation au fur et à mesure de votre progression vers le nord. Après une zone de forêts, vous rencontrerez une zone peuplée d'arbrisseaux et d'arbustes qui laissera ensuite la place à une zone de savane en approchant de Yeji et au-delà... Bref, une véritable petite épopée lacustre ! Il est également possible d'envisager des trajets plus courts comme d'Adawso (est du lac) jusqu'à Dambai et Oti-Damanko dans la région de la Volta. Par beau temps, les couchers de soleil sont incroyables.

NATURE

Pour faire la rencontre avec la faune et la flore ghanéenne – et les espèces sont nombreuses –, on ne saurait que trop vous recommander de visiter les parcs et réserves du pays. Si le concept de safari n'est pas vraiment une formule touristique encore bien entrée dans les mœurs ghanéennes comme elle peut l'être dans d'autres coins d'Afrique – notamment en Afrique du Sud ou en Afrique de l'est (Kenya et Tanzanie en tête) –, il est toutefois possible de faire de belles découvertes en s'organisant de manière adéquate et de revenir la tête pleine de très beaux souvenirs ! Les deux parcs les plus célèbres du Ghana sont certainement Kakum et Mole. Le premier est connu pour sa passerelle tendue au-dessus de la canopée et fréquenté car aisément accessible depuis Cape Coast, le second est le sanctuaire des éléphants ! Pour se rendre à Mole, dans la région Nord du pays, prévoyez une logistique et un budget adapté !

DÉCOUVRIR

Safari version Ghana

Dans l'ouest du pays, on pourra se rendre au Nini Suhien National Park, situé non loin de la côte et de la frontière ivoiriennes, ou au Bia National Park, également proche de la frontière avec la Côte d'Ivoire mais plus au nord. Le premier est particulièrement apprécié pour sa flore : il abrite en effet plus de 300 espèces se déployant en une prodigieuse explosion tropicale ! Dans la partie ouest du Ghana et proche de la région de la Volta, on trouve le très recommandable Agumatsa Wildlife Sanctuary, à cheval sur la frontière avec le Togo, mais également le Kyabobo National Park, facile d'accès depuis la capitale.

Autres parcs nationaux de renom : le Bui National Park, dans la région Nord et dont la verte étendue déborde allègrement sur le territoire ivoirien, mais surtout le Mole National Park, certainement le plus célèbre du pays en raison des populations d'éléphants peu farouches qu'il abrite. Enfin, le Kakum National Park, que l'on trouve non loin de Cape Coast, est à n'en point douter le parc le plus visité du Ghana. Réputé pour son long pont de bois suspendu permettant de sillonner la puissante canopée, c'est aussi la réserve naturelle la plus facile d'accès du pays.

© HOMO COSMICOS - SHUTTERSTOCK.COM

Cobe de Buffon dans le parc national de Mole.

Avant de vous engager dans une excursion à destination de l'un de ces parcs, prenez bien soin de vous renseigner sur ce que vous allez y trouver. Par exemple, si vous êtes plus intéressé par la faune, visez le Mole National Park plutôt que le Kakum. Si en revanche ce sont les plantes et fleurs qui ont vos faveurs, rendez-vous plutôt au Nini Suhien, à l'ouest toute !

Faune et flore au Ghana

En raison de l'abondance d'eau dans le pays, le Ghana est un pays à la flore aussi riche que variée ! Forêts humides (qui restent encore très denses malgré les ravages de la déforestation), savanes et mangroves côtières, les biotopes ghanéens abritent de nombreuses essences endémiques. Le parc naturel de Kakum est à cet égard un bon exemple de la diversité florale. Citons pêle-mêle les nombreuses espèces de palmiers, le cèdre, l'acajou, le cotonnier géant, l'iconique baobab, le goyavier ou encore le tek. Côté cultures maraîchères, signalons oranges, poires, pommes, prunes, bananes, noix de coco, ananas, melons, patates, ignames et les incontournables arachides. Sans oublier les cultures de riz bien sûr ! Au nord des montagnes d'Akouapem, la savane domine et la végétation est peu développée, tout comme sur les collines du littoral, qui sont constituées de roche stérile.

Côté faune, si les grands mammifères – éléphants, léopards, antilopes, phacochères, singes, buffles, hyènes – étaient jadis nombreux aux Ghana, leur quantité est en net déclin. Les raisons ? La chasse intensive, elle-même motivée par la contrebande, mais aussi l'expansion des zones urbaines. On pourra toutefois observer tous ces animaux, notamment au parc Mole, dans le nord. Du côté de la Volta, crocodiles et hippopotames abondent ! Quant aux reptiles, amphibiens, oiseaux et insectes, les espèces sont nombreuses aussi.

CLIMAT

Le climat ghanéen est tropical sur la côte (partie sud du pays), avec des températures agréables adoucies par la présence de l'alizé, tandis que le nord du pays jouit d'un climat nettement plus chaud et sec. Le sud-ouest du Ghana – les plaines et forêt ashanti – est quant à lui plutôt humide et reçoit pendant la saison des pluies (avril-septembre) d'importantes précipitations. Côté températures, le Ghana oscille entre 20 et 38 °C (30 °C à Accra en saison sèche, 24 °C en saison humide). Notons par ailleurs que chaque année, autour de janvier-février, l'harmattan, un vent poussiéreux venu du Sahel, vient perturber la douceur climatique du Ghana, et ce jusqu'au littoral. Afin de ne pas trop pâtir des désagréments engendrés par ce vent puissant, nous vous proposons ici un petit guide de survie en période d'harmattan ! Mais évaluons d'abord quels sont les meilleurs moments pour visiter le Ghana !

Quand partir au Ghana ?

Si l'on peut voyager sans problème tout au long de l'année au Ghana, il peut être judicieux de garder à l'esprit qu'au mois d'août les pistes ont tendance à devenir impraticables en raison des précipitations abondantes. En ne déviant pas des grands axes goudronnés, vous n'aurez toutefois aucun souci pour circuler. Aussi, d'un point de vue température et praticabilité du terrain, la fin de la saison des pluies (en gros de mi-septembre à fin-novembre) est à n'en point douter la période la plus propice pour profiter des beautés du Ghana. Qui plus est, forêts et cours d'eau ayant été prodigieusement arrosés durant toute la saison humide, la visite des parcs nationaux est plus intéressante encore : ces espaces superbes se sont alors dotés d'une nouvelle carapace verte. Ainsi, les cascades de Wli par exemple, généreusement alimentées, sont sublimes au mois d'octobre ! C'est aussi la période des récoltes et de la floraison dans les champs de coton.

Le commencement de la saison des pluies n'est pas une période désagréable non plus. Si les averses tropicales de juin-juillet, aussi brèves que puissantes, désaltèrent déjà les sols secs et assoiffés – en une nuit les terres se couvrent d'un fragile duvet de verdure annonciateur de la saison humide –, elles ne gênent pas la visite de la région. Les routes et pistes sont aisément carrossables et les cours d'eau enflent déjà. Autant que faire se peut, on évitera les mois de février à avril : l'air chaud est presque suffocant et la visibilité mauvaise du fait des sables et de la poussière charriés par l'harmattan (décembre-février).

Guide de survie harmattan

Entre décembre et février, le Ghana est balayé par l'harmattan, ce vent du nord-est tout droit venu du Sahara. Très chaud le jour et plutôt froid la nuit, il s'abat en rafales rappelant les tempêtes de sable du Sahel, laissant les lieux où il passe couverts d'une couche de poussière et de sable. En contrepartie, les avantages de la présence de l'harmattan sont d'une part la rareté des moustiques, et d'autre part le temps record que votre linge met à sécher ! Voici quelques trucs pour survivre à l'harmattan au Ghana.

- **S'hydrater.** Durant l'harmattan vous suerez sans doute moins mais cela ne doit pas vous tromper : il est essentiel de s'hydrater régulièrement ! Cela vous permet de garder une peau en bonne santé. Pensez également à hydrater vos lèvres (et votre corps en général), qui ont tendance à sécher pendant cette saison : beurre de karité, huile d'amande et autres baumes seront vos meilleurs alliés !
- **Augmenter vos apports en vitamine C.** L'oscillation thermique peut être de plus de 20 °C entre le matin et l'après-midi pendant l'harmattan : la température peut en effet passer de 8 à 30 °C ! La combinaison de ces variations radicales de température avec l'humidité et la poussière favorise l'apparition de maladies. Booster son système immunitaire peut dès lors s'avérer utile.
- **Habillez-vous pour l'harmattan.** La variation thermique induite par l'harmattan vous forcera à avoir sous la main des vêtements adaptés ! Pensez aussi à vous couvrir le visage (bouche et nez) si vous êtes amené à rester longtemps en extérieur et exposé au vent.

ENVIRONNEMENT

Le Ghana est un pays riche en ressources naturelles et minerais, qui abrite une remarquable diversité faunistique et floristique, observable pour partie depuis la canopée du **parc national de Kakoum**. De nombreuses activités anthropiques mettent cependant à mal le Vivant, menaçant les conditions d'habitabilité du pays. Les principaux maux dont souffre le Ghana sont la déforestation, la destruction et la fragmentation des milieux naturels, le braconnage, la pollution, ou encore le changement climatique. En cause notamment l'extraction minière, les monocultures intensives présentes dans le pays, auxquelles s'ajoutent les impacts des activités issues des pays industriels, qui génèrent des émissions de gaz à effet de serre et exportent leurs déchets au Ghana. En témoigne la décharge à ciel ouvert d'Agbobgloshie, considérée comme l'un des lieux les plus toxiques de la planète. Face au défi écologique et sociétale, nous sommes toutes et tous acteurs d'un futur souhaitable.

Parcs nationaux

Le Ghana compte 7 parcs nationaux, qui tendent à préserver les différents biotopes du pays, face aux menaces que représentent notamment la destruction des habitats naturels, le braconnage, l'agriculture, ou encore le surpâturage.

▶ **Parc national de Kakum** : situé dans le Sud du pays, il est réputé pour son réseau de ponts suspendus (« canopy trail »), à plus de 50 m de hauteur, qui permettent aux visiteurs une immersion singulière dans la canopée de la forêt tropicale humide.

▶ **Parc national de Bui** : situé dans le Nord-Est du pays, il protège les écosystèmes de la vallée de la Volta Noire et sa population d'hippopotames, d'éléphants et de papillons. Le territoire est cependant fragilisé par le braconnage et la construction du barrage de Bui (achevé en 2013), qui a eu pour conséquence l'inondation de 20% de la superficie du parc.

© NHORV - SHUTTERSTOCK.COM

Parc national de Mole.

▶ **Parc national Digya** : situé à l'Est du Ghana, dans les régions d'Ashanti et de Brong-Ahafo, le parc abrite une remarquable diversité, dont une importante avifaune, liée en partie à la proximité du fleuve Volta, qui jouxte le parc.

▶ **Parc national de Mole** : situé dans le Nord-Ouest du Ghana, il préserve des écosystèmes de savanes de Parkia et de Karités. On notera sa remarquable biodiversité : flore, papillons mammifères, amphibiens, oiseaux et reptiles. Face aux pressions anthropiques (notamment braconnage, surpâturage, agriculture), des projets sont portés par une ONG locale, en lien avec les conseils régionaux communautaires pour sensibiliser les populations et créer des filières équitables et respectueuses de l'environnement.

▶ **Parc national de Bia** : situé dans le Sud-Ouest du pays, il est classé réserve de biosphère par l'UNESCO. Il abrite les reliques d'une forêt ancienne associée à une remarquable biodiversité.

▶ **Parc national de Kyabobo** : situé à la frontière togolaise, il jouxte le national de Fazao Malfakassa. Le parc protège une grande variété d'écosystèmes : montagnes, forêt tropicale humide, savane.

▶ **Parc national de Nini-Suhien** : situé dans le Sud du pays, inclus dans l'aire de conservation d'Ankasa, il abrite une importante biodiversité.

Agbobgloshie, « poubelle de l'Occident »

Les effets de nos modes de vie occidentaux, fondés sur la (sur)consommation sont visibles et délétères jusqu'au Ghana, qui réceptionne une partie de nos déchets électriques et électroniques (DEEE), brûlés et démantelés dans une décharge à ciel ouvert d'un bidonville de la banlieue d'Accra. Agbobgloshie, surnommée « la poubelle de l'Occident» ou « Sodome et Gomorrhe » charrie les agents toxiques de nos déchets (dioxines, PCB, composés halogénés, métaux lourds), contaminant, air, eau, sol,

© SCHUSTERBAUER.COM - SHUTTERSTOCK.COM

Parc national de Kakum.

jusqu'au lait maternel. Une étude conduite en 2019 met ainsi en exergue des taux de dioxines dépassant plus de 200 fois les seuils en vigueur en Union européenne. Considéré comme l'un des sites les plus toxiques de la planète, la décharge est visible dans le clip de *Life's What You Make It* du groupe Placebo, qui dédie sa chanson aux travailleurs de la décharge, qui manipulent les déchets qui ont transité souvent en toute illégalité depuis les pays occidentaux. Face à cette situation, nous pouvons agir en veillant à limiter nos achats à nos besoins, garder nos matériels le plus longtemps et en favorisant les filières agréées (démarche « RRR » : réduire, réparer, recycler).

Les ravages de la fast-fashion

Environ la moitié de nos vêtements usagers, après avoir été déposés dans des conteneurs dédiés, transitent dans des centres de reconditionnement, où après avoir été mis sous balles, sont acheminés par bateau jusqu'au Ghana pour être revendu au marché de Kantamanto. Les vêtements de mauvaise qualité issus de ces balles sont mis au rebut. Une partie d'entre eux finissent amoncelés sur « la montagne » (monticule de vêtements) du bidonville d'Old Fadama, avant d'être transportés au gré des vents et des pluies, sur la « plage-poubelle » d'Accra. Ce sont encore des habitants d'une extrême pauvreté qui vivent dans cet environnement pollué (on estime à environ 160 tonnes la production de déchets textiles journalière). La situation n'est cependant pas inéluctable. Le déchet le moins polluant est celui qu'on ne produit pas : il s'agit donc de repenser notre consommation (démarche RRR évoquée précédemment).

Des points noirs environnementaux liées à l'activité minière et pétrolière

L'activité minière, présente dans le pays (or) induit de nombreux impacts sur la santé humaine et l'environnement, induisant destruction de milieux naturels et déforestation, pollutions (eau, sol, air) liées au process d'extraction des métaux, et ce dans un contexte d'insuffisance ou de non-respect des réglementations en vigueur. L'activité pétrolière du Ghana est également émettrice de polluants et notamment de gaz à effet de serre, avec la pratique du torchage de gaz encore présente dans certains champs pétroliers.

Face au changement climatique

Le Ghana est particulièrement vulnérable au changement climatique, qui se traduit par une plus grande fréquence et intensité des événements extrêmes, notamment sécheresses et inondations, hausse du niveau de la mer, et ses corollaires : baisse des ressources en eau potable, diminution de la production d'électricité (issue à plus de 50% de barrages), baisse des ressources halieutiques et des rendements agricoles, faisant poindre le risque d'insécurité alimentaire et de maladies.

Le Ghana, qui a ratifié les Accords de Paris sur le climat, a mis en place une stratégie et des actions (en partenariat avec ONG et communautés) afin de diminuer ses émissions de gaz à effet de serre et de s'adapter au changement climatique : programmes de reforestation, pratiques agricoles durables (projet ECONOBIO : développement de filières équitables et biologiques de karité, miel et cacao, huile de coco et noix de combo biologiques, plantation d'essences locales, lutte contre le braconnage et le déboisement illégal).

Un projet original est né, issu d'un partenariat entre science et musique. Future Climate for Africa est un programme qui modélise un siècle de données climatiques de la ville de Kumasi... transformées en un morceau de musique, pour sensibiliser le plus grand nombre !

HISTOIRE

Le Ghana est situé au centre d'une région qui a hérité d'une culture remontant au premier millénaire avant Jésus-Christ pour le travail des métaux, l'exploitation minière, la sculpture et l'agriculture. Le Ghana moderne doit son nom à l'ancien empire du Ghana, dont le centre se situait 800 km au nord de la ville d'Accra, et qui demeura florissant jusqu'au XIe siècle. Les Portugais l'ont appelé « El Mina » (la mine), puis les Anglais l'ont changé pour « Gold Coast » (Côte-de-l'Or), appellation qui s'imposa jusqu'au 6 mars 1957, le jour de l'indépendance du Ghana. La Gold Coast devient le Ghana et Kwame Nkrumah en devient le Premier ministre puis le président. La jeune démocratie est alors bien fragile : les coups d'États se succèdent, une dictature militaire se met en place, puis la situation se stabilise vers la fin des années 1990. Voici les grandes lignes de l'histoire d'un pays ouest-africain aujourd'hui prospère.

IVe SIÈCLE AV. J.C.

La côte ghanéenne était peuplée d'hommes pratiquant la pêche dès les prémices de l'âge de bronze. Deux à trois siècles plus tard, la zone intérieure a vraisemblablement été colonisée par des hommes originaires du bassin du Niger.

IIIe SIÈCLE

Début de l'empire du Ghana en même temps que celui des royaumes de l'Afrique de l'Ouest. Le mot « ghana » désigne alors le roi mais est également employé pour désigner de manière générale tout ce qui se rapporte au roi, à la capitale et au royaume.

IXe SIÈCLE

Al-Yaqubi, historien et géographe arabe considère le Ghana comme l'un des États les mieux organisés de la région : richesse (or) et guerriers habiles. Ces ressources doublées d'une maîtrise militaire déterminent les rapports du royaume avec les pays arabes et méditerranéens pendant des siècles.

1456

Arrivée des Portugais dans le golfe de Guinée. En 1471, ils s'installent sur les côtes de ce qui deviendra le Ghana. Ce territoire sera plus tard nommé Gold Coast (Côte-de-l'Or).

1482

Les Portugais établissent un premier comptoir commercial en lieu et place de l'actuelle ville d'Elmina. La forteresse São Jorge da Mina est d'ailleurs encore visible. En 1503, ils construisent un château à Axim. De ces forts, ils exportent de l'or et de l'ivoire et le Ghana devient la première source du précieux métal en Europe. Les Portugais conserveront le monopole du commerce de l'or pendant pas loin de 150 ans, avant de se tourner autour de 1650 vers un commerce bien plus lucratif : celui des esclaves.

XVIIe SIÈCLE

Tout au long du XVIIe siècle, les forts se multiplient sur la côte pour faciliter le commerce de l'or et la traite des esclaves. Pour garder une maîtrise sur les diverses ethnies côtières, les Portugais bâtissent une base militaire nommée El Mina. Cette réussite économique attire bien des convoitises tant et si bien que les Hollandais débarquent et s'emparent entre 1631 et 1641 des forteresses portugaises. Ces nouveaux arrivants se partagent le littoral avec les Britanniques et d'autres commerçants d'Europe. Ainsi, les Suédois érigent entre 1650 et 1652 le fort de Carolusburg à Cape Coast. En 1665, les Anglais s'en emparent ! Les rivalités européennes pour contrôler l'accès au Golfe de Guinée font rage dans la région. Parallèlement, dans les terres, de puissants royaumes que dirigent les Ashanti se mettent en place : ces derniers exigent de leur voisin un tribut, payé sous forme de main d'œuvre humaine.

1695

Intronisation d'Osei Tutu

C'est sous le règne d'Osei Toutou, intronisé roi en 1695 que commence l'essor du royaume Ashanti. Un siècle plus tard, c'est sous la chefferie d'Osei Bunsu que le royaume atteint son apogée. Il déclinera ensuite doucement après 1775.

1725-1730

Après un moment d'éclat, notamment avec la prise d'Accra et de Christianborg en 1680, l'ethnie des Akwamu est en déclin.

1756

Attaque française de Cape Coast.

1800

L'avènement du XIXe siècle marque le déclin du commerce européen.

1807-1874

Guerre de l'Ashanti

Depuis le début du XVIIIe siècle, les Ashanti possèdent leur propre royaume et sont parfaitement conscients de l'intérêt d'avoir de l'influence sur d'autres peuples afin de protéger leurs frontières. Tant et si bien qu'ils décident d'exercer un contrôle sur les tribus peules et fanti installées sur le littoral. Mais c'est bientôt aux Britanniques qu'ils sont confrontés, peu enclins à lâcher leurs forts. En 1827 a lieu la bataille d'Akatamanso, que perdent les Ashanti. Défaite dont accouchera un traité mettant à mal leurs velléités.

DÉCOUVRIR

© FELIX LIPOV - SHUTTERSTOCK.COM

Canons aux Cape Coast Castle.

Marie-Joseph Bonnat

1844-1881

Les relations entre la France et le Ghana ont toujours été très limitées. Rares sont les Français qui se sont illustrés sur ces terres. Mais un jeune aventurier a su provoquer le destin pour connaître un parcours atypique et laisser à jamais son nom gravé en territoire ashanti. Né en 1844, de parents cultivateurs dans l'Ain, Marie-Joseph Bonnat connaît très tôt de forts désirs d'évasion. Son rêve se réalise alors, après une première tentative infructueuse, lorsqu'il monte à bord d'un bateau à Bordeaux qui met les voiles vers la Guinée. La fin du voyage se passe mal, une partie de l'équipage se sentant malade. Mais, avec deux compagnons, il décide de débarquer une partie des biens présents sur le bateau, au niveau de l'embouchure de la Volta. Le troc commence alors entre les autochtones qu'ils rencontrent, lui et ses deux associés de fortune. Tout de suite, il n'a qu'un objectif : explorer la Volta dans l'espoir de trouver des marchés et de pouvoir vivre de cette activité, ou plutôt de survivre. Rapidement, les affaires décollent. Les produits qu'il propose trouvent preneurs, et il se met même à exporter du coton vers l'Angleterre. Mais l'aventure s'arrête. Il est capturé par les Ashanti en 1869, alors qu'il n'a que 24 ans. Il est envoyé à Kumasi. Après 18 mois de prison, il rencontre enfin le roi après de nombreuses demandes. Sa fascination pour les Ashanti commence alors devant l'or qui s'étale sous ses yeux. Ses talents d'orateur et de négociateur lui permettent d'obtenir une partie de sa liberté et même de récupérer un lopin de terre qu'il peut cultiver à son gré. Toujours aussi séduit par le mode de vie de ce peuple, il en étudie les mœurs. Dans des lettres personnelles retrouvées en 1979, il raconte sa consternation devant leur désir d'accumuler des richesses et de posséder. Il dépeint la structure de leur organisation politique. Il souligne également leur grande force morale au combat et rapporte cette devise : « kum apem a aepem beba » (ndlr : si vous en tuez 1 000, il en reviendra 1 000). Il s'applique également à expliquer la démocratie telle qu'elle est conçue par les Ashanti. Le chef a ainsi des pouvoirs limités, et doit s'en remettre à un conseil pour prendre des décisions majeures. Dans le cas contraire, il est vite accusé de despotisme et perd son rang. Le jour de sa délivrance arrive assez rapidement. Et il la doit aux Anglais. En 1874, la Couronne attaque Kumasi pour reprendre définitivement le contrôle du sud du Ghana. Marie-Joseph Bonnat est fait prisonnier par les forces britanniques, avant d'être engagé dans l'armée comme… infirmier. Il rentre finalement en France quelques semaines plus tard. Mais il a l'Afrique au cœur et surtout l'envie d'y faire du commerce. Sa première rencontre avec la région a aiguisé son appétit et il est persuadé de pouvoir y faire fortune. Il retourne alors sur la Gold Coast, profitant de sa relation privilégiée avec le nouveau roi des Ashanti qui l'a nommé « conseiller intime », comme l'expliquent les propres textes de Bonnat. Il est si bien considéré qu'il obtient même pour six ans le monopole total et le droit de navigation sur la rivière Volta, ainsi que le droit de posséder pour 20 ans les sites nécessaires à la construction de ses établissements, contre quelques taxes. Il est nommé gouverneur de la province de la Volta. Après plusieurs péripéties, son commerce ne prend pas devant la réticence de certains chefs locaux et la gouvernance britannique, inquiète du succès éventuel de ses projets. Devant ces échecs, il doit alors de nouveau rentrer en France. De petits boulots en petits boulots pour payer les dettes qui se sont accumulées, il fait alors la rencontre de l'inventeur d'une machine permettant d'extraire de l'or. Dans sa tête le lien s'établit très vite entre l'appareil et la richesse des Ashanti. Le voilà de nouveau en route pour le Ghana. Il mène une petite campagne d'inspection sur la rivière Ankobra qui donne rapidement de bons résultats. Son entreprise compte jusqu'à un millier d'employés. Le voilà riche. Il décide de rentrer en France pour se marier. C'est lors de son quatrième voyage que sa belle histoire prend fin, à 37 ans. Les causes de sa mort ne sont pas clairement définies, même si de violentes fièvres semblent en être la cause principale. Aujourd'hui, une statue le représentant est même visible à Tarkwa.

1843 Les Britanniques, via le *Foreign Juridiction Act*, s'approprient la Gold Coast et en font une de leurs colonies.

1851 **Traité de Fomena**

Un nouveau traité est signé : les Ashanti sont contraints d'abandonner leurs prétentions sur les territoires du Sud.

1865 Les Britanniques regroupent dans un même empire colonial la Gold Coast, la Sierra Leone, la Gambie et Lagos. Quelques années plus tard, en 1872, ils procèdent au rachat des possessions hollandaises.

1873 Deux ans après que les Britanniques aient arrêté les dirigeants fanti, le ton monte avec les Ashanti. Une véritable guerre se déclenche (la *Sagrenti War*), qui prendra fin avec l'incendie de la capitale Ashanti – Kumasi – l'année suivante, en 1874. Le pouvoir britannique prend une réelle assise : en 1877, ils transfèrent leur quartier général de Cape Coast à Accra.

1898 Les colons français et les anglais dessinent à Paris les contours de la Côte-d'Ivoire, de la Haute-Volta et des « territoires du Nord ».

1901 **Le pays Ashanti devient colonie britannique**

Alors que l'essentiel du territoire est placé sous contrôle administratif direct (on dessine cette année-là les frontières du Ghana), le territoire ashanti et une partie du Nord du pays préservent une certaine autonomie. Le Ghana moderne connaît alors ses premières heures. Les traditions des Ashanti et des Fanti survivent bien pendant la domination britannique.

1925 Dès 1925, les tout premiers signes de l'indépendance se font sentir. Des élections sont organisées pour la première fois au Ghana, dans le but d'élire un conseil législatif composé par les chefs locaux : ce sont les chefs suprêmes des régions occidentales, centrales et occidentales.

Seconde Guerre mondiale.

L'Angleterre sort très affaiblie de la guerre et le système colonial est à bout de souffle. Dès 1947, l'Inde obtient d'ailleurs son indépendance. Pour l'intelligentsia ghanéenne, le signe est clair. Cette même année 1947, le Dr Kwame Nkrumah est nommé secrétaire général de l'United Gold Coast Convention (UGCC).

JUIN 1949 Nkrumah quitte l'UGCC pour fonder son propre parti, la Convention du peuple (Convention People's Party ou CPP). Deux ans plus tard, en 1951, le CPP remporte les élections. C'est activement que Nkrumah s'investit dans le mouvement panafricain. Né en Angleterre et outre-Atlantique, le panafricanisme gagne peu à peu les consciences des élites africaines.

6 MARS 1957 **Indépendance de la Gold Coast**

La Gold Coast devient le Ghana et Kwame Nkrumah (1909-1972), dit Osagyefo (le rédempteur) devient Gouverneur général et Premier ministre.

1ER JUILLET 1960

Proclamation officielle de la République du Ghana : Nkrumah en devient le président. Les premières années de gouvernance de la jeune nation ghanéenne se passent dans le plus grand calme. L'opposition est quasi-absente (en tout cas vite évincée par le président) sur la scène politique nationale. C'est au sein même du parti au pouvoir, le CPP, qu'affleurent les premières critiques en la personne de Tawia Adamafio, responsable des affaires présidentielles. Ce dernier rassemble autour de lui de plus en plus de militants.

AOÛT 1962

Kwame Nkrumah échappe de peu à un attentat à la voiture piégée. Tawia Adamafio et deux autres pontes du CPP sont accusés puis condamnés à mort. Leur peine est finalement commuée en 20 années de prison ferme.

26 JANVIER 1964

Le CPP devient parti unique

Kwame Nkrumah, fragilisé par cet attentat, craint désormais à chaque instant pour sa vie. Il fait alors voter, par référendum, l'interdiction de tout autre parti politique que le sien. Une autre loi est votée, établissant que seul un candidat peut se présenter aux élections présidentielles. Kwame Nkrumah est dans ces conditions aisément réélu en 1965 à la tête de l'Etat.

SEPTEMBRE 1965

Début de la construction du barrage d'Akosombo.

24 FÉVRIER 1966

Alors que Nkrumah est en voyage diplomatique en Asie, l'opposition, frustrée de n'avoir aucune représentation sur la scène politique, fomente et réussit son coup d'État. Joseph Ankrah devient président. Nkrumah ne reviendra plus jamais au Ghana. La première page de l'ère politique sous l'indépendance se tourne, et de nombreux problèmes persistent. Peu sont les Ghanéens à croire en la légitimité et en l'utilité d'un leader national. La majorité préfère faire confiance aux chefferies locales.

17 AVRIL 1967

Un coup d'État contre le général Ankrah échoue.

1969

Les élections de 1969 apparaissent comme les plus compétitives depuis 1951. Le Parti progressiste (PP) mené par Kofi Busia est opposé à l'Alliance nationale libérale (NAL) de Komla A. Gbedemah. Ce sera finalement le PP qui remportera les élections et obtiendra 74 % des sièges du Parlement. Le parlement (qui pilote le PP) cherche à réformer au plus vite : les deux principales mesures prises par Kofi Busia sont une loi limitant l'investissement étranger dans les petites entreprises et l'expulsion du pays de milliers de non-Ghanéens.

31 AOÛT 1970

Edward Akufo-Addo (né en 1906) est nommé président (auparavant, la présidence était exercée par un collège de trois personnes).

13 JANVIER 1972

27 mois après les élections, un nouveau coup d'État, sanglant et mené par le général Acheampong (à la tête du National Redemption Party - NRC), pousse le le nouveau président vers la sortie. Les raisons manifestes de ce putsch ? L'impatience face aux difficultés économiques et le non respect du droit de grève des ouvriers. Cet évènement signe l'arrêt de mort de la jeune démocratie ghanéenne. Va alors se mettre en place une dictature militaire et les grandes compagnies étrangères sont alors nationalisées. Le premier choc pétrolier va porter préjudice au développement du pays. En 1975, le NRC devient le Conseil suprême militaire (SMC) et le ton se durcit : des journaux indépendants sont interdits et la propagation de rumeurs devient un crime. Le militantisme anti-SMC ayant tendance à gagner trop d'ampleur, et tout spécialement dans les milieux universitaires, certaines universités voient leurs portes se fermer.

Acheampong le mal aimé

A leur évocation, il est des noms qui s'accompagnent d'une mauvaise image. Celui d'Acheampong est de ceux là. Ignatius Kutu Acheampong, né en 1931 à Kumasi, s'est retrouvé à la tête du Ghana de janvier 1972 à juillet 1978, après avoir fomenté un coup d'État contre Kofi Busia, qui avait démocratiquement remporté les élections quelques mois plus tôt. Enseignant de formation, puis militaire, il a toujours cherché à renforcer le pouvoir de l'armée au sein du gouvernement. Sous Acheampong, le Ghana connaît de nombreux changements encore visibles dans la société d'aujourd'hui, comme le passage du système de mesure impérial au système métrique, ou encore la conduite à droite au lieu de la gauche. A son tour évincé du pouvoir par le général Fred Akuffo le 5 juillet 1978, il est arrêté et emprisonné dans un établissement pénitentiaire de la région ashanti. Il sera ensuite abattu par un peloton d'exécution.

27 AVRIL 1972

Mort de Nkrumah et funérailles nationales au Ghana.

5 JUILLET 1978

Les mesures mises en place par le nouveau régime ne changent rien et le peuple s'impatiente : l'inflation frôle les 300 % et des produits de première nécessité (riz et eau) sont de plus en plus difficiles à obtenir, parfois même introuvables. C'est alors que le lieutenant général Frederick Akuffo fait un coup d'État.

16 MAI 1979

En janvier 1979, une nouvelle constitution est même rédigée pour défendre le multipartisme dans l'espace politique. Mais le 16 mai de cette même année, à quelques mois de son institutionnalisation, un groupe de sous-officiers et de soldats de l'armée mené par le lieutenant Jerry Rawlings, fomente un nouveau coup d'État qui échoue. Les principaux auteurs sont arrêtés.

4 JUIN 1979

Nouveau putsch des rescapés du précédent coup d'État, victorieux celui-ci. J. Rawlings est libéré.

24 SEPTEMBRE 1979

Le pouvoir est rendu aux civils et au Dr Hilla Limann, dirigeant du parti national populaire, qui vient de remporter les élections. Il proclame la troisième République.

31 DÉCEMBRE 1981

La situation économique se dégradant, Limann est renversé et laisse la place à Jerry Rawlings et à son équipe, déterminés à engager de profondes réformes. A nouveau, les autres partis politiques que le sien sont interdits. 10 000 enseignants s'exilent l'année suivante.

1983 Rawlings doit le salut du pays aux aides inconditionnelles de la communauté internationale, de la Banque Mondiale et du FMI.

1985 Un an après l'échec d'un coup d'État, Rawlings est victime de tentatives d'assassinat.

3 NOVEMBRE 1992 Fort d'un bilan économique meilleur que celui de ses prédécesseurs, Rawlings est élu président de la République en 1992 (au premier tour avec 58,3 % des voix) avant d'être réélu quatre ans plus tard (57,2 % des voix). L'instabilité politique semble alors avoir fui le Ghana à jamais.

7 JANVIER 2000 En 1997, si le taux de croissance du pays reste élevé, les autres indicateurs (taux d'inflation, endettement et déficit budgétaire) sont encore inquiétants. Ce n'est qu'avec l'arrivée au pouvoir de John Kufuor le 7 janvier 2000, que la situation économique s'améliore globalement. Mais le niveau de vie des Ghanéens n'évolue guère réellement.

DÉCEMBRE 2004 Kufuor se présente à sa propre succession et remporte à nouveau la majorité des suffrages. Fort d'un taux de croissance élevé, il entreprend de nombreuses réformes, dans le domaine de l'éducation notamment.

29 SEPTEMBRE 2006 Le Ghana adhère à la francophonie.

JANVIER 2009 John Atta Mills, issu du parti de l'opposition National Democratic Congress, gagne les élections face au parti en place, sans heurts.

L'homme qui a remis le pays sur les rails : John Atta-Mills

John Atta-Mills est issu d'une famille aisée, il sort de l'université d'Accra diplômé en droit, et obtient son doctorat en études orientales et africaines, à Londres. Il occupe la fonction de professeur de droit à l'Université d'Accra avant d'atterrir dans le cercle proche du pouvoir en 1997, en tant que vice-président de Jerry Rawlings jusqu'en 2001. Il devient ainsi le candidat de son parti politique, le NDC (National Democratic Congress). C'est seulement en 2009 qu'il réussit à gagner les élections présidentielles. Il meurt le 24 juillet 2012 (né le 21 juillet 1944, à cette date le Ghana s'appelle la Côte d'Or). Son village natal, Tarkwa, au nord de Takoradi, est notamment connu pour ses mines d'or. L'homme, lui, est connu pour sa droiture dans les comptes de l'État et son honnêteté politique. Tout le pays l'a pleuré. Dans les mémoires, il reste le président qui a solidifié la démocratie au Ghana, celui qui a reçu le président américain Barack Obama en juillet 2009, ce dernier considérant le Ghana comme le pays à l'histoire démocratique la plus exemplaire de toute l'Afrique subsaharienne.

2010 — Le Ghana parvient en quart de finale lors de la Coupe du monde de football en Afrique du sud.

24 JUILLET 2012 — Décès subi de John Atta Mills, dans l'exercice de ses fonctions de président du Ghana, alors âgé de 68 ans. John Dramani Mahama lui succède, élu en décembre 2012. Durant son mandat, le président a fait face à de nombreuses critiques, liées avant tout au ralentissement de l'économie.

29 MARS 2014 — Le président Mahama prend la tête de la Communauté économique des États d'Afrique de l'Ouest (Cédéao), dont la présidence quitte Yamoussoukro pour Accra.

DÉCEMBRE 2016 — Face au président sortant John Dramani Mahama, Nana Akufo-Addo du New Patriotic Party remporte l'élection présidentielle avec 53,85 % des suffrages. Il prend officiellement ses fonctions le 7 janvier 2017.

2018 — Le pays pleure la mort de Kofi Annan, l'un de ses plus célèbres compatriotes. L'année suivante, le Ghana décide d'une association économique avec son voisin la Côte d'Ivoire afin d'obtenir des prix justes dans la vente de cacao, les deux pays étant de très importants producteurs.

2020-2022 — Le président Nana Akufo-Addo prend la présidence de la Cédéao.

18 JANVIER 2023 — Le Ghana, juste après la Zambie, est le deuxième pays africain depuis le début de l'ère Covid-19 à entrer en défaut de paiement de sa dette.

NKRUMAH
LE VISAGE DU GHANA

S'il y a un nom du monde de la politique ghanéenne qu'il faut retenir, c'est bien le sien : Kwame Nkrumah. Leader principal de la cause indépendantiste ghanéenne dans les années 1950, il a également largement contribué à l'essor du mouvement panafricaniste dans les années 1960. Pour beaucoup d'Africains, Kwame Nkrumah est l'un des plus grands héros de l'histoire moderne.

Il naît en 1909 à Madam Nyaniba, dans ce qui est à l'époque appelé la Gold Coast, territoire aux mains de la couronne britannique. A l'inverse de nombre d'enfants de son âge, il a la chance de pouvoir étudier et obtient un premier diplôme à 21 ans, celui de l'université d'Achimota, dans le nord d'Accra. Il poursuit alors son parcours estudiantin outre-Atlantique, où il obtient deux licences et un master en philosophie à l'Université de Pennsylvanie en 1942. C'est sur les campus américains que naît son goût pour le militantisme. Aux débuts des années 1940, il devient même président de l'Organisation des étudiants africains du Canada et des États-Unis.

Se sentant trop éloigné des centres de décision qui concernent l'avenir de la Gold Coast, il décide de partir s'installer à Londres. Il participe alors grandement à l'organisation du 5e congrès panafricain qui se tient à Manchester en 1945. Ami du fondateur du panafricanisme, l'Antillais George Padmore, Kwame Nkrumah organisera d'ailleurs aussi les 6e et 7e conférences panafricaines, cette fois-ci sur le sol de la Gold Coast, en 1953 à Kumasi et 1958 à Accra. Ce dernier rendez-vous sera d'ailleurs la première conférence des États Indépendants d'Afrique.

Profitant de ses connaissances acquises aux États-Unis et de son charisme, il se lance dans une campagne pour convaincre l'opinion publique ghanéenne de militer pour l'indépendance du pays. Il se fixe alors trois objectifs : apprendre à gouverner, unifier les quatre territoires de la Gold Coast pour n'en former qu'un, et obtenir l'indépendance. Le 6 mars 1957, il proclame l'indépendance de son pays. La Gold Coast devient Ghana. A la tête du jeune Etat, il décide trois ans plus tard de travailler à la rédaction d'une nouvelle constitution pour faire du premier pays de l'Afrique sub-saharienne à avoir obtenu son indépendance, une république. En avril 1960, le texte est ratifié et les premières élections le désignent comme président.

Dans l'un de ses essais parus en 1967, *Le socialisme africain revisité*, il définit clairement son point de vue en matière de politique. A l'heure où chacun des deux camps de la guerre froide cherche de nouveaux alliés, Kwame Nkrumah est persuadé que le modèle socialiste correspond mieux à la condition africaine de l'époque et permettra le développement du continent. Il refuse cependant de suivre les théories marxistes.

Dans cette optique, il décide d'industrialiser son pays avec l'argent et les emprunts de l'État, plutôt que de faire appel aux capitaux étrangers. C'était la seule et unique manière selon lui d'être véritablement indépendant des puissances occidentales. Malheureusement, dans les années 1950, le marché du cacao traverse une première crise et le coût du barrage d'Akosombo pèse lourdement sur les caisses de l'État. Rapidement, le riche Ghana devient l'un des pays les plus pauvres d'Afrique. Le ton monte entre Kwame Nkrumah et ses opposants. Apeuré par l'éventualité d'un coup d'État, il fait passer deux lois aux congrès pour limiter les libertés individuelles : les grèves sont interdites et son administration est désormais autorisée à arrêter tous les suspects complotant contre lui, sans avoir à passer devant un tribunal. Alors discret sur la scène publique de peur de se faire assassiner, il réapparaît en 1964 pour faire passer un nouvel amendement. Ce dernier assure à son groupe politique, le CPP, d'être le seul parti officiel autorisé et il devient président à vie. Le 22 janvier 1966, il inaugure (enfin) le grand barrage d'Akosombo, symbole de son pouvoir et de son importance dans l'histoire du pays. Mais profitant d'un déplacement diplomatique en Asie, l'opposition organise et réussit un coup d'État victorieux en février 1966. Kwame Nkrumah ne retrouvera plus jamais le pouvoir. Il ne rentrera d'ailleurs jamais au Ghana.

Il s'installe d'abord à Conakry en Guinée, où il est nommé co-président du pays par le chef d'Etat et ami, Ahmed Sékou Touré. Malade, il doit s'envoler pour Bucarest où il ne parviendra jamais à guérir d'un cancer. Il y meurt en avril 1972, à l'âge de 62 ans.

LES ENJEUX ACTUELS

Le système politique ghanéen est plutôt simple : le mode de fonctionnement de l'exécutif est inspiré du modèle américain tandis que celui du pouvoir législatif est copié sur le système anglais. Ainsi, à l'assemblée parlementaire siègent 275 députés, tous élus après un seul tour de scrutin. Voilà pour la théorie. Voyons ici comment s'articule concrètement la vie politique ghanéenne depuis 30 ans. Côté politique extérieure, le Ghana, pacifique, ne connaît aucun trouble majeur avec ses voisins. Le pays participe par exemple en 1963 à la création de l'Organisation de l'Unité africaine (OUA) qui devient l'Union africaine (UA) en 2000, et aucune de ses frontières n'est fermée. Mais c'est paradoxalement avec un voisin plus éloigné, le Nigeria, que le Ghana entretient ses plus étroites relations intra-africaines. Quels sont les enjeux géopolitiques du Ghana ? Et économiquement, vers où va le pays ? Éléments de réponse.

La scène politique ghanéenne actuelle

Voici en résumé les acteurs de la scène politique ghanéenne. Cinq principaux partis retiennent l'attention du peuple, les deux premiers étant les partis majoritaires :

- **Le National Democratic Congress (NDC).** Ce parti de centre gauche a été fondé par Jerry Rawlings en 1992. Bien que ce dernier soit élu président à deux reprises (1992-2000), le NDC est demeuré parti d'opposition pendant de nombreuses années. Représenté par deux présidents (Atta Mills d'abord, John Dramani Mahama ensuite), le parti obtient à nouveau le pouvoir en 2008 et le garde jusqu'à décembre 2016.
- **Le National Patriotic Party (NPP).** C'est le parti actuellement au pouvoir et celui de l'homme fort du début de XXIe siècle, John Kufuor. De centre-droit et essentiellement composé d'hommes d'affaires ashanti, le parti a su au cours des deux mandats de Kufuor (2000-2008) adapter son horizon politique et s'occuper des laissés-pour-compte de la croissance économique. Le NDC emporte les deux mandats suivants, puis, appuyant sa campagne sur le ralentissement de l'économie, Nana Akufo-Ado remporte les élections en 2016, puis à nouveau en 2020.
- **Le Conventional People Party (CPP).** Créé par Kwame Nkrumah, ce parti n'est plus que l'ombre de lui-même. George Aggudey, ancien chef de file du parti s'est longuement battu pour réanimer la foi des jeunes en un système communiste ou socialiste, en vain.
- **Le People National Convention (PNC).** Fondé par une faction dissidente du CPP, ce parti populaire est une émanation de la partie Nord du pays, sans réelle représentation politique à l'échelle nationale.
- **Le Ghana Union Movement (GUM).** Créé en 2019, c'est le plus jeune parti ghanéen. Christian Kwabena Andrews, à sa tête, se présente comme « le nouveau Kwame Nkrumah » et a reçu le soutien de la fille du père de la nation, Samia Nkrumah. Lors des élections de 2020, le parti est arrivé en 3e position, avec 0,99 % des votes certes, mais 3e tout de même.

Un démocratie ouest-africaine dynamique

Depuis 1992, la sortie d'un régime militaire autoritaire et la transition démocratique assurée par Jerry Rawlings, le multipartisme au Ghana semble plutôt bien se porter. Cette même année, aussi bien l'adoption d'une nouvelle Constitution que les élections ont lieu dans un climat des plus pacifiques. Dès lors, et les observateurs internationaux s'accordent là-dessus, le fonctionnement étatique du Ghana est considéré comme stable et même comme un exemple africain en termes de pacifisme et de dynamisme politique. Après les deux mandats de Rawlings, on assiste en effet à une alternance parfaite entre les deux principaux partis du pays : deux mandats du NPP (2000-2008), puis deux nouveaux mandats du NDC (2008-2016), puis à nouveau deux mandats du NPP (2016-2024). Lors de sa réélection en 2020, Nana Dankwa Akufo-Addo l'a emporté de très peu sur l'ancien président John Dramani Mahama (2012-2016). Fait intéressant : lors des élections législatives de décembre 2020, qui ont suivi les présidentielles, le nombre de députés NPP est égal celui des députés NDC, forçant les deux partis à débattre et chercher des solutions communes. Les derniers sujets de discordes au Parlement ghanéen ont en l'occurrence porté sur l'adoption du budget 2023. L'enjeu actuel principal pour le NPP, tout entier tourné vers les élections de 2024, est naturellement d'emporter un troisième scrutin consécutif. Pour se faire, Akufo-Addo devra surmonter la crise que traverse le Ghana depuis le début des années 2020, une crise marquée par une sévère inflation que n'ont fait que renforcer la pandémie mondiale et la guerre en Ukraine. Nous y revenons plus loin dans un paragraphe dédié aux enjeux économiques actuels du Ghana.

© DELALI ADOGLA-BESSA - SHUTTERSTOCK.COM

Parlement du Ghana à Accra.

Une politique extérieure de médiation

Profitant de l'héritage Kwame Nkrumah, l'un des principaux initiateurs du panafricanisme dans les années 1950, le Ghana a un certain poids politique au sein de l'Union africaine (il en a assuré la présidence en 2007). En un quart de siècle, le Ghana s'est militairement engagé dans de nombreuses opérations de maintien de la paix en Afrique de l'Ouest mais aussi au Liban. Dans les années 1990 déjà, Jerry Rawlings n'avait pas hésité à soutenir les efforts de paix en envoyant des soldats pour alimenter les troupes de casques bleus de l'ONU, afin d'intervenir en Sierra Leone ou au Liberia notamment. Considéré comme un médiateur de première importance en Afrique de l'Ouest, le Ghana, suite à la crise politique ivoirienne de 2003-2004, a reçu plus de 10 000 réfugiés du pays voisin sur son territoire. A nouveau, en 2017-2018, le Ghana d'Akufo-Addo a endossé le rôle de facilitateur dans la crise du Togo. Puis le Ghana a présidé, de l'été 2020 et l'été 2022, la Conférence des chefs d'État et de gouvernement de la CEDEAO, en prise avec des coups d'État au Mali, en Guinée et au Burkina Faso, appelant de ses vœux le rétablissement d'un pouvoir civil. Les problèmes sécuritaires, renforcés par la déstabilisation politique de ces pays, est d'ailleurs l'un des principaux enjeux de la politique extérieure du Ghana. Bien qu'ayant été jusqu'alors épargné par les attaques terroristes, le pays ne peut ignorer le mouvement d'expansion des groupements terroristes du Sahel depuis le Burkina Faso.

Au niveau international, le Ghana jouit d'une image positive, renforcée par le passage de Barack Obama en 2009, premier pays africain visité par le président américain après son entrée en fonction. Notons au passage que du 1er janvier 2022 au 31 décembre 2023, le Ghana siège au Conseil de Sécurité des Nations Unies, œuvrant, en collaboration avec les autres membres, à la promotion de la paix et de la sécurité internationales. Enfin, signalons que la stabilité du Ghana n'a pas échappé au Président français Emmanuel Macron. Dans une visite inédite pour un Président français, en novembre 2017, il avait fait valoir l'intérêt de dépasser les anciens schémas « Afrique anglophone-Afrique francophone ».

Tourisme au Ghana

Si le tourisme n'a pendant très longtemps pas été un secteur qui a particulièrement intéressé les autorités ghanéennes – ce dernier misant surtout sur le cacao et les ressources minières avant tout –, certains efforts allant dans ce sens sont à noter ces dernières années, aussi bien pour le tourisme de vacances que les voyages d'affaires. Si, en comparaison de ceux du Togo ou du Bénin, le parc hôtelier ghanéen est plus que convenable, le pays a également bénéficié d'aides d'institutions internationales pour réhabiliter son patrimoine historique. Ces aides ont en effet permis la réhabilitation des châteaux et des forts du littoral (ceux d'Elmina et de Cape Coast en tête), mais aussi l'ouverture de musées et l'aménagement de parcs naturels. Et ces efforts ont payé ! En 2015, ce sont presque 900 000 touristes qui visitent le Ghana, plaçant le pays à la 5e place des pays les plus visités d'Afrique de l'Ouest. L'industrie touristique a connu un essor important au cours des 15 dernières années, hélas freiné, comme le reste du monde, par la pandémie de Covid-19 qui s'est abattue sur le monde en 2020. Cette même année, le Ghana est tout de même parvenu à générer plus de 165 millions d'euros dans le seul secteur du tourisme, soit 0,25 % de son PIB, mais presque 20 % de l'ensemble des recettes touristiques de Afrique de l'Ouest. Quelle marge de progression pour le tourisme au Ghana ? Certainement des perspectives prometteuses, axées sur l'éco-tourisme (éventuellement de luxe), le tourisme actif (randonnée, vélo et surf), mais aussi sur un tourisme culturel axé sur le patrimoine artisanal, artistique et spirituel du pays.

Une économie en crise

Si la croissance économique ghanéenne est dans l'ensemble dynamique, l'épidémie de Covid-19 lui a mis un sérieux coup de frein, avec seulement 0,4% de croissance en 2020. La courbe est à la hausse en 2021 (4,7% du PIB) puis faiblit en 2022 (3,6% du PIB). Et d'après le FMI, la situation ne va pas se redresser tout de suite : la croissance du Ghana en 2023 se situera d'après l'institution autour de 2,8%. On peut expliquer ce ralentissement par une hausse du niveau d'inflation et par une crise des finances publiques, secteur qui s'est dégradé dans le sillage de la pandémie et le conflit russo-ukrainien. L'inflation touche les produits d'importation (biens de consommations courants et carburant notamment), dont le Ghana est très dépendant. Notons que si l'inflation a toujours été élevée au Ghana (environ 10% dans les années 2000), elle a atteint des pics record en décembre 2022 : + 60% du prix sur les biens alimentaires ! Parallèlement, le niveau de la monnaie nationale, le Cédi, n'a cessé de chuter par rapport au dollar en 2022, avec une baisse de la valeur de l'ordre de plus de 50%. Afin de redresser la barre, l'État ghanéen a du demander au FMI une aide pour pouvoir encaisser ces dépenses supplémentaires, une aide de 3 milliards de dollars de renflouement accordée mi-décembre 2022. Tant et si bien que la dette publique a atteint 85% du PIB, un « niveau de risque élevé de surendettement » pour le FMI. Les autorités ghanéennes se sont engagés à prendre des mesures pour restructurer au plus vite la dette publique. Hélas, le 18 janvier 2023, le Ghana, juste après la Zambie, devenait le deuxième pays africain depuis le début de l'ère Covid-19, à entrer en défaut de paiement de sa dette.

Au moment de la rédaction de ce guide (2023), aucune solution n'avait été avancée par les autorités ghanéennes pour dépasser ce défaut de paiement. Une entrave majeure au développement du pays que la pauvreté guette, plus de 30 % de la population étant officiellement en situation de pauvreté dans le pays. Un chiffre qui ne va pas en s'abaissant. Aussi, l'un des enjeux économique et social du Ghana est certainement l'amoindrissement de cette situation, qui passe par la mise en place d'une politique plus adaptée orientée vers le soutien à la croissance, des dépenses publiques à destination des plus démunis, et la mise en place de programmes pérennes en matière d'éducation, de santé et de développement des infrastructures.

© RENATE WEFERS - ISTOCKPHOTO.COM

Le cacao est l'une des ressources du pays.

ARCHITECTURE

Le Ghana est l'un des pays les plus fascinants de la Côte Ouest africaine. Les peuples autochtones ont su y développer un art d'habiter dicté par le climat et la disponibilité des matériaux, et sublimé par des pratiques culturelles riches et variées. Des maisons sur pilotis aux palais dagombas, des maisons-enclos Akans aux maisons rondes des Tallensi, en passant par les splendeurs Ashantis, l'architecture traditionnelle ne manquera pas de vous surprendre. Forteresses de pierre, missions et villas éclectiques illustrent, elles, une foisonnante période coloniale. Premier pays d'Afrique subsaharienne à obtenir son indépendance, le Ghana fait du modernisme tropical le symbole de sa liberté retrouvée. Aujourd'hui, malgré des défis sociaux et urbains difficiles à juguler, le pays fait montre d'une vitalité créatrice unique, accueillant d'étonnants projets contemporains qui se tournent vers toujours plus de durabilité. Indiscutablement fascinant !

Trésor des origines

Si l'architecture originelle du Ghana est si riche, c'est parce qu'elle a su, depuis des siècles, s'adapter aux différents climats de chacune de ses régions et composer avec les matériaux locaux à disposition. Dans les régions côtières, les matériaux privilégiés sont la noix de coco, la boue, le bambou, les feuillages et petits branchages. Les maisons s'y composent d'une ossature en poteaux de bois sur laquelle sont placés des murs en bambou ou en nattes finement tressées, le tout étant recouvert d'un toit de chaume. Lorsque les habitations sont construites au plus près de l'eau, ces dernières reposent sur des structures sur pilotis. Dans les régions forestières humides, les matériaux utilisés sont sensiblement les mêmes que dans les zones côtières, mais s'y rajoute la latérite (roche rouge typique des régions tropicales) que l'on utilise sous forme humide et que l'on vient appliquer à la main sur l'ossature en bois, selon la technique des murs en clayonnage et torchis. Boue et argile peuvent également remplacer la latérite. Les toits des habitations sont en chaume de palme et se caractérisent par des pans très inclinés et des pignons aigus. Dans les zones de savane sèche, les matériaux sont limités et les habitations se composent essentiellement de boue et d'herbe. C'est d'ailleurs dans ces régions que se sont développées des constructions en terre comprimée, appelée atakpamé, du nom des bâtisseurs itinérants d'Atakpamé au Togo. Cette technique permet l'édification de murs compacts et solides ne nécessitant pas d'éléments structurels en bois. Si matériaux et techniques diffèrent, une même conception de l'habitat subsiste : celle de la maison-enclos ou maison à cour intérieure. Cette manière d'habiter est partagée par l'ensemble des peuples du Ghana mais sa structure s'adapte au climat : dans les zones chaudes et humides, la maison-enclos est largement ouverte pour favoriser la circulation de l'air, tandis que dans les zones au climat plus rigoureux, la maison-enclos se fait plus compacte et fermée. Mais partout, le nombre de cours intérieures est le symbole de la richesse du propriétaire ! Les Tallensi sont célèbres pour leur étonnant urbanisme, créant sens et harmonie dans des paysages chaotiques et escarpés. Leur enceinte type, comme à Tongo Hills, se compose d'un réseau de sentiers circulaires desservant les espaces phares du village : les kraals (enclos à bestiaux), les greniers, et bien sûr les habitations, dont la structure de plan circulaire et à toit plat rappelle un seau. Les espaces sont interconnectés mais pensés pour respecter l'intimité de chacun. L'enceinte elle-même est précédée d'un espace ombragé qui abrite les sanctuaires et temples ancestraux. Les maisons-enclos des Dagombas, elles, se

Habitation traditionnelle.

© MEHMETT.07 - SHUTTERSTOCK.COM

La Larabanga Mosque est la plus ancienne du pays.

composent de plusieurs enceintes, abritant des huttes circulaires à toits coniques reliées entre elles par des murs incurvés, créant un ensemble organique et harmonieux. L'enceinte centrale est réservée au chef, dont la hutte est ornée de larges bandes de fragments de poterie incrustés dans un mortier de boue et placées autour des portes. Le Palais Ya-Na, à Yendi possède 7 enceintes ! L'enclos d'Antigaane, lui, représente la tradition Nankani. Il se compose de plusieurs enceintes abritant des édifices de plan rectangulaire ou circulaire, à toits plats ou en pente. Organisées autour d'une vaste cour centrale, les enceintes secondaires se composent elles-mêmes d'une ou plusieurs cours intérieures privées. Cet aspect compact et ramassé souligne la finalité défensive première de ces enclos. Les maisons-forteresses du peuple Wala suivent également cette tendance, comme le montre le Palais Wa Naa. L'habitat à Seripe, dans le Nord, est aussi un habitat « fortifié » pensé pour assurer protection et intimité. L'enclos des Lobi, presque entièrement couvert, y abrite des espaces d'habitation bas et sombres. A Sirigui, vous ne pourrez qu'être émerveillé par la richesse décorative des maisons. Ce travail du décor est entièrement réalisé par les femmes qui utilisent le plus souvent des roches colorées réduites en poudre. Les habitations de boue de plan circulaire et à toits coniques se voient ainsi ornées de figures géométriques, abstraites ou stylisés, mais aussi de figures animales ou florales, à la forte symbolique. Le serpent assure par exemple la protection, tandis que les lignes ondulées sont synonymes de succès ! Une richesse décorative que l'on retrouve dans les maisons et temples en bois, bambou ou pisé du grand peuple Ashanti. Leurs édifices sont ornés de bas-reliefs façonnés avec de l'argile latéritique rouge pour les parties basses et de l'argile kaolinitique blanche pour leurs parties hautes. Les formes les plus courantes de ces bas-reliefs sont des figures géométriques entrelacées (spirales, arabesques), mais aussi des représentations d'animaux ou végétaux, associés à des symboles adinkra (symboles créés par le peuple Akan – groupe ethnique auquel appartiennent les Ashantis –, représentant des messages de sagesse et réalisés le plus souvent à l'aide de tampons taillés dans des matériaux naturels). Richesse, couleur, finesse et diversité caractérisent cet art du décor ashanti que vous pourrez découvrir dans les temples et sanctuaires de Patakro, Asenemaso ou bien encore Ejisu Besease, qui, avec une dizaine d'autres, sont désormais classés au Patrimoine Mondial de l'Unesco !

Influences étrangères

Les marchands itinérants Dioulas ayant fui Djenné au Mali ont contribué à la création des premiers comptoirs fortifiés du Ghana, et ont permis la diffusion de nouveaux procédés de construction, utilisés notamment dans la réalisation de mosquées. On parle d'ailleurs de style Djenne, lui-même influencé par la tradition des mosquées soudanaises. La Dondoli Mosque de Wa est l'une des plus belles du pays. Sa silhouette se caractérise par des contreforts massifs aux avancées puissantes et très rapprochées, mais qui s'affinent en hauteur pour projeter au-dessus de la balustrade du toit leurs pinacles surmontés d'un dôme.

Vous remarquerez également que ces contreforts sont hérissés de bouts de bois en saillie. Ces derniers servaient tout à la fois à ancrer les contreforts dans le mur principal et d'échafaudage pour assurer les travaux d'entretien ! Le mihrab (niche à prière orientée vers la Mecque) est logé dans une tour de forme conique (dans certaines mosquées, ces tours peuvent être pyramidales). Souvent, les mosquées soudanaises possèdent également une seconde tour. L'intérieur est divisé en plusieurs travées séparées par de hauts piliers de terre supportant le toit-terrasse. La Larabanga Mosque (p.203), la plus ancienne du pays (1421), reprend toutes ces caractéristiques et y ajoute un travail du décor supplémentaire avec ses lignes et motifs en losange noirs sur de grands aplats blancs. Puis ce fut au tour des colons européens d'apposer leur marque sur le pays. Cette présence coloniale prit d'abord la forme d'une architecture défensive comme en témoigne la série de forts et châteaux, portugais pour la plupart, de l'ancienne Côte-de-l'or. La plupart des forts suivaient un plan rectangulaire ou carré. L'extérieur comprenait des structures bastionnées, des batteries et des tours d'angle, tandis qu'à l'intérieur s'élevaient des édifices de 2 ou 3 étages organisés autour d'une cour. Murs épais percés d'arcades et puissants donjons aux sommets crénelés donnaient à ces forteresses de pierre et de mortier des allures d'authentiques châteaux médiévaux. Parmi les plus célèbres, notons : le Château Saint-Georges à Elmina, le Fort Komenda, l'Osu Castle (p.104) à Accra (anciennement Château Christianborg fondé par les Danois) et Fort Amsterdam (p.132) à Kormantse, dont la triste particularité architecturale (multiplication des ouvertures pour permettre la ventilation) traduit son évolution de simple fort protégeant l'or à centre de la traite négrière où étaient parqués les esclaves… En parallèle, les colons ont également implanté un certain nombre de missions, à l'image de la Mission Bâloise de Kumasi, non loin d'Accra. Au sein de ces missions, les colons ont assuré la formation de nombreux charpentiers, maçons et menuisiers et ont développé une structure phare de l'architecture coloniale : la maison, de pierre, de brique ou de torchis, ceinte sur ses 4 côtés d'une véranda. Au sein de la mission catholique de Navrongo, des prêtres français ont érigé, eux, la Navrongo Catholic Cathedral (p.211), entièrement en briques de boue. Ses 60 m de long, 14 m de large et sa tour-clocher de 13 m de haut traduisent toutes les potentialités de ce matériau naturel ! Sur la côte, les colons anglais développèrent, eux, une architecture coloniale hybride mêlant influences européennes et africaines. Alors que les intérieurs sont pensés pour favoriser aération et ventilation, les extérieurs se parent des atours du style Queen Anne, entre fantaisie ornementale et rigueur classique, ou d'un style très italianisant, jouant sur le mélange des matériaux (marbres, tuiles, pierre, brique). La ville d'Anomabu en regorge.

Indépendance et modernisme

Premier leader post-Indépendance, Kwame Nkrumah lance une campagne d'envergure pour transformer son pays. C'est à cette époque qu'est créée la Ghana National Construction Corporation (GNCC) dont les grands objectifs étaient de permettre la construction de logements décents pour les travailleurs, et d'améliorer les infrastructures du pays (barrages, voies ferrées…). Mais le pays ne disposant pas en-

Independance Arch à Accra.

DÉCOUVRIR

core d'architectes formés localement, Kwame Nkrumah a choisi de faire appel à des architectes venant d'URSS, aux côtés de laquelle le Ghana s'était aligné. Mais à l'inverse du schéma colonial où les Européens imposaient leurs modèles, ici les architectes d'Europe de l'Est travaillaient pour la GNCC. Alors qu'ils étaient eux-mêmes en pleine période de reconstruction, les Polonais, notamment, ont pu partager leurs recherches en matière d'urbanisme, comme le montre le quartier Labadi à Accra, inspiré de la modélisation du quartier de Powiśle à Varsovie. Ils ont également partagé leurs conceptions de la modernité architecturale, qui faisaient la part belle au béton dont la monotonie était rompue par des alternances de surfaces lisses et rugueuses, et aux structures de grandes portées. L'International Trade Fair d'Accra en est le parfait exemple. Mais comme le souhaitait le leader ghanéen, l'édifice fait également référence à la tradition locale, comme le montre le Pavillon Africa à la structure circulaire inspirée des parapluies (symbole de pouvoir) et du baobab. L'ensemble de cette époque a été marquée par un modernisme adapté au climat : le modernisme tropical, que l'on reconnaît à ses façades bris-de-soleil, ses vitres coulissantes mêlant verre et persiennes d'aluminium ou de béton, ses larges avancées de toit en saillie, et la blancheur de ses volumes sobres et géométriques. Le **National Museum** (p.103) of Ghana ; la Children's Library d'Accra ; et bien sûr l'**Independence Place / Black Star Square** (p.103) (Place de l'Indépendance), et l'Independance Arch déployant toutes les potentialités esthétiques du béton comptent parmi les grandes réalisations de cette période.

Ghana contemporain

Dans les années 80-90, le pays se cherche encore, alternant entre monumentalisme du style international et rattachement aux traditions. Le **National Theatre** (p.104) en est l'exemple parfait avec sa structure composée de blocs carrés qui pivotent et se courbent dans un ballet totalement déstructuré, tandis que les mosaïques murales abstraites se veulent les représentantes des rythmes des danses locales. Un mélange des genres que l'on retrouve dans la Jubilee House ou Palais Présidentiel. Sa silhouette monumentale de 40 m de haut est inspirée du Tabouret Royal Ashanti à l'assise recourbée. Des motifs Akans complètent la décoration de ce grand symbole du Ghana. Dans la skyline de la ville, d'autres édifices ressortent particulièrement, à l'image des Villaggio Towers aux façades parées de revêtements créant des dégradés de vert, jaune et rouge. Aujourd'hui, et malgré les nombreux défis auxquels il doit faire face, le pays connaît une période de grande effervescence créatrice, en grande partie permise et portée par des femmes. Nana Akua Oppong Birmeh est à la tête d'Arch Xenius, seul cabinet d'architecture du pays à être dirigé par une femme ! Elle y développe notamment de nombreux bâtiments passifs (à faible consommation énergétique). Même si son travail se fait principalement au Royaume-Uni, Elsie Owusu participe activement au renouveau du pays via l'ONG Just Ghana qui promeut le développement durable. Elle a également réfléchi aux nouveaux designs de l'Hôtel de Ville de Kumasi (inspiré du porc-épic ashanti) et du Rapid Transit System d'Accra (inspiré des motifs textiles traditionnels). Dans le quartier en pleine régénération de Jamestown, à Accra, la figure phare est l'architecte Joe Addo, président d'ArchiAfrika dont le but est de replacer l'architecture africaine sur la carte du monde. Dans son café, il organise des rencontres avec les plus grands architectes, et fait tout pour lutter contre les promoteurs et leurs hôtels de luxe. Une lutte contre la bétonisation dans laquelle s'engagent de plus en plus d'architectes ghanéens. Son toit végétalisé, ses persiennes en bois et ses bâtiments organisés autour d'un arbre centenaire, font de la World Bank d'Accra le symbole de cette architecture verte. Même les réalisations internationales se mettent au diapason, tel l'étonnant Airport City de Mario Cuccinella, immeuble mixte de 9 étages, aux motifs de façade rappelant les écorces d'un palmier, et dont l'orientation a été pensée pour assurer ventilation et luminosité naturelles. La grande star de l'architecture internationale, le britannico-ghanéen David Adjaye, a dévoilé, lui, deux projets d'envergure. D'abord sa réponse à l'initiative gouvernementale visant à moderniser le parc hospitalier du pays. Durabilité, efficacité et générosité sont les maîtres mots de ce projet, dont les bâtiments seront dotés de systèmes écologiques et organisés autour d'espaces verts, tandis que leurs designs seront inspirés des motifs traditionnels. Ensuite, son projet de Cathédrale nationale du Ghana. Celle qui n'est aujourd'hui encore qu'à l'état de chantier, ne cesse de susciter la controverse, notamment pour son coût et sa symbolique. Pourtant, David Adjaye était soucieux d'en faire un espace interconfessionnel dont le design reflèterait l'art et la culture des différents groupes ethniques du pays, à l'image du toit et de la façade concaves d'inspiration akan, ou des aménagements paysagers pensés pour rappeler des motifs adinkra. L'avenir nous dira si la star internationale réussira à mener à bien ses projets… Dans tous les cas, le Ghana n'a pas fini de nous surprendre, et ce n'est pas Lesley Lokko, architecte et romancière ghanéenne, commissaire de la Biennale d'Architecture 2023 qui dira le contraire : au Ghana, comme partout en Afrique, elle veut casser les codes et imaginer « une architecture décarbonée et décolonisée » !

BEAUX-ARTS

L'art ghanéen rencontre un vif succès à Accra aussi bien qu'à l'étranger. Les installations d'El Anatsui, présentées dans le monde entier depuis les années 1990 ont montré le chemin aux générations suivantes. Les artistes reconnus mettent ici leur notoriété au service de la culture émergente. Ainsi, ils se placent au centre de l'engouement que connaît l'art contemporain au Ghana. En même temps que sont révélés des talents d'envergure, on voit émerger une classe sociale qui a les moyens et l'envie de collectionner de l'art. Les symboles traditionnels, hérités des Akans, continuent d'être intégrés à des styles résolument modernes. La démarche d'Amoako Boafo, promu star des ventes, montre que l'on peut s'imposer sur la scène actuelle tout en restant attaché à ses origines. Désormais, les peintres et sculpteurs ghanéens sont présents dans toutes les manifestations et collections internationales. Des pépites à dénicher de toute urgence !

Origines de la culture ghanéenne

Les fouilles archéologiques ont révélé des fragments de poterie en argile datant de 3000 ans. Traditionnellement pratiquée par les femmes au Ghana, la céramique prend la forme de coupes, de lampes à huile, et de récipients divers comme on peut les admirer au **National Museum** (p.103) à Accra. A partir du XIIIe siècle, la civilisation ashanti se développe au Ghana et devient la première communauté des peuples Akans. Les traditions ashanti, dont celles du sous-groupe des Akans, marquent fortement l'art et l'artisanat du Ghana. Au XVIIIe siècle, apparaissent les symboles Adinkra, vraisemblablement créés par un peuple Akan. Ils ornent tout d'abord la poterie, les objets et les vêtements royaux. Décoratifs, ces signes transmettent un message en relation avec tous les aspects de la vie. Ils sont désormais reproduits à l'aide de tampons, sur des tissus. Le plus courant, le Gye Name, traduit la suprématie de Dieu. Ce répertoire continue d'inspirer les artistes contemporains au point de constituer le langage visuel national. La femme ashanti occupe une place centrale et à ce titre, prend les décisions au sein du groupe. C'est pourquoi la figure féminine est omniprésente en sculpture. Les poupées en bois sculpté sont glissées sous les pagnes pour accompagner la maternité. Par la suite, ces amulettes servent de jouet à l'enfant. Ces statuettes stylisées aux traits épurés d'une grande élégance séduisent les amateurs d'art. L'orfèvrerie, sur ces terres riches en or, atteint une rare perfection. Les poids à peser l'or des Akans sont ornés de motifs géométriques qui se retrouvent sur tous les accessoires de mesure de l'or. Les kuduo sont des récipients en cuivre dans lesquels les Akans déposent les offrandes destinées aux divinités et aux ancêtres. Le forowa est un récipient à usage domestique ou religieux. Il se distingue du précédent par l'absence de figurines comme le porc-épic, symbole ashanti. Les insignes royaux akans se composent du bâton de chef, de pendentifs,

National Museum, Accra.

© ATOSAN - SHUTTERSTOCK.COM

Symboles adinkra.

d'attaches permettant de retenir les sandales sur le coup de pied, de rectangles reliés les uns aux autres pour former une couronne, des poignées d'épées royales.

Peinture moderne

La peinture est importante au Ghana. Les artistes sont exposés dans les halls des grands hôtels, dans les habitations bourgeoises et de plus en plus dans les galeries qui s'ouvrent dans la région d'Accra. Le goût pour la peinture se retrouve sur les barques colorées des pêcheurs, les tro-tro et les mammys trucks, les enseignes des coiffeurs ou les habitations en terre dans le nord du pays. Si les constructions ashanti sont ocre, les villages du nord se distinguent par des fresques à dessins géométriques, dans les tons brun, jaune et marron qui recouvrent les murs intérieurs. Depuis la seconde moitié du XXe siècle, des peintres talentueux rayonnent en Afrique et dans le monde entier. Ablade Glover, né en 1934 à Accra, est considéré comme le père de la peinture contemporaine ghanéenne. Son style méticuleux et ses couleurs vives sont aisément reconnaissables. Il est diplômé de l'Université des Sciences et Technologies de Kumasi, dont sont sortis bon nombre de talents ghanéens ; il poursuit sa formation à Londres puis dans l'Ohio. Revenu au pays, il devient directeur des Beaux-Arts de Kumasi. Ses œuvres sont entrées dans les collections d'institutions majeures et à Accra, à l'Ashanti Goldfields Company et à l'Arts Council of Ghana à Accra. A la tête de l'**Artist Alliance Gallery** (p.105), Ablade Glover participe depuis une petite trentaine d'années à la reconnaissance des artistes ghanéens. Véritable tremplin culturel, ce lieu est une institution ghanéenne. En 1969, la première galerie d'art du Ghana est ouverte par Frances Ademola. A plus de 90 ans, Frances continue d'exposer de jeunes artistes à The Loom, non loin de Circle.

El Anatsui et la sculpture contemporaine

Le plasticien El Anatsui, né en 1944 à Anyako, sort diplômé de l'Université des sciences et technologies Kwame Nkrumah en 1969. Avant tout sculpteur, la figure de proue de la sculpture contemporaine vit désormais au Nigéria. Dans sa jeunesse, il intègre le groupe d'artistes Nsukka, en lien avec l'université Nsukka au Nigeria où il est promu enseignant. C'est à partir de là que sa carrière décolle pour accéder à une renommée internationale. Dans les années 1980, l'artiste exprime son talent en peinture. Ses formes abstraites et ses couleurs séduisent. L'année 1990 est celle de sa première participation à la Biennale de Venise ; il reviendra en 2006 et 2007. Invité au sommet de Rio en 1992, il réalise pendant les trois semaines que dure la conférence sur l'environnement la sculpture Erosion à partir d'un tronc d'arbre qu'il recouvre de symboles Adinkra. A la fois décoratifs et porteurs de messages, ces signes évoquent des concepts qu'il universalise. Par la suite, El Anatsui expose aux quatre coins du globe. Représentée dans les collections du MoMA à New York, du British Museum à Londres et du Centre Pompidou à Paris, son œuvre obtient le Lion d'Or à la Biennale de Venise de 2015. El Anatsui utilise des matériaux de récupération : bouchons, râpe à manioc ou plaques d'imprimerie qu'il transforme. Son propos n'est pas pour autant écologique. Selon lui, ces matériaux offrent des possibilités créatrices uniques. Ainsi, ses immenses sculptures métaphoriques, dont ses grandes tentures finement assemblées, sont les plus connues. Ses installations sont construites avec minutie comme ces milliers de capsules métalliques froissées puis liées par du fil de cuivre. El Anatsui s'intéresse très tôt à la céramique et assemble des fragments pour leurs qualités figuratives, fragiles et résilientes. Il propose une lecture du bois remarquable, avec une liberté qui fera école. Il envisage d'établir un atelier au Ghana.

© LEV RADIN - SHUTTERSTOCK.COM

Le plasticien El Anatsui.

La relève artistique

L'ouverture se poursuit avec notamment Wiz Kudowor, né à Accra en 1957. Son travail, qui puise abondamment dans la mythologie et les signes ancestraux, séduit autant en Asie qu'aux Etats-Unis. Demeurant l'un des artistes préférés du Ghana, il reçoit de son pays des commandes publiques dont la fresque du Kwame Nkrumah Memorial Park, en hommage aux grands dirigeants de la nation. Son art est considéré comme le reflet de l'identité africaine. Né en 1956 à Sékondi au Ghana, Owusu-Ankomah reprend également les symboles Adinkra mais pour aborder les thèmes de l'identité et du corps en peinture. A l'âge de 23 ans, l'artiste se lance dans une série de voyages en Europe, et choisit de s'installer en Allemagne. Ses influences englobent l'art de la Renaissance, les cultures ancestrales, les idéogrammes chinois et les traditions du continent africain. Il en reprend aussi bien les philosophies que les caractéristiques esthétiques. Son œuvre fascinante, d'une grande richesse et truffée de détails, exige l'attention du spectateur. La notoriété du peintre Glen Turner a elle aussi franchi les frontières. Parmi les valeurs sûres, Larry Otoo a présenté de nombreuses expositions à l'étranger ; Daniel Mensah, dit Tarrot, un jeune artiste bourré de talent et au sens de l'humour plutôt macabre. Victor Butler et Ato Delquis sont également appréciés par les collectionneurs. Le sculpteur Kofi Setordji (né en 1957), connu pour avoir dénoncé le génocide rwandais, rencontre le succès à partir des années 1990. Elu sculpteur de l'année, Kofi Setordji travaille aussi bien le bois, le métal, le bronze, la pierre ou la terre cuite. Dans sa ville natale, ses réalisations sont visibles à l'Artists Alliance Gallery.

Scène contemporaine

Que ce soit au Ghana ou à l'étranger, l'art ghanéen contemporain a le vent en poupe. Malgré un cruel manque d'infrastructures, quelques galeries d'art ouvrent leurs portes à Accra. Mais les artistes comme les galeristes appellent l'État ghanéen à injecter des fonds pour soutenir la création. De nombreux talents choisissent de faire carrière à l'étranger, comme Serge Attukwei Clottey, dont les installations ont été exposées à Coachella ou encore Amoako Boafo. Né en 1984 à Accra, et marqué par les œuvres de l'autrichien Egon Schiele, Amoako Boafo s'est installé à Vienne, où il est devenu en un temps record le deuxième artiste africain le plus coté au monde. Dans la rue, se perpétue la tradition de la peinture murale qui remonte ici aux peuples primitifs. Redevenu populaire durant la seconde guerre mondiale, l'art public permettait alors aux soldats de poser leur empreinte, de laisser une trace de leur passage à la vue de tous. Depuis 2011, le Chale Wote Street Art Festival rassemble arts visuels, musique, danse et performance dans les rues de Jamestown à Accra. Le Chale Wote fait la part belle aux échanges internationaux et à la création collective. A travers la Ghana Association of Visual Arts, le gouvernement encourage l'embellissement des rues par le street-art. Le GAVA est particulièrement favorable aux thèmes qui tournent autour de l'identité ghanéenne. L'artiste Moh, Mohammed Awudu de son vrai nom, associe la peinture et le dessin dans ses œuvres gigantesques. Investi dans des causes sociales et humanitaires, Moh crée un pont entre les traditions du Ghana et son avenir sur la scène internationale. Où découvrir les artistes de demain à Accra ? Direction la Gallery 1957. Lancée par Marwan Zakhem en 2016, la galerie désigne à présent trois espaces distincts. Forte d'un programme de résidence, et présente sur les principales foires professionnelles, elle ouvre résolument la scène actuelle à un public international. L'Amba Gallery, ouverte par l'homme d'affaires ghanéen Amadu Baba, s'est dotée d'un espace de création et d'enseignement pour mieux servir l'art africain et son public. Sur Onion avenue, la Gallery Soview offre une plateforme aux talents émergents. Les artistes présentés dans cet espace sont choisis par leur esprit novateur et leur emploi imaginatif des matériaux de récupération. Là où explorer le passé, le présent et le futur de l'Afrique, entre réalisme et optimisme !

MUSIQUES ET SCÈNES

Berceau du panafricanisme - pour rappel, le premier président du Ghana indépendant, Kwame Nkrumah, était un pilier du mouvement - l'identité du Ghana rayonne depuis près d'un siècle dans le monde entier. Surtout que le pays bénéficie d'une importante diaspora et que le lien avec la terre des ancêtres se nourrit énormément de musique. C'est ainsi que le *highlife*, la musique la plus emblématique du Ghana, a été connue très tôt en dehors des frontières du pays. D'abord sur le continent africain, notamment au Nigéria, puis en Europe, en Angleterre et en Allemagne. Ici, des musiciens poussés hors du Ghana par la crise économique, se sont retrouvés et ont (re) créés des groupes, connaissant parfois un succès important. Aujourd'hui, c'est encore souvent la diaspora ghanéenne qui constitue le meilleur porte-voix pour la création locale. Par exemple, lorsqu'un rappeur anglais de la dimension de Stormzy souhaite rendre hommage à ses racines ghanéennes en invitant des rappeurs d'Accra, il offre une exposition folle à la création locale. Et cette dernière le mérite amplement : en pleine ébullition, elle continue de raconter à quel point le Ghana est peuplé de talents.

La musique traditionnelle

Au Ghana, la tradition musicale est ancrée dans un territoire et varie donc énormément selon les régions. Par exemple, dans le nord du Ghana, la musique est souvent jouée au *gyil* (ou balafon), instrument de la famille des xylophones. Chez les Ewe, et plus globalement sur l'ensemble de la côte, on trouve des orchestres polyrythmiques (tambours, gongs, cloches, etc) et la musique est souvent associée à une fonction sociale, chez les Akans, est très présente la harpe -luth Seperewa- dont on dit qu'elle « parle » - et la pratique musicale s'inscrit dans la tradition des griots d'Afrique de l'Ouest. Chez les Akans, il existe également deux formes de danses très impressionnantes et expressives, bien connues des Ghanéens et dont chaque geste comporte une symbolique ou une signification : Kete et Adowa. Les mouvements des mains varient en fonction du contexte et peuvent communiquer des émotions positives selon qu'ils sont pratiqués lors d'un mariage, de fiançailles et de funérailles. Sur l'ensemble du territoire, l'instrumentation est dominée par les idiophones comme les xylophones, mentionnés précédemment, les gongs, les cloches ou encore le *prempensua*, un lamellophone installé sur une grosse caisse de bois, mais aussi de nombreuses percussions, comme le tam-tam fréquent en accompagnement des chants, danses ou représentations théâtrales. Dans le nord, il est courant d'utiliser des flûtes en bois sculpté ou faites à partir de tiges de bambou ou de mil. Une grande figure de la musique traditionnelle ghanéenne est Joseph Kwabena Nketia, un compositeur qui fut non seulement musicien, mais aussi l'auteur de plus de 200 publications d'ethnomusicologie sur les danses et les chants traditionnels de son pays et du continent, dont l'incontournable ouvrage pionnier *The Music of Africa*, l'amenant souvent à être considéré comme le premier musicologue d'Afrique. Quiconque voudrait approcher de plus près les chants et danses du Ghana sera ravi d'apprendre que le pays multiplie les occasions. On trouve dans chaque région des événements traditionnels dédiés comme le Festival Kudum à Busua, sur la côte, rendez-vous traditionnel qui s'étale sur une semaine et permet de découvrir le folklore fanti.

Le highlife

Le *highlife* découle de la palm-wine music dont elle reprend le jeu de guitare (le *picking* à deux doigts). Le *highlife*, c'est le totem de la musique, un pilier pour le pays et sa diaspora dans le monde entier. Rien de plus normal lorsque l'on épluche l'ADN du genre, axé autour des structures mélodiques et rythmiques principales de la musique traditionnelle Akan ou de la musique Kpanlogo du peuple Ga - mais jouées avec une orchestration occidentale (des cuivres « jazzy », plusieurs guitares, plus récemment des synthétiseurs).

Les musiques actuelles

La première grande figure ghanéenne moderne - voire avant-gardiste - est Kiki Gyan, merveilleux claviériste, qui officia jeune (dès 15 ans) au sein d'Osibisa (célébrissime groupe d'afro-rock composé de Ghanéens installés à Londres qui connurent un succès monstre en Angleterre dans les années 1970) et enregistra une série d'albums disco devenus cultes de son vivant. Beaucoup moins connu - hormis d'une niche de mélomanes adorant les OVNIS - Ata Tak a connu le succès très récemment pour son œuvre des années 1990, quelque part entre la house, le rap, des sous-genres du *highlife* et de l'afropop avant l'heure.

Fabuleuse et très ghanéenne dans l'âme, l'œuvre d'Ata Tak a été rééditée en 2015 par le label allemand Awesome Tapes From Africa. Hormis ces deux personnalités hors normes et en avance sur leur temps, le premier vrai mouvement musical moderne du Ghana est évidemment le *hiplife* qui, comme mentionné précédemment, fut initié par Reggie Rockstone avec son album *Makaa Maka!!* en 1997. Dans les grandes lignes, le *hiplife* est du hip-hop écrit en dialecte local ghanéen, surtout l'akan, trempé d'éléments provenant du *highlife*.

Depuis la vague des pionniers - Obrafour, Tinny ou Ex-doe - le *hiplife* a porté de nombreuses stars ghanéennes, dont Sarkodie, très célèbre même hors de ses frontières et grand représentant de l'Azonto, danse populaire mimant des gestes du quotidien, Richie plus R&B, Tic Tac (désormais « Tic ») plus dancehall et tourné vers la Jamaïque comme Samini.

Autrement, les grandes stars de la musique ghanéenne sont Camidoh, Kiki, King Promise ou MzVee, tous rois et reines de l'afropop ou encore Shatta Wale, grand nom du dancehall ghanéen. Beaucoup des tubes sont produits par Gafacci, le grand faiseur ghanéen de hits afropop. Mais si le monde musical du Ghana est en ébullition en ce moment, c'est parce que la scène underground d'Accra est en plein essor, portée par de jeunes artistes qui sortent des sentiers battus comme Wanlov The Kubolor, un rappeur roumano-ghanéen connu pour son atypicité, Rvdical The Kid, un beatmaker très soul, Alex Wondergem, rappeur très soul ou encore Ria Boss, chanteuse néo-soul. Mentionnons également Ansah et le collectif All My Cousins, moteur de la génération d'artistes à venir. Enfin, côté électronique, on remarque que la tradition n'est jamais très loin, comme le prouvent DJ Katapila, qui joue la musique Ga comme si c'était de la house, et Linda Ayupuka, qui emmène la musique Frafra vers des territoires expérimentaux téméraires dans une démarche digne d'Ata Tak. Bien entendu, le meilleur moyen de goûter à cette effervescence artistique est de se rendre dans les « Nite Clubs », lieux de prédilection de la jeunesse d'Accra et des milieux urbains du Ghana où les *sound systems* crachent le meilleur du hip-hop, *highlife*, *hiplife* ou afropop local à très hauts décibels.

Autrement, le festival de rue Chale Wote est un excellent rendez-vous réunissant artistes locaux et du monde entier dans des domaines de la musique, la photographie, la danse, la peinture, les graffitis, le cinéma… Et n'achevons pas sans un mot sur la diaspora ghanéenne qui, depuis le succès d'Osibisa dans le Londres des années 1970, n'en finit plus de faire rayonner le Ghana à l'international.

Par exemple, le rappeur Stormzy rend hommage à ses origines ghanéennes en collaborant avec des artistes locaux (Yaw Tog et Kwesi Arthur) et en montant sur la scène du Global Citizen Festival d'Accra en 2022, le rockeur Moses Sumney aborde régulièrement son éducation ghanéenne et sur le dernier album (*Ertha*) de la chanteuse Tawiah, les sons du Ghana, d'où est originaire sa famille, sont omniprésents. Ghanéens dans le sang, Ghanéens dans le son.

© KWAME AMO - SHUTTERSTOCK.COM

Musiciens ashanti.

DÉCOUVRIR

LE HIGHLIFE
EMBLÈME DE LA CULTURE POPULAIRE GHANÉENNE

Avant le *highlife*, il y avait la palm-wine music. Ce courant musical s'est développé sur la côte dans les années 1920, lorsque les musiciens locaux ont commencé à utiliser les guitares portugaises importées par les marins, combinant les mélodies et les rythmes locaux avec le calypso trinidadien. En a résulté ce rythme syncopé, destiné originellement à divertir les clients des bars locaux, le guitariste jouant généralement en échange d'un verre de vin de palme (d'où le nom). Très populaire dans toute l'Afrique de l'Ouest durant les années 1950 et 1960, le genre a largement influencé le soukous congolais autant que le *highlife* ghanéen. Et si aujourd'hui la *palm-wine music* a pratiquement intégralement cédé sa place au *highlife* et aux divers courants modernes, quelques musiciens tentent de la maintenir vivante comme Daniel Amponsah, guitariste gardien de la musique traditionnelle ghanéenne avec son orchestre Adadam Band, grand maître de la palm-wine music, aussi connu en tant que Koo Nimo. Le nom *highlife* serait apparu dans les années 1920, lorsque les esthétiques traditionnelles, orchestrées à l'occidentale, étaient jouées dans des clubs « selects », réservés aux élites urbaines, par les premiers ensembles tels que les Jazz Kings, les Cape Coast Sugar Babies ou l'Accra Orchestra. Cette dernière était qualifiée de musique « highlife » car prisée des hautes classes, que le commun des mortels n'atteindrait jamais. Après la Seconde Guerre mondiale apparait un des plus célèbres orchestres de la discipline : The Tempos. Formé en 1946, il devient en 1950 « E.T Mensah & His Tempos Band » porté par le charisme et le talent de son leader : le trompettiste et saxophoniste Emmanuel Tetteh Mensah. Qualifié de « roi du highlife », il découvre pendant la Seconde Guerre mondiale des styles anglais et américains comme le calypso, le swing et le cha-cha-cha qui l'influencent énormément. C'est épaulé par cette érudition qu'il emmène avec son groupe le *highlife* vers une force musicale importante d'Afrique de l'Ouest. Sa fusion du swing, du calypso et de la musique afro-cubaine au *highlife* a rapidement séduit un large auditoire, allant du Nigeria à la Guinée, en passant par le Libéria et la Sierra Leone, le Congo… Sans compter que Mensah a posé un pont entre le *highlife* et l'Afrobeat nigérian en enregistrant et en se produisant avec Fela Kuti. Le premier bienfaiteur du genre. Dans les années 1950, le *highlife* se politise, soutenant les messages du mouvement de libération du Ghana jusqu'à l'indépendance en 1957. Et même après, puisque Kwame Nkrumah, d'abord en tant que Premier ministre et puis plus tard comme président, se fera souvent accompagner de musiciens de *highlife* comme E.K. Nyame, lors de ses tournées en Afrique. Ce dernier artiste est d'ailleurs un des premiers à employer une langue ghanéenne, en l'occurrence l'akan à la place de l'anglais dans le *highlife*. Dans les années 1970, le *highlife* décline progressivement face à la pop américaine et européenne, prenant de plus en plus de place dans le paysage musical local. Sans compter que les problèmes économiques du Ghana ont entraîné une migration massive dans les années 1960 et 1970, poussant énormément de musiciens à quitter le pays. Si l'on regarde le côté plein du verre, cela a permis la propagation du *highlife* dans le monde et la création de sous-genres locaux. Par exemple, les Ghanéens d'Allemagne ont créé un style séculaire de *highlife* qui le combine avec le funk, le disco et la synth-pop, appelé « *burger highlife* » (l'excellente compilation *Borga Revolution! Ghanaian Dance Music In The Digital Age, 1983 - 1992* documente très bien cet épisode). La renaissance du *highlife* va avoir lieu dans les années 1990 avec le « hiplife », hybride mêlant *highlife* et hip-hop, dont le rappeur ghanéen-américain Reggie Rockstone fut le pionnier. Hormis les groupes précédemment mentionnés, les héros du *highlife* ont été des groupes comme l'African Brothers International Band, du fameux chanteur Nana Kwame Ampadu, connu pour son répertoire géant (plus de 800 chansons) et demeurant l'un des plus illustres musiciens ghanéens du XXe siècle ; Alex Konadu, lui aussi « roi » mais de la « guitare high-life » ou encore plus récemment, Kwadjo Antwi qui a mélangé le *highlife* au reggae, à la soul ou au R&B et Pat Thomas, « la voix d'or de l'Afrique ». N'oublions surtout pas de mentionner Ebo Taylor, guitariste star du *highlife* et de l'afrobeat nigérian, dont la musique a sans cesse tenté de combler le fossé qui sépare les deux genres.

LITTÉRATURE

Du Royaume Ashanti à la colonie anglaise, de l'indépendance obtenue en 1957 à la République d'aujourd'hui, l'histoire de l'ancienne Côte de l'or devenue Ghana a connu de multiples épisodes. En littérature, la continuité a été assurée par la tradition orale, comme en témoigne la première anthologie poétique – *Voices of Ghana*, parue en 1958 et préfacée par l'ethnomusicologue Kwabena Nketia – qui reprenait des textes auparavant diffusés dans des émissions radiophoniques. Au niveau des publications – et bien que la langue officielle de prédilection soit restée l'anglais – ce n'est véritablement qu'après que le pays eut gagné en autonomie qu'ont pu s'affirmer des voix fortes. Néanmoins, celles-ci portent déjà assez loin pour que plusieurs écrivains ghanéens s'imposent sur le devant de la scène internationale. Le plus connu d'entre eux est certainement Nii Ayikwei Parkes, né en 1974, mais il n'est que le digne représentant d'une nouvelle génération décidée à se faire entendre.

Pionniers et post-colonialisme

J.E. Casely Hayford et W.E.B. Du Bois font assurément figure de précurseurs, mais pas seulement parce qu'ils ont grandi au XIXe siècle. Le premier est né en 1866 en Côte de l'Or où il perdit la vie en 1930, le second vit le jour en 1868 dans le Massachussetts mais poussa son dernier souffle au Ghana en 1963. Tous deux activistes politiques pour les droits des Noirs, ils marquèrent l'histoire grâce à leurs écrits : Casely Hayfort devint en effet l'un des premiers Africains à publier un roman en anglais avec *Ethiopia Unbound* en 1911, tandis que les essais de Du Bois se découvrent encore dans notre langue notamment aux éditions La Découverte (*Les Âmes du peuple noir, Les Noirs de Philadelphie : une étude sociale*). Ils ouvraient la voie à Kwame Nkrumah (1909-1972), l'homme fort de l'indépendance ghanéenne, qui lui aussi usa de sa plume comme d'un fleuret (chez Présence africaine : *L'Afrique doit s'unir, Autobiographie, Le néo-colonialisme : dernier stade de l'impérialisme*). Tandis que l'échiquier politique s'apaisait, c'est sur scène que se jouait l'avenir de la littérature au lendemain de l'indépendance acquise en 1957, et cela grâce à Efua Sutherland et à Joe de Graft. En plus de partager la même année de naissance (1924), tous deux figurent en bonne place dans *Le Théâtre anglophone du Nigeria, du Ghana et de la Sierra Leone : évolution des formes, des origines à la fin du XXe siècle*, qu'Eliane Utudjian Saint-André a fait paraître aux éditions Karthala. Il faut avouer que leur influence fut fondamentale : Efua Sutherland ne s'étant effectivement pas contentée de lancer un magazine littéraire en 1957, *Okyeame*, mais ayant également fondé la Société des écrivains ghanéens, puis initié des ateliers d'écriture qui deviendront le Ghana Drama Studio, dont Joe de Graft fut le premier directeur. Efua Sutherland soutiendra ensuite l'Américaine Maya Angelou (*Lettre à ma fille chez Noir sur Blanc, Et pourtant je m'élève chez Points, Rassemblez-vous en mon nom* au Livre de Poche, etc.) lors de son séjour ghanéen, puis créera la maison d'édition Afram Publications en 1973. Joe de Graft, quant à lui, enseignera jusqu'à sa mort en 1978, mais signera par ailleurs des textes importants, dont *Mambo*, adaptation du *Macbeth* de Shakespeare qu'il admirait tant, et *Muntu* (1977), inscrit dès sa parution au programme scolaire. L'éducation est en effet d'une importance capitale au Ghana qui possède l'un des taux d'alphabétisation les plus élevés d'Afrique subsaharienne, et c'est d'ailleurs avec ses livres pour enfants qu'il nous est possible de découvrir l'œuvre d'Amu Djoleto en français, même si sa poésie (*Amid the Swelling Act*) n'a pas encore été traduite. Les éditions Isabelle Sauvage ont par contre pris soin de donner une belle édition bilingue et accompagnée d'un CD des poèmes d'un autre écrivain émérite, Kofi Awoonor (1935-2013). Celui-ci aura su combiner tradition et modernité, mais aura malheureusement succombé lors d'une attaque djihadiste alors qu'il parachevait son recueil *The Promise of Hope*. La transition – entre colonialisme et indépendance, valeurs ancestrales et corruption – que vivait alors le Ghana irriguera également l'œuvre de Cameron Duodu qui dressera le portrait d'un jeune homme s'enfuyant de son village natal pour gagner la capitale dans *The Gab Boys*, publié à Londres en 1967. La vision de Ayi Kwei Armah n'était a priori guère plus optimiste, à en croire *L'Âge d'or n'est pas pour demain* (Présence Africaine) qui dénonçait, dès 1968, le néocolonialisme. Enfin, le poète Atukwei Okai (1941-2018) prônera lui aussi le panafricanisme en se faisant le gardien de la tradition orale, qu'il adaptera néanmoins à son époque. Ses performances furent remarquées et l'amenèrent à se produire à Londres en 1975, lors du festival Poetry International.

Vers la reconnaissance internationale

Tout en s'intéressant aux problèmes de l'Afrique postcoloniale, les écrivains ghanéens se feront assez universels dans leur approche et leur thématique pour attirer l'attention de la scène littéraire internationale. Ainsi, Ama Ata Aidoo étudiera puis enseignera la question de l'émancipation féminine. Après de nombreux séjours à l'étranger, elle devint Ministre de l'Éducation dans son pays tout en s'attelant à composer une œuvre poétique et romanesque, à l'instar de *Changes : A Love Story*, devenu *Désordres amoureux* en français, qui est disponible aux éditions Zoé. L'auteure y questionne son thème de prédilection puisqu'elle campe une femme divorcée confrontée à une proposition de mariage polygame. C'est dans la langue que voyagera Kojo Laing (1946-2017) qui mêlera – et ce pour la première fois – idiomes africains et anglais (parfois argotique), allant jusqu'à créer ses propres néologismes. Ses deux premiers romans – *Search Sweet Country* (1986) et *Woman of the Airplanes* (1988) – avaient été vivement salués par la critique, il a par ailleurs reçu deux fois le National Poetry Prize Valco Award en 1976 et 1993. Preuve s'il en faut que le monde se passionne pour la littérature ghanéenne, Amma Darko (née en 1956 à Koforidua) publie depuis 1991 en Allemagne (*Beyond the horizon*, repris par Actes Sud sous le titre – épuisé – *Par-delà l'horizon* en 1997)… mais ce n'est qu'en 2003 qu'un de ses romans (*Faceless*) est paru pour la première fois au Ghana. Se définissant comme une conteuse s'inspirant du quotidien, son œuvre n'en demeure pas moins sans concession, notamment sur la problématique de la condition féminine, puisque, par exemple, *Beyond the Horizon* s'attachait aux pas d'une Ghanéenne devenue prostituée en Europe. Nii Ayikwei Parkes est lui aussi en quelque sorte au carrefour entre les deux mondes puisqu'il est né au Royaume-Uni en 1974, a été élevé dans le pays de ses parents puis a poursuivi ses études en écriture créative à Manchester. C'est là qu'il s'est fait remarquer, pratiquant le « spoken word » au sein du Black Writer's Group of Commonword et remportant, dès 2007, le Grand prix national ghanéen de poésie. Ses vers ont été repris par deux éditeurs français : Isabelle Sauvage (*La Moitié d'un citron vert*) et Joca Seria (*Ce que je sais : 13 poèmes désinvoltes*). Quant à son premier roman – *Tail of the Blue Bord* (2009), Prix Mahognay – il est disponible aux éditions Zulma sous le titre *Notre quelque part*. La totalité de son œuvre a été traduite par l'admirable Sika Fakambi dont le travail a été salué par les Prix Baudelaire et Laure-Bataillon. Enfin, la relève semble assurée par Ayesha Harruna Attah qui navigue également entre les continents mais creuse l'histoire de son pays natal dans ses romans, dont *Les Cent puits de Salaga*, paru chez Gaïa en 2019.

TOP 10

LECTURE

Riches de leur culture ancestrale, les artistes ghanéens se plaisent à explorer tous les mediums, notamment la photographie avec le remarquable travail de James Barnor qui s'était exilé à Londres. Du côté de la littérature, il faut aussi chercher du côté de la diaspora et des enfants de celle-ci, qui n'ont pourtant jamais oublié leurs racines.

JAMES BARNOR, STORIES : LE PORTFOLIO 1947-1987

De Londres à Accra, de l'époque coloniale aux années 1980, le catalogue des photographies exposées à la Fondation Luma d'Arles en 2022.
Collectif, éditions Maison CF.

NOTRE QUELQUE PART

Un roman maintes fois récompensé pour la qualité de son histoire, non dénuée de suspense, et pour la traduction sans faille de Sika Fakambi.
Nii Ayikwei Parkes, éditions Zulma.

LES CENT PUITS DE SALAGA

La rencontre au XIXe siècle entre Aminah, 15 ans, capturée après la mort de son père, et Moro, vendeur d'hommes en pleine remise en question.
Ayesha Harruna Attah, éditions Gaïa.

NO HOME

L'histoire de deux demi-sœurs dans le Ghana du XVIIIe siècle : l'une épousera un Anglais, la seconde sera destinée à être vendue comme esclave.
Yaa Gyasi, éditions Le Livre de Poche.

© ÉDITIONS ISABELLE SAUVAGE

LA PRIÈRE DE MON PÈRE

Ce long poème est proposé en version bilingue et accompagné d'un CD reprenant sa lecture dans les deux langues, le tout présenté dans un coffret élégant.
Kofi Awoonor, éditions Isabelle Sauvage.

D'UNE VIE À L'AUTRE

De sa carrière à Vogue à son engagement humanitaire au Ghana, l'auteure raconte son parcours et ce qui l'a amenée à changer de vie.
Lisa Lovatt-Smith, éditions Arthaud.

SAVEURS SUB-SAHARIENNES

Pas moins de 40 recettes, agrémentées de petites histoires locales, pour célébrer une cuisine créative.
Aïssatou Mbaye, Mbaye éditeur.

NOS MAGNIFIQUES SYMBOLES ADINKRA

Un ouvrage qui répertorie et explique les symboles de la culture des Akans, peuple du Ghana et de la Côte d'Ivoire.
Ama Ataa Ampomah, éditions Les Impliqués.

MIGRANT

L'histoire en bande-dessinée de deux frères, Ebo et Kwame, qui décident de rejoindre l'Europe pour fuir la misère de leur pays.
Eoin Colfer, Andrew Donkin et Giovanni Rigano, éditions Hachette Comics.

© ÉDITIONS BAYARD JEUNESSE

LE GRAND VOYAGE DE FIGGY

Figgy, 9 ans, vit avec sa grand-mère, Ama. Quand celle-ci tombe malade, la fillette n'a d'autres choix que de s'exiler à la recherche de médicaments. Dès 10 ans.
Janu Tamsin, éditions Bayard Jeunesse.

A L'ÉCRAN

Longtemps bridé par l'occupation anglaise, puis par une politique culturelle très cadenassée, le cinéma ghanéen n'en est encore qu'au début de son développement international. Quelques cinéastes ont, dès les années 1980, lancé un premier mouvement pour la diffusion de ce septième art national. Parmi ceux-ci, l'on peut citer Kwaw Ansah ou Ernest Abbeyquaye, ainsi que plus récemment des jeunes artistes comme Peter Sedufia. Aujourd'hui, le cinéma ghanéen s'est diversifié, et porte désormais le doux sobriquet de Ghallywood, alors que la production s'intensifie. Des films pas forcément destinés à l'international, mais qui touchent un public de plus en large dans le pays. En parallèle de ces tournages, les productions internationales sur place augmentent, et le tournage tout récent du film *The Woman King*, avec Viola Davis, n'en est qu'un des exemples les plus forts. De quoi espérer de belles percées pour le cinéma ghanéen dans le futur.

Le cinéma avant l'indépendance

C'est le colon britannique qui introduisit, au travers d'exploitants privés, le cinéma au Ghana dans les années 1920. À l'origine, l'accès est très limité, réservé principalement aux colons ainsi qu'aux officiels. Cependant, plusieurs initiatives itinérantes sont rapidement mises en place, afin de diffuser le cinéma dans les campagnes et auprès des populations. Un mouvement qui va encore s'accentuer au sortir de la Seconde Guerre mondiale, dans le but de diffuser de la propagande, d'éduquer et de contrôler les Ghanéens. C'est dans ce contexte que la Gold Coast Film, fondée en 1948, commence à établir une véritable industrie de production dans le pays. Les cinéastes colons mettent ainsi en place une dynamique de création en impliquant des Ghanéens, qui formeront la première génération de cinéastes après l'indépendance. De cette période, peu de films sont visibles, et leur intérêt cinématographique est souvent discutable. Concentrons-nous plutôt sur les films ghanéens de la seconde moitié du vingtième siècle, et sur l'essor du cinéma national dans les années 1980.

D'une industrie d'État au cinéma de Ghallywood

Après l'Indépendance, le président Nkrumah instaure en 1964 la Ghana Film Industry Corporation ou GFIC. C'est au travers de cet organisme que l'ensemble de la production passe jusqu'au début des années 1980, et c'est également là que se forment des réalisateurs comme Kwaw Ansah ou Ernest Abbeyquaye. Ansah le premier se détachera du carcan de la GFIC et, après plusieurs années de travail, sort *Love Brewed in the African Pot* (1980). Le film, une comédie dramatique mettant en scène l'amour interdit entre deux amants d'une classe sociale différente, est un succès quasi immédiat. Il traverse les frontières ghanéennes et se diffuse dans toute l'Afrique anglophone puis dans le monde entier, après avoir raflé le prix Oumarou Ganda du meilleur premier film au FESPACO, et le Paon d'Argent au Festival International du Film de l'Inde. Malgré ce succès, il faudra près de dix ans au cinéaste pour terminer son second film, *Heritage Africa* (1989), qui obtiendra lui aussi un grand succès international. Depuis, Ansah poursuit sa carrière autant en réalisation qu'en production, et fait désormais partie des grands cinéastes ghanéens, membre fondateur en 2001 de la Ghana Academy of Film and Television Arts. Il a également fait partie des voix qui se sont élevées contre la vente de la majorité des parts de la GFIC au profit d'une société privée étrangère. Un drame pour l'histoire du pays, dont l'industrie locale ne s'est pas encore complètement relevée. L'élargissement du spectre des productions, ainsi que le développement de nouveaux marchés en partenariat avec le Nigéria, grand pôle du cinéma anglophone de la région, a permis de rebooster l'industrie locale dans les dernières années.

En 2017, le cinéaste Peter Sedufia, formé à la NAFTI, École du cinéma et de la télévision de Accra, sort son premier long métrage Keteke. Une comédie dramatique, pas forcément représentative de ce que le cinéma de Ghallywood est principalement constitué, mais tout de même un film qui sera projeté au Hamburg Film Festival. En parallèle, les productions ghanéennes se sont aujourd'hui diversifiées, allant des petits budgets d'horreur ou de genre aux films tournés autour de la sorcellerie ou de la science-fiction, avec des niveaux de qualité très fluctuants mais qui trouvent néanmoins leur public. Une industrie parallèle en Twi s'est également développée dans la région de Kumasi, qui a rapidement gagné le sobriquet de Kumawood.

Tournages internationaux et films hollywoodiens au Ghana

Parmi les cinéastes qui ont eu l'opportunité de tourner au Ghana, les productions internationales sont assez peu nombreuses.

Pour autant, il en est tout de même qui ont laissé une trace notoire dans le patrimoine cinématographique du pays, et ce dès les années 1980. En effet, c'est au Fort d'Elmina que Werner Herzog tourne, avec son acteur fétiche Klaus Kinski, le film *Cobra Verde* (1987). Coproduit avec le Ghana, *Cobra Verde* relate l'histoire peu reluisante du bandit brésilien éponyme, envoyé par le Portugal dans la région du Dahomey pour être le dernier négrier du pays. Un film qui signera la dernière collaboration entre l'acteur et le cinéaste, dont la relation était déjà très houleuse au début du tournage. De nombreux extras ghanéens seront également utilisés lors des scènes au Ghana, et le film, malgré un sujet difficile, aborde avec respect les traditions locales sans trop verser dans l'anthropologie. Quelques années plus tard, c'est au tour de Will Smith de se rendre à Accra, sous les traits de Mohammed Ali dans *Ali,* de Michael Mann (2001). Un événement qui rassemble des centaines de curieux sur la Place de l'Indépendance, pour la reconstitution de la visite du boxeur au président Ghanéen, en 1966. Pour l'anecdote, Will Smith avait précédemment refusé le rôle. Ce n'est qu'après avoir reçu un coup de fil du champion lui-même qu'il a finalement accepté. Selon la rumeur, Mohammed Ali n'aurait pas voulu être joué par quelqu'un d'autre que Smith. Récemment, deux films notoires ont été tournés en partie au Ghana. Cary Joji Fukunaga, le réalisateur derrière la première saison de la série *True Detective* (2014), et le mémorable *Mourir peut attendre* (2021), s'arrête au Ghana en 2015 pour *Beast of No Nation*. Un récit tragique basé sur le vécu d'Agu, enfant-soldat engagé dans un conflit armé dans un pays africain jamais nommé. Récompensé de multiples fois à l'international, le film est aussi l'une des premières productions originales de la plateforme Netflix. Un exercice auquel le géant du streaming est désormais habitué. Enfin, le Ghana a accueilli en 2021-2022 le tournage de *The Woman King* (2022), une fresque épique racontant l'histoire des Agojie, guerrières du Dahomey, et de leur reine, incarnée par Viola Davis (*La Couleur des sentiments*, ou la série *How to get away with murder*). Réalisé par la cinéaste Gina Prince-Bythewood, le film compte aussi les talents de Lashana Lynch (*Mourir peut attendre*), John Boyega (*Pacific Rim, Star Wars*) et Sheila Atim. Un bon récit d'aventure, tout en racontant l'histoire de la région sous un nouveau regard, résolument actuel.

Fort d'Elmina, décor du film Cobra Verde *de Werner Herzog.*

POPULATION

Comme dans beaucoup de pays en Afrique, la population du Ghana est un patchwork de nombreuses ethnies (au moins 75) aux caractéristiques souvent très différentes (rites, langues, coutumes...) et qui continuent de structurer la vie sociale. Les plus nombreux sont les Akan (47 % de la population) : ce sont les Fanti et les Ashanti, habitant à l'ouest de la Volta. Viennent ensuite les Mole-Dagbani (16 %), qui vivent essentiellement dans le Nord ; les Ewé (13 %) dans l'Est ; les Ga-Adangbe (8 %) dans le Sud, autour d'Accra et dans les forêts au nord ; les Gourma (5 %) ; ou encore les Guan (3,7 %). Ajoutons également environ 20 000 Blancs et plus de 400 000 habitants d'expression française venant du Togo, du Burkina Faso, de la Côte-d'Ivoire, du Niger et du Bénin. Dans ce dossier, nous présenterons quelques-unes des spécificités de la population ghanéenne contemporaine, ethnie par ethnie, sans oublier les rastas, très nombreux au Ghana !

Les Ashanti et les peuples du Nord

Représentant la plus grande part de la population ghanéenne et occupant la région de la forêt centrale, le peuple Ashanti était avant la période coloniale un vaste empire dont le territoire débordait sur les territoires actuels de la Côte-d'Ivoire et du Togo. Les Ashanti ont la réputation d'avoir développé l'une des plus brillantes civilisations africaines, une splendeur se traduisant par l'extraordinaire richesse de leurs souverains, qui avaient pour coutume de parader couverts d'or. Lorsque les premiers Européens débarquèrent sur les côtes ghanéennes, faisant la rencontre des Ashanti, ils durent reconnaître qu'ils n'avaient jamais vu autant d'or dans la région. C'est aussi que le fait de montrer, d'ostensiblement exhiber les richesses fait partie des manières de faire Ashanti. Le tabouret royal, par exemple, était entièrement orné du précieux métal jaune. On le déplaçait, protégé par une ombrelle, avec des tambours, des trompes et d'autres attributs prestigieux partout où le roi se rendait. Le roi lui même était d'ailleurs couvert d'or : ses bracelets, alliances, colliers, chaînes ou encore ses sandales avaient une très grande valeur.

Dans le Sud et dans l'Est du pays, on trouve essentiellement les peuples Ga-Adangbe et Ewé, très probablement venus du pays Yoruba, au Nigeria. Pour ce qui est du Nord, la plupart des peuples qui y résident parlent les langues voltaïques et ont de nombreux points communs avec la culture burkinabé. A ce groupe il convient de rattacher les peuples vivant au sud du royaume Mossi (parlant le more) : nous parlons ici des peuples Mamprusi et Dagomba, dans le Nord-Est du Ghana. Dans le Nord-Ouest, on trouve le peuple Dagarti (parlant le grusi) et le peuple Gonja, dont un groupe (les Wagala) parle également le grusi, et dont l'autre groupe (les Guang) parlent un dialecte Akan. D'autres peuples encore s'expriment en langue grusi : les Kassena, les Frafra, les Sissala, les Builsa et les Talensin, tous vivant près de la frontière avec le Burkina Faso.

Le rôle des ethnies

Le rôle social, économique et politique que jouent les ethnies dans le Ghana contemporain ne doit pas être sous-estimé. Depuis l'indépendance en 1957, les hommes politiques tiennent compte des inimitiés et des susceptibilités ethniques dans chacune de leurs décisions. Aujourd'hui encore, les chefs traditionnels tiennent un rôle important dans la vie politique nationale. De manière générale, les grandes classifications ethniques sont basées sur des différences linguistiques.

Pour présenter les choses de manière schématique, le groupe akan et ses multiples sous-groupes représente plus de la moitié de la population du pays et occupe les régions du centre-ouest, du centre, du sud-ouest, et même de la Côte-d'Ivoire. Les Ga Adangbe et les Ewé se partagent quant à eux la région qui va de la côte d'Accra aux lagunes de Kéta et d'Aflao, à la limite du Togo. La moitié nord est quant à elle essentiellement peuplée par le groupe Mole Dagbani : ce sont les Mamprusi, les Mossi, les Dagomba et les Gonja. Toujours dans le Nord, se trouvent quelques groupes très minoritaires, repoussés par les alliances, les guerres ou les persécutions, comme par exemple les Dagani, les Kusasi ou encore les Lobi.

Si la tradition orale relate de nombreuses légendes sur l'implantation des peuples dans tel ou tel point du territoire, elles sont généralement assez peu fiables d'un point de vue historique. La grande majorité des déplacements de population ont souvent été le fait de conflits ou de l'esclavage (à échelle locale ou lié à la traite négrière). La modernité, avec l'amélioration du réseau routier et le caractère attractif des pôles urbains, a accentué ces mouvements de population, amoindrissant par là même la dimension ethnique du Ghana. Voici une brève présentation des principaux groupes ethniques ghanéens et de l'itinéraire qui les mena jusqu'à l'actuel Ghana.

© PEETERV - ISTOCKPHOTO.COM

Rasta.

Les Akan. Le groupe Akan est majoritaire dans le Ghana actuel puisqu'il représente à lui seul près de la moitié de la population et occupe 5 des 10 régions administratives. Au total, il est divisé en 14 grands sous-groupes. Outre un tronc linguistique collectif, ces groupes ont en commun des institutions politiques, sociales et culturelles. Sont généralement reconnus par les linguistes deux grands courants dominants : le twi, utilisé par les peuples de l'intérieur ; et le fanti, utilisé par les peuples de la côte. Sur l'ensemble de la société akan ghanéenne, sept clans (nommés abusua), sont de tradition matrilinéaire et sept autres (nommés ntoro ou kra) de tradition patrilinéaire. Ces deux concepts fondamentaux et complémentaires sont le ciment du groupe akan, qui s'étend aussi à la Côte-d'Ivoire.

Les Mole Dagbani. Les groupes Mole Dagbani (16,5 % de la population) ont un ancêtre commun. Vers le XIIe siècle déferla en effet sur le nord du Ghana une vague de cavaliers venant de l'est, du pays Haoussa, et du Tchad. Grâce à leur grande maîtrise de la science et de l'art militaire, il n'eurent aucune peine à s'imposer dans la région.

Les Gonja. Il s'agit d'un sous-groupe faisant partie du plus vaste groupe cité juste au-dessus, les Mole Dagbani. La tradition orale raconte que lorsque les conquérants Mandé, emmenés par Ndewura Jakpa, arrivèrent dans le territoire de l'actuel Nothern Region, ils se mêlèrent avec les autochtones ashanti. La ville de Salaga est devenue la capitale de l'État gonja.

Les Ewé. Implantés à l'extrémité orientale du littoral de l'actuel Ghana et dans la région Volta, les Ewé constituaient une multitude de petits royaumes à l'époque précoloniale. Beaucoup d'entre eux vivent aujourd'hui au Togo et au Bénin. Selon la tradition orale, ils seraient originaires de l'est du fleuve Niger et auraient émigré vers l'ouest pour des raisons méconnues.

Les Ga-Adangbe. Sous groupe des Ga-Dangme, les Ga-Adangbe, guidés par leur roi King Ayi Kush, migrèrent au XVIe siècle de l'Est vers l'Ouest pour atteindre la région de Accra. Majoritairement représentés à Accra et ses alentours, on les trouve également dans l'Est du Ghana, au Togo (notamment dans la zone de Aného) et jusqu'au Bénin.

Les rastas

Tolérée par les autorités, la communauté rasta ghanéene est la plus importante d'Afrique de l'Ouest. Leur église, la Foundation of Rastafaraï Unification Center, regroupe en effet plus de 100 000 pratiquants. À Accra ou Kumasi, ils se retrouvent le samedi au son des percussions et des guitares, prient et remercient « Jah », le Dieu Tout-puissant de la religion rastafarienne. Derrière la croyance partagée par ces hommes aux chevelures léonines, Hailé Sélsassié, aussi nommé « Black Jah », occupe la place de « roi des rois, seigneur des seigneurs et guide spirituel ».

Les rastas suivent les principes de la Bible, et croient notamment au vœu de Nazareth. C'est en vertu de ce vœu qu'ils ne se coupent ni les cheveux ni la barbe, en preuve de dévouement à Dieu. Se considérant comme enfants de la nature, ils lui vouent un culte respectueux et se nourrissent uniquement de végétaux. Également, dans l'idéologie Rastafari, chaque peuple doit vivre sur la terre la plus proche de ses racines. Ainsi, Rita Marley a choisi le Ghana pour son mouvement, *Rapatriation*, visant à ramener les rastas égarés en Jamaïque, sur la terre de leurs ancêtres. Ses fréquentes venues dans le pays dynamise d'ailleurs grandement le mouvement. Le studio Tuff-Tong, ouvert sur les hauteurs d'Aburi, doit d'ailleurs permettre aux groupes locaux de reggae, qui manquent cruellement de moyens, d'exporter leurs talents. Au Ghana, la scène musicale de la capitale organise de nombreuses soirées. Sur les plages d'Accra, les vagues déferlent au rythme saccadé de la mélopée plaintive du reggae. Alors : « *Forget your trouble and dance !* ».

SOCIÉTÉ

Le Ghana est souvent cité comme un exemple de développement économique et social dans la région Afrique de l'Ouest. Indéniablement, le système éducatif est de bonne qualité – quatre universités réputées forment les étudiants ghanéens et le peuple est instruit. Socialement, le Ghana partage de nombreuses manières de faire avec les pays alentour, notamment en ce qui concerne la place de la femme dans la société, mais aussi concernant la polygamie et l'homosexualité. Le langage du corps est également prépondérant dans la manière qu'ont les habitants de se saluer les uns les autres. Signalons une spécificité toute ghanéenne cependant : les Ghanéens sont de véritables *fashion victims* ! Ils aiment être élégants pour obtenir le respect des hommes et l'amour des femmes. Ainsi, même en pleine brousse, ne soyez pas surpris de rencontrer un authentique gentleman, chaussures vernies, costume complet et accessoires dernier cri.

La vie sociale au Ghana

Réputé pour son système éducatif de très bonne qualité, le Ghana abrite quatre universités majeures. On trouve ainsi l'université du Ghana à Legon (nord d'Accra), l'université de Sciences et de Technologie de Kumasi, l'université de Cape Coast et la nouvelle université des Études sur le Développement à Tamale. Les jeunes Ghanéens suivent tous une scolarité obligatoire jusqu'à 14 ans. Notons ici que les étudiants souhaitant entrer à l'université doivent d'abord consacrer un an à travailler pour le gouvernement en échange d'un assez petit salaire. Le service militaire n'est par ailleurs pas obligatoire au Ghana (c'est plutôt une vocation professionnelle). Puis lorsqu'ils arrivent à l'âge de la retraite, les Ghanéens restent au sein de la famille. C'est qu'il n'y a au Ghana pas de retraite à proprement parler, en tout cas pas comme on l'entend dans nos sociétés occidentales. Les « vieilles », comme les appellent affectueusement les plus jeunes, ne sont jamais loin, toujours prêtes à se rendre utiles dans la maison. Passer un coup de balais, couper les légumes et cuisiner, garder les enfants, etc.

Lorsqu'ils ne travaillent pas, les Ghanéens prennent plaisir à discuter et boire des bières au maquis (le petit bar du coin) avec leurs amis. Les femmes sont quant à elles plutôt coquettes et consacrent pas mal de temps à prendre soin de leur beauté, n'hésitant pas à s'aider les unes les autres pour rester toujours au top de leur forme. Les plus jeunes passent quant à eux un temps infini à jouer au football.

Mœurs Ghanéennes

Si vous êtes une femme et que vous voyagez au Ghana, vous ne rencontrerez a priori aucun problème particulier. La plupart de celles qui ont visité le Ghana gardent un bon souvenir de l'accueil et affirment avoir rarement été importunées. On évitera malgré tout quelques pratiques qui pourraient n'avoir l'air de rien pour nous Occidentaux mais qui sont étrangers à culture ghanéenne et ne seraient pas bien compris. Il est par exemple incongru de voir une femme faire de l'auto-stop ou bien voyager à bicyclette au Ghana ! Concernant la polygamie, le gouvernement ghanéen tolère que les hommes musulmans soient mariés avec jusqu'à quatre femmes. Pour ce qui est de l'homosexualité, cette préférence sexuelle dépasse l'entendement au Ghana.

Salutations. Au Ghana comme dans la majorité de l'Afrique subsaharienne, la manière dont on habite et utilise socialement son corps est prépondérante. Ainsi, pour se saluer, les Ghanéens se serrent la main avant de se donner une accolade. La façon de se saluer devient plus sophistiquée lorsque deux amis se rencontrent. L'un des deux amis envoie avec vigueur la paume de sa main vers celle de l'autre de manière à provoquer un claquement sonore. Puis, au moment où les deux mains s'éloignent l'une de l'autre, chacun glisse son majeur contre le majeur de l'autre de façon à les faire claquer au moment où les doigts se séparent.

© ANTON_IVANOV - SHUTTERSTOCK.COM

Marché à Accra.

RELIGIONS

Selon les derniers recensements, le Ghana serait à plus de 74,9 % chrétien et à environ 15,8 % musulman. Pour synthétiser, on peut dire que le christiannisme est essentiellement répandu dans le sud du pays et que l'Islam se retrouve plutôt dans le nord. Entre les deux, on trouve des zones mixtes. Mais ces chiffres ne sauraient refléter de manière objective la réalité religieuse du pays : seul 20 % de cette population de croyants ne pratique exclusivement qu'une seule religion. L'animisme demeure en effet très prégnant, et il n'est pas rare qu'un Ghanéen partage à la fois des croyances chrétiennes et d'autres issues d'un animisme séculaire. Notons au passage l'interprétation Ghanéenne du christianisme protestant anglo-saxon : les enseignes fluo et flashy type *God is Good Hair Saloon* (Salon de coiffure Dieu est Bon) ou *Jesus Blood Petrol Station* (Station service Sang de Jésus) abondent. Intéressons-nous à l'animisme à travers deux contes.

La légende ashanti de l'araignée

Indéniablement, paraboles, contes et légendes occupent un place centrale dans la culture Ashanti. L'animisme qui sous-tend les croyances ashanti place les figures animales au même niveau que les humains : l'homme est en effet un élément placé au cœur de la nature, au même titre que d'autres et l'opposition humanité/nature n'existe pas. Très présents dans les contes ashanti, les animaux – dont faits et gestes sont observés et hautement considérés – sont souvent personnifiés, à l'instar de la figure de l'araignée, qui occupe la place centrale de l'une des légendes ashanti les plus emblématiques. La voici en substance.

Il y a très longtemps, alors qu la famine s'abattit sur la forêt, une grosse araignée cherchait désespérément de la nourriture. Elle aperçut une pierre habillée d'une grande barbe qui ressemblait, par sa forme, à un oiseau. L'araignée vit soudain une antilope fascinée s'approcher du rocher et déclarer : « C'est fou, une pierre avec une barbe et un visage d'oiseau ! ». L'animal avait à peine terminé sa phrase qu'il se retrouva projeté dans le ciel, et retomba si violemment qu'il fut tué sur le coup. L'araignée déclara alors : « Je vais faire un festin avec toute ma famille ! ». Le lendemain, elle retourna sur les lieux quand elle croisa un lapin. Celui-ci eut, lui aussi, une salve d'admiration pour la pierre et connut le même sort que la grosse antilope. Intriguée mais toujours en quête d'une bonne proie, l'araignée le mangea, comme elle avait dévoré l'antilope.

Festin après festin, jour après jour, l'araignée et sa famille coulaient des jours plutôt tranquilles. Mais un jour, un caméléon caché dans un arbre observa le petit manège de l'araignée… Il l'interpella et lui déclara qu'il avait été témoin de tout ce qui s'était passé. Surprise, l'araignée commença à faire une description de la pierre… et d'un coup, celle-ci se retrouva projetée dans les cieux. Malgré quelques fractures, elle survécut à cette dure épreuve. C'est pourquoi, aujourd'hui, l'araignée est considérée comme un animal craintif, ce qui explique qu'on la trouve toujours dans des recoins cachés.

Moralité : il ne faut pas profiter du malheur d'autrui, au risque de se retrouver tout seul, dans son coin.

L'histoire de Nave et les crocodiles

L'histoire de Nave et des crocodiles est une autre illustration des rapports intimes qu'entretiennent les hommes avec la faune locale. Cette fois-ci, l'histoire concerne les habitants du nord ghanéen, autour du village de Paga, au niveau de la frontière burkinabé.

Tout commence lorsqu'un beau jour un chasseur nommé Nave quitte le village en quête de gibier pour nourrir sa famille. Après des heures de recherches infructueuses, alors qu'il est assoiffé, à deux doigts d'abandonner et de rebrousser chemin, Nave marche par accident sur la queue d'un crocodile. Puisque ce dernier avait pris la direction d'un buisson, l'homme décide de le suivre et découvre avec stupéfaction un vaste étang d'eau fraîche rempli de crocodiles ! Nave boit alors à sa soif en remerciant du fond du coeur les dieux de Paca, son village natal. De retour dans sa famille, il partage sa découverte et sa joie avec sa famille et remercie le crocodile pour lui avoir sauvé la vie.

Quelques temps plus tard, Nave part à nouveau en forêt dans le but de ramener du gibier. Hélas, il ne parvient à chasser aucun animal sauvage. Pour ne pas rentrer à vide, il décide de tuer un crocodile. Mais alors qu'il rentre chez lui, à deux pas de sa case, un serviteur l'interpelle et lui annonce le décès de son fils aîné. Quelques jours plus tard, le chasseur tue à nouveau un crocodile. Et cette fois encore, un autre de ses

Eglise à Anomabo.

fils meurt. Puis un troisième fils trouve la mort lorsqu'il abat son troisième crocodile.

Pour comprendre le sens de ces étonnantes coïncidences, Nave décide de consulter un sorcier qui lui explique que l'âme du crocodile se confond désormais avec l'âme de sa famille. Aussi, chaque fois qu'il tuera un crocodile, il donnera automatique la mort à l'un de ses proches ! Ce jour-là, Nave fit le serment aux dieux de Paga que ni lui ni aucun de ses héritiers ne s'en prendrait plus jamais à un crocodile. De nos jours, les descendants de Nave habitent toujours Paga et les villages voisins. Et personne ne mange de viande de crocodile. La croyance veut que chaque crocodile renferme l'âme d'un de ces habitants !

Principales festivités de la région ashanti

Les célébrations ashanti, si elles ne sont pas nécessairement religieuses, sont liées aux ancêtres et aux éléments naturels avec lesquels les humains sont en prise perpétuelle. En voici les principales.

- **Le festival Adae et Akwasidae** est célébré en grande pompe toutes les six semaines exactement. La cérémonie a invariablement lieu le dimanche dans un palais de Kumasi : le roi, porté sur son palanquin, est paré de tous ses attributs en or et reçoit les hommages successifs des chefs traditionnels et de son peuple. Le spectacle est impressionnant : auvents et parasols richement brodés, chanteurs et joueurs de trompettes, danseurs et joueurs de tam-tams, tout ce beau monde célèbre joyeusement les ancêtres disparus !

- **Le festival Nkyidwo** se tient à Essumeja (proche Kumasi) et est la fête la plus importante pour les membres du peuple Essumeja. Ils commémorent leurs ancêtres à l'occasion de cette fête dont le nom signifie « dans la nuit du lundi ».

- La légende raconte que ces derniers seraient en effet sortis d'un trou creusé dans la terre un lundi dans la nuit, et qu'à leur suite seraient sortis du même trou un chien, un lion, puis des musiciens et une horde de danseurs ! A l'occasion de cette grande fête, on a coutume d'invoquer les dieux pour attirer protection et prospérité sur la communauté.

D'autres fêtes importantes sont à signaler en pays Ashanti : la célébration d'Odwira qui a lieu à Jachie en janvier ; la fête des ignames Afahye à Juansa et Effiduasi en septembre ; la fête des ignames du Yam Festival en octobre à Effiduasi et à Ejura (puis en novembre à nouveau à Ejura).

Pour des informations plus précises concernant les fêtes ashanti, renseignez-vous auprès du Ghana Tourist Board de Kumasi.

SPORTS ET LOISIRS

Au Ghana, comme sur quasiment tout le continent africain, le football est de très loin le sport le plus populaire. Les « Black Stars », les joueurs de la sélection nationale, trois fois vainqueurs de la Coupe d'Afrique des Nations (CAN), sont adulés aux quatre coins du pays. Les boxeurs sont également très suivis et les Ghanéens sont très nombreux à monter sur le ring. Côté activités, on prendra d'abord la direction de la côte. Le sable, les palmiers et l'océan infini attirent souvent les touristes et de nombreux hôtels permettent de passer quelques jours de farniente très agréables. Des établissements qui ont aussi souvent une piscine et éventuellement quelques courts de tennis pour se dépenser un peu. Héritage anglais oblige, il est aussi possible de travailler son putt sur un green de golf. Enfin, les parcs nationaux et la nature ghanéenne permettent aisément d'envisager de belles randonnées.

Le football, le sport roi

Le football est le sport le plus populaire au Ghana (qui vit naître le champion du monde français Marcel Desailly), et beaucoup de joueurs ghanéens ont évolué en Europe depuis Abedi Pelé dans les années 1990, élu trois fois Ballon d'or africain et qui fit le bonheur de l'Olympique de Marseille des années Tapie. Depuis lors, Michael Essien, Asamoah Gyan, John Mensah ou les frères Ayew (les fils… d'Abedi Pelé !) ont su faire briller les couleurs du Ghana et de sa sélection, les Black Stars. Une sélection qui fut en 2010 la première équipe africaine à se hisser en quarts de finale de la Coupe du monde.

La boxe, un art ancestral

L'apparition sur la scène internationale de champions ghanéens dans les années 1980 et 1990 a permis l'essor de ce sport sur la Gold Coast, mais des traces lointaines de sports de combat dans l'histoire du pays sont à signaler. L'ethnie Ga a longtemps pratiqué l'*asafo atwele*, un art martial collectif autochtone. Suite à la colonisation anglaise, ce sport a peu à peu disparu pour faire place à la boxe anglaise. A partir des années 1930, la fusion entre la boxe et l'*asafo atwele* confère aux athlètes ghanéens un style de combat propre, particulièrement visible dans les petites catégories. Ce n'est d'ailleurs pas un hasard si le plus grand champion de boxe ghanéen de tous les temps, Azumah Nelson, s'est imposé dans les catégories « poids plume » et « super plume ». Il a ainsi gardé sa couronne de champion du monde entre 1984 et 1994 (28 K.O. en 46 combats).

Farniente et baignade

Aujourd'hui, le sable, les palmiers et l'océan attirent bon nombre de touristes venus poser leurs valises au Ghana. Pourvue d'infrastructures hôtelières, de « *beach resorts* », de restaurants, la jolie côte ghanéenne au climat halitueux peut être le cadre d'un séjour balnéaire, même si la mer est souvent dangereuse. La barre étant assez forte au Ghana, il vaut mieux prendre un maximum de précautions. Les endroits sans risques se trouvent sur la côte Ouest, car elle est très découpée et de nombreux caps encadrent des eaux calmes. Parmi les plages à recommander, d'ouest en est : Axim, Busua, le littoral entre Sekondi et Takoradi puis entre Elmina et Cape Coast, entre Biriwa et Winneba. Vient ensuite la plage préférée des habitants d'Accra, Fetteh, puis les plages d'Accra comme la **plage de LA** (p.122) et, enfin, Paradise Beach, Prampram, Ada et Keta. A noter qu'il faut éviter de se baigner dans les rivières, ainsi que dans les lacs Volta et Bosumtwi, à cause de la bilharziose.

Sur terre, quelques possibilités

- **Randonnée**. La randonnée pédestre est la principale activité sportive des touristes qui voyagent au Ghana. Et après une balade sur le mont **Afadjato** (p.176), on peut même pratiquer le « foot safari », notamment au Mole National Park. Si dans beaucoup d'autres pays africains, les safaris se font à bord d'un véhicule (généralement un 4x4), le Ghana propose souvent de les faire à pied, les populations animales n'étant jamais très loin de la base ou du camp de départ. Ainsi, les guides du parc Mole expliquent à raison que c'est au Ghana qu'il est possible de s'approcher, plus près qu'ailleurs, des éléphants. Il suffit de marcher pendant deux heures pour se retrouver nez à nez avec le plus gros des mammifères terrestres. Sur la route, on croise aussi oiseaux, antilopes, kobs, babouins, phacochères, buffles et singes. Dans le Kakum National Park, on se balade aussi sur des ponts de singe, les fameux « *canopy walks* » qui s'étendent sur 350 m. Idéal pour apercevoir les animaux et profiter de cette zone ornithologique de référence.
- **Tennis et golf**. Comme dans toutes les anciennes colonies britanniques, le Ghana ne manque pas de golfs ni de courts de tennis. De beaux parcours de golf ont notamment été aménagés à Accra comme l'Achimota Golf Club.

GASTRONOMIE

Lové au cœur du golfe de Guinée, le Ghana présente les éléments classiques des traditions culinaires de la région, avec une abondance de féculents comme l'igname, le manioc, le maïs, la banane plantain et le riz. Ces produits sont le plus souvent réduits en farine ou en purée puis cuits et pétris longuement pour obtenir des pâtes denses et nourrissantes, dont chaque ethnie du pays prépare des versions différentes. On accompagne ces pâtes de diverses sauces à base de viande, de légumes et de poisson. On retrouve également une multitude de légumes-feuilles et de condiments, la cuisine ghanéenne étant relativement épicée, voire franchement pimentée selon les recettes. Les poissons de rivière ainsi que les fruits de mer sont régulièrement séchés et/ou fumés pour enrichir les saveurs des plats. Les amateurs de sucré seront peut-être un peu déçus d'apprendre que les desserts sont rares au Ghana, même si l'on retrouve des fruits tropicaux en abondance.

Produits caractéristiques

En plus d'utiliser une grande variété de féculents, les Ghanéens font un usage généreux de légumes et de fruits à coque : tomates, aubergines, épinards, champignons sauvages, noix de palme, arachides, etc. On notera aussi le taro, une plante tubéreuse aux larges feuilles en forme de cœur. L'*ayoyo*, ou jute, est également appréciée pour ses feuilles. L'*egousi*, ou pistache africaine, est le nom donné aux graines de certaines variétés de citrouille sauvage. Apprécié pour son jus visqueux, parfait liant pour les sauces, le gombo ressemble à un piment vert, mais possède un léger goût d'aubergine et de courgette. La *gboma*, ou aubergine africaine, est très recherchée pour l'amertume de ses fruits verts et de ses feuilles. Ail, oignon, gingembre, piment de la Jamaïque, curry, thym, origan et laurier font partie des épices et herbes les plus communes de la cuisine locale. On n'oublie évidemment pas le *kpakpo shito*, une variété de piment bosselé ressemblant beaucoup au *habanero* antillais, extrêmement corsé. Les plus sensibles feront donc attention de ne pas abuser des sauces et condiments proposés à table. On pense notamment au *shito*, une sauce épicée très consommée au Ghana. Sombre et épaisse, elle accompagne de nombreux mets, notamment le poisson. Le *soumbala* est un condiment – confectionné avec des graines fermentées d'arbre-néré – qui porte souvent le nom de « moutarde africaine » pour son goût aigre et puissant. Comme chez ses voisins d'Afrique de l'Ouest, la cuisine ghanéenne est plutôt riche, voire franchement grasse. On utilise en abondance l'huile de noix de coco, l'huile d'arachide et le beurre de karité. Mais la star de la région reste l'huile de palme. Tant décriée en Occident sous sa version raffinée considérée comme cancérigène, elle est traditionnellement consommée depuis des millénaires en Afrique de l'Ouest, d'où le palmier à huile est originaire.

Riz jollof.

© ABIMBOLA OLAYIWOLA - SHUTTERSTOCK.COM

Okra soup.

Fraîche, cette huile est rouge orangé (*zomi*), aromatique et s'utilise largement pour parfumer les plats locaux. Elle est extrêmement riche en bêta-carotène, vitamines et minéraux. Le bœuf, le porc, la chèvre, l'agneau, le poulet, la pintade et les abats sont des viandes recherchées. On retrouve également des escargots séchés mais aussi divers fruits de mer : poulpes, bigorneaux, huîtres, crevettes, crabes, etc. Très apprécié, le ***koobi*** est confectionné avec du tilapia – un poisson de rivière – séché et salé. Il est possible de retrouver des restaurants proposant de la viande de brousse. On pense notamment à l'agouti, un gros rongeur que l'on trouve vers les lacs et rivières de la plaine côtière. Sur les marchés du sud-ouest du pays, il est vendu frit ou fumé. L'agouti à la sauce d'arachide est un plat à découvrir. Toutefois, si goûter de la viande de brousse peut être une expérience en soi, il est conseillé d'en consommer avec modération, aussi bien pour des raisons sanitaires qu'écologiques. En effet, les circuits d'approvisionnement de tels produits sont parfois assez obscurs et certaines viandes vendues dans les marchés et dans les restaurants spécialisés proviennent d'espèces menacées d'extinction. On dispose sur place d'un grand choix de restaurants présentant différentes cuisines (africaine, européenne, chinoise, libanaise, indienne) ainsi que des fast-foods et des snack-bars. Un conseil d'hygiène : eau plate à éviter dans les restaurants. Il est facile de goûter à la cuisine africaine au bord de la rue ou dans les maquis, petits restaurants servant la nourriture locale avec une musique très forte en toile de fond, mais choisissez toujours des boissons hermétiquement fermées, l'eau du robinet n'étant pas potable dans le pays.

Les basiques de la cuisine ghanéenne

On retrouve au Ghana une multitude de préparations à base de pâte de féculents – maïs, manioc, igname, etc. – dont les compositions peuvent être assez similaires mais dont les noms varient parfois, selon les régions et les ethnies du pays qui les confectionnent. Le ***fufu*** est à base de pâte d'igname, de banane plantain et/ou de manioc. Assez proche, le ***banku*** est fait à partir de maïs et de manioc, parfois d'igname, donnant ainsi un résultat plus élastique. La préparation est mise à fermenter quelques jours, ce qui donne à cette pâte un arrière-goût légèrement aigre assez reconnaissable. La pâte est ensuite cuite longtemps et malaxée pour obtenir une préparation bien souple que l'on roule en boule. Chez l'ethnie Ewe, le ***banku*** prend le nom d'***akple***. Le ***konkonte*** se prépare avec des variétés de manioc ou d'igname bruns, donnant une pâte couleur chocolat caractéristique. Beaucoup de plats ghanéens sont accompagnés de ***kenkey***. Il s'agit de papillote en feuille de maïs ou de bananier, garnie d'une pâte de maïs fermentée puis cuite dans l'eau bouillante. L'***etor/otor*** est une purée d'igname garnie d'oignons, de cacahuètes et d'œufs durs. On retrouve également d'autres préparations similaires : ***attiéké, yakayake, gari,*** etc.

L'***abolo*** est un type de gâteau ou de papillote vapeur, préparé avec de la farine de riz et de maïs. Le riz est en effet apprécié : la recette la plus connue dans la région est le riz jollof, un riz parfumé avec du bouillon, de la tomate, des épices et notamment du piment en quantité généreuse. Ce plat, dont plusieurs pays d'Afrique de l'Ouest se disputent la paternité, est ici consommé avec de la chèvre, de l'agneau, du poulet ou du bœuf mijoté, rôti ou grillé. On retrouve également du riz frit, d'inspiration chinoise. On notera aussi l'*angwa moo*, comprendre « riz huilé », c'est-à-dire un riz qui est revenu dans l'huile avec oignon, viande et légumes puis cuit par absorption avec de l'eau. Le *ngwo moo*, « riz de palme », est une variante avec de l'huile de palme.

© NOWACZYK - SHUTTERSTOCK.COM

Bissap.

L'*omo tuo* ou boule de riz se prépare avec un riz très cuit et pâteux. Enfin, le *waakye* est un mélange de riz et de haricots doliques, coloré en brun violet par l'ajout de sorgho, une céréale également commune dans le pays. Toutes ces spécialités et notamment les diverses pâtes de manioc, de maïs et d'igname servent à accompagner des « soupes » qui se rapprochent en réalité plus de plats en sauce. On note la très appréciée *peanut/groundnut soup*, pâte de cacahuètes grillées accompagnant un ragoût de bœuf ou de poulet et servi avec des oignons, de la sauce tomate et des épices, la *light soup*, soupe légère à base de tomate, piment, aubergines, oignons, ail et gingembre, ou la *mbanga*, soupe à la noix de palmiste, garnie de bœuf, de crabe, poisson séché, tomate, piment, oignon, etc. L'*okra* soup est préparée avec du gombo, du crabe et divers condiments. Le *yam pottage* ou *mpoto-mpoto* est une sorte de ragoût avec igname, tomate, sardines séchées et ail. Le *tuo zaafi* est un plat complet contenant une pâte préparée à partir de farine de maïs sèche, servie avec une soupe aux feuilles de jute, ou *ayoyo*, et un *beef stew*, un ragoût de viande et d'abats de bœuf à la tomate, finement épicé. Enfin, le *kontomire stew* contient des feuilles de taro, du poisson fumé, des crevettes séchées, des oignons et divers condiments. Sur les marchés et le long des routes, on retrouve une multitude de vendeurs ambulants proposant des grillades. Les brochettes, parfois appelées *kebabs*, sont populaires et peuvent être confectionnées à partir de bœuf, de chèvre, de porc, de saucisses et de volaille. Le tilapia simplement grillé, garni d'oignons, de tomate et de piment, est très populaire. Le *red red* est un ragoût pimenté de haricots Cornille avec du plantain et de l'huile de palme rouge, que l'on sert systématiquement avec du poisson, tel que le maquereau ou les pilchards en conserve. Mais on apprécie également le plantain rôti, le maïs, l'igname et le taro. On notera ainsi le *kelewele*, des cubes de plantain grillés assaisonnés avec piments, ail et gingembre, parfois garnis de cacahuètes. Au petit-déjeuner, on sert communément du *huasa koko*, porridge de millet, avec des *koose*, croquettes de haricots Cornille frites.

Desserts et boissons

On retrouve traditionnellement assez peu de desserts ghanéens, qui sont d'ailleurs plus des en-cas sucrés. On trouve par exemple les *bofrots*, des petits beignets en boule, ou les *caramel kube*, des sortes de rochers coco caramélisés. Les Ghanéens boivent généralement du thé mais on peut également trouver du *Milo*, une boisson chocolatée. Le café est très généralement instantané et donc de qualité très moyenne même si les hôtels et restaurants internationaux offrent des cafés de meilleure qualité. On retrouve également divers jus de fruits, eau de coco et autres infusions glacées. Dans le nord du pays, plus musulman, on apprécie notamment le *bissap*, une infusion de fleur d'hibiscus roselle, appelée aussi « oseille de Guinée », rouge vif, acidulée et bue glacée. Mais on note aussi le *pitoo*, une bière locale légèrement fermentée à base de mil ou de sorgho. Dans le sud du Ghana, majoritairement chrétien, on consomme l'*asaana*, à base de maïs fermenté, mais aussi le vin de palme extrait de différentes espèces de palmiers, notamment le long du lac Volta. Il a la particularité de fermenter très rapidement et sert ensuite à distiller l'*akpeteshie*. Cette eau-de-vie locale peut également être distillée à partir de mélasse et titre à 40-50°.

AGENDA

La vie annuelle du Ghana est emplie de festivals traditionnels qui sont souvent des rituels à la fois sociaux, politiques et religieux. La côte ainsi que la région d'Ashanti sont particulièrement riches de tels évènements auxquels il peut être bien dépaysant de participer. Le PanFest, organisé tous les deux ans en octobre à Cape Coast, avait été inauguré par le président Rawlings en déclarant qu'il « marquait le début d'un mouvement ayant un grand potentiel pour l'enrichissement culturel de tous les Africains d'ici ou d'ailleurs ». Il mérite le coup d'œil pour qui veut s'approcher d'un plus près de la notion de panafricanisme. Citons également le gigantesque festival de musiques urbaines et afro (afrobeat, hip-hop, amapiano) qui a eu lieu fin décembre 2022, attirant une immense population de la diaspora noire-américaine (non référencée car au moment de la publication de ce guide la tenue du festival pour 2023 n'avait pas été confirmée).

AKWASIDAE

KUMASI

Toute l'année.

La fête ashanti Akwasidae est célébrée toutes les six semaines, le dimanche, à Kumasi. Elle se tient dans le palais de l'Asantehene. Cette cérémonie, organisée en grande pompe, est l'occasion de voir le roi, porté sur son palanquin et paré de tous ses attributs en or. Il reçoit l'hommage des chefs traditionnels et de son peuple. C'est un spectacle haut en couleur que de voir, au milieu de tous ces auvents et parasols, les chanteurs, joueurs de trompe, danseurs et joueurs de tam-tams célébrant cette fête en l'honneur des ancêtres.

ABOAKYER FESTIVAL

WINNEBA

Premier week-end de mai.

En langue fante, parlée par les habitants de la région centrale du Ghana, *Aboakyer* signifie « chasse au gibier » ou « chasse à l'animal ». Cette fête traditionnelle a lieu la première semaine de mai et met le feu à Winneba. C'est l'un des festivals les plus connus du pays. Les différents groupes de guerriers Asafo doivent capturer une antilope et la ramener vivante aux chefs et aux anciens. Les premiers sont déclarés vainqueurs et l'animal est ensuite sacrifié. Cette fête a lieu pour commémorer la migration ancienne du peuple Simpafo à Winneba.

EDINA BRONYA FESTIVAL

ELMINA

Janvier.

Il se déroule traditionnellement le premier jeudi de janvier dans la petite ville de la côte. Appelé Edina Buronya, il représente pour les habitants d'Elmina la période de purification, de sacrifice et de souvenir pour souhaiter la bienvenue à la nouvelle année. Il correspond aussi avec la période annuelle des récoltes et est célébré en grande pompe : familles et amis se réunissent autour d'un bon repas. La veille du festival, des coups de feu sont tirés, à minuit exactement, par le chef suprême pour inaugurer la nouvelle année.

CHALE WOTE STREET ART FESTIVAL

ACCRA

www.instagram.com/chalewoteofficial

Mi-août.

Un festival de rue né en 2011 qui réunit artistes locaux et du monde entier dans des domaines variés tels que la musique, la photographie, la danse, la peinture, les graffitis, le cinéma... avec des parades dans les rues de Accra et des événements organisés dans les centres culturels de la ville. Son succès a été tel que le festival, qui initialement durait un jour, se déroule désormais une semaine entière. Un thème est proposé à chaque édition !

FETU AFAHYE

CAPE COAST

Fin août-début septembre.

A cheval sur la dernière semaine du mois d'août et la première du mois de septembre, à Cape Coast. Fetu Afahye est un festival très coloré. Comme toutes les autres grandes manifestations culturelles, il présente des spectacles de musique et de danse, ainsi qu'une procession de chefs. Au cours des festivités, une vache est sacrifiée au pied de l'arbre gardien de la ville : « Afahye ». La célébration est une adresse aux dieux pour leur demander d'éloigner les maladies, des épidémies ayant jadis fait des ravages dans les rangs de la population de Cape Coast.

KOBINE FESTIVAL

LAWRA

Septembre.

Ce festival a lieu à Lawra, une tranquille bourgade du nord-ouest, généralement au cours du mois de septembre (vers la fin du mois mais mieux vaut vous renseigner sur place, les dates étant variables d'une année à l'autre). Une trentaine de troupes de danseurs et de percussionnistes venant des villes et villages des régions du nord du Ghana et du Burkina Faso font le déplacement. Cette fête qui célèbre les moissons gagne chaque année un peu plus en importance. L'événement est même retransmis en direct à la télévision nationale.

HOMOWO

ACCRA

Août-septembre.

« Homo », la faim et « wo », huer ou se moquer est le festival du peuple Ga qui a lieu entre août et septembre, pour évoquer la famine qui les a touchés dans leur histoire précoloniale. Ce festival a lieu dans le Ga Mashie District de Accra. Il est constitué de plusieurs rituels dont l'aspersion d'un plat offert aux dieux et aux ancêtres, appelé *Kpokpoi*, ou la procession de jumeaux, qui symbolisent dans leur culture la fertilité et la prospérité. Si vous êtes dans le coin à cette période, renseignez-vous auprès des locaux pour connaître l'agenda précis.

ODWIRA FESTIVAL

Septembre/octobre à Akropong, Aburi, Amanokrom, Mamfe et les villes situées sur la chaîne de l'Akwapim.

Il se tient en septembre et octobre dans le Sud-Est du pays (chaîne de l'Akwapim). C'est une période de reconnaissance envers les dieux et l'occasion pour les populations de renouer avec leurs traditions familiales et sociales. Il symbolise la croyance en une vie après la mort. Le rite se pratique au milieu de joueurs de tam-tams, de danseurs et s'accompagne d'une procession des chefs traditionnels en tenue d'apparat. Comme pour la reine-mère, ils sont portés dans des palanquins conduits par des guerriers et sont abrités sous des ombrelles.

FESTIVAL KUDUM

BUSUA

Août-septembre.

Organisé entre août et septembre à Busua, sur la côte, ce festival traditionnel s'étale sur une semaine et permet de découvrir le folklore fanti. On y honore les Dieux pour l'abondance de nourriture qu'ils offrent aux hommes. La première mention écrite de cette célébration remonte au XVIIe siècle, lorsque l'explorateur hollandais passa par ce coin du pays. Si vous êtes de passage entre Takoradi et Busua en août-septembre, ne manquez pas de faire un tour : musique, danse et repas traditionnels sont au programme de ces réjouissantes festivités.

DURBAR FESTIVAL

WA

Octobre.

D'origine Farsie, le mot Durbar signifie littéralement « réception ». Pendant ce festival qui se tient à Wa en octobre, le roi doit enjamber une vache sous peine d'être exécuté. Comme dans toutes les réceptions, le roi, toujours richement habillé, est assis et reçoit l'hommage de ses sujets, auxquels il accorde l'hospitalité et remet des cadeaux. Une célébration portant le même nom a lieu également dans les villages du nord du Nigeria et marque généralement la fin du Ramadan. Prières et défilés équestres sont prévus dans la version nigériane.

PASSPORT
N
W
E
S

GREATER ACCRA

Avec une superficie de 3 245 km² (ce qui représente 1,4 % de la superficie totale du territoire), la région dite de Greater Accra abrite pas loin de 5 500 000 habitants, soit plus de 15 % de la population ghanéenne. Outre la capitale Accra et ses 2,7 millions d'habitants, elle englobe aussi la ville voisine de Tema et ses 700 000 habitants. La région du Grand Accra (*Greater Accra Region*) apparaît comme la plus petite des dix régions administratives du Ghana mais aussi la deuxième plus peuplée après la région Ashanti. Dans la majeure partie de la région, la végétation est constituée de savane côtière et d'une zone lacustre de mangroves. La densité de la population, qui ne cesse de s'accroître, est tout simplement la plus élevée du pays. Ce phénomène s'explique naturellement par le poids économique et donc démographique de la capitale et de Tema, premier centre industriel du pays. En conséquence, il y a beaucoup à voir ici !

Greater Accra
Adjen Kotoku
Abokobi
Pantang
N 6
Amasaman
Ashongman
Adenta
Ashaiman
Pokuase
Madina
Lashibi
TEMA
Kwabenya
Taifa
Legon
Tema
Ablekuma
Sowutuom
Achimota
Sakumono
Dzorwulu
Lapaz
Joma
N 6
Nungua
Juba Villas
TESHI
Teshie
Weija
Kokomlemle
Weija Dam
Kaneshie
Oblogo
La
Christiansborg
ACCRA
Kasoa
N 1
Tuba
KOKROBITE
Golfe de Guinée
5 KM

Ce sous-chapitre « Environs d'Accra » regroupe les principales destinations facilement accessibles depuis la capitale se trouvant dans la région dite Greater Accra Region. Signalons au passage que si elle est géographiquement la plus petite des dix régions administratives du Ghana, elle est aussi la deuxième la plus peuplée (derrière la région Ashanti) : elle concentre plus de 16 % de la population totale (pas loin de 4 millions) sur 1,4 % du territoire. Ainsi Tema, ville voisine d'Accra et premier centre industriel du pays, abrite plus 650 000 habitants.

ACCRA

Grande agglomération urbaine, Accra est le principal centre industriel et commercial du pays. Débouchés commerciaux et agricoles (exportation du cacao en premier chef), textile, industrie du bois, industrie chimique, telles sont les activités principales qui font vivre Accra et sa région. Plus que jamais, Accra est une capitale qui attire à elle la grande majorité des forces vives du pays, y compris celles de Kumasi, la deuxième ville. Au demeurant, beaucoup de Ghanéens ont un pied dans leur ville d'origine et un pied à Accra. Pour le voyageur, c'est une étape obligatoire, et, si l'on souhaite visiter les diverses régions du pays, il y a fort à parier qu'on ne fera pas qu'un séjour dans la capitale. Et ça tombe bien car Accra a, malgré son côté bruyant et pollué, beaucoup à offrir. Restaurants africains et internationaux, bars nocturnes, offre culturelle variée, adresses shoppings, et même quelques plages !

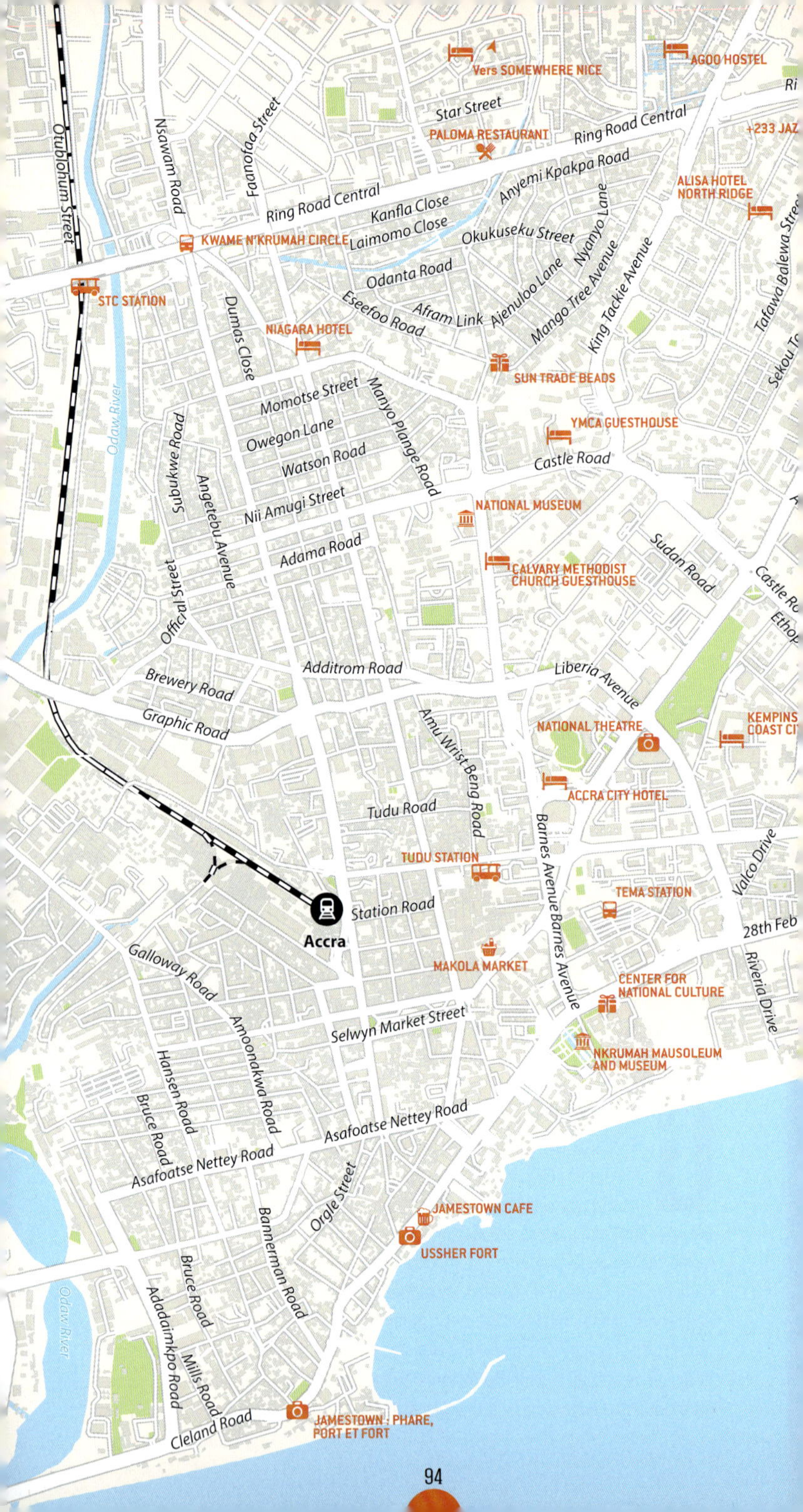
Vers SOMEWHERE NICE
AGOO HOSTEL
Star Street
PALOMA RESTAURANT
Ring Road Central
+233 JAZ
Otublohum Street
Nsawam Road
Faanofaa Street
Ring Road Central
Kanfla Close
Anyemi Kpakpa Road
ALISA HOTEL
NORTH RIDGE
KWAME N'KRUMAH CIRCLE
Laimomo Close
Okukuseku Street
Nyanyo Lane
Tafawa Balewa Street
STC STATION
Odanta Road
Eseefoo Road
Afram Link
Ajenuloo Lane
Mango Tree Avenue
King Tackie Avenue
Dumas Close
NIAGARA HOTEL
SUN TRADE BEADS
Momotse Street
Manyo Plange Road
Odaw River
Subukwe Road
Owegon Lane
YMCA GUESTHOUSE
Watson Road
Castle Road
Angetebu Avenue
Nii Amugi Street
NATIONAL MUSEUM
Adama Road
CALVARY METHODIST
CHURCH GUESTHOUSE
Sudan Road
Castle Road
Official Street
Additrom Road
Liberia Avenue
Brewery Road
Graphic Road
Amu Wrist Beng Road
NATIONAL THEATRE
KEMPINSKI
COAST CI
ACCRA CITY HOTEL
Tudu Road
Barnes Avenue
Valco Drive
TUDU STATION
TEMA STATION
Station Road
Accra
28th Feb
Galloway Road
MAKOLA MARKET
Barnes Avenue
Riviera Drive
CENTER FOR
NATIONAL CULTURE
Amoonakwa Road
Selwyn Market Street
Hansen Road
NKRUMAH MAUSOLEUM
AND MUSEUM
Bruce Road
Asafoatse Nettey Road
Asafoatse Nettey Road
Bannerman Road
Orgle Street
JAMESTOWN CAFE
USSHER FORT
Odaw River
Bruce Road
Adadaimkpo Road
Mills Road
Cleland Road
JAMESTOWN : PHARE,
PORT ET FORT

COCONUT GROVE REGENCY HOTEL
THE HONEY SUCKLE
VILLA BOUTIQUE HOTEL
SUNSHINE SALAD BAR
POMONA
KOALA
FIREFLY LOUNGE BAR
URBANO HOTEL
PIAZZA
ACE TANTRA NIGHT CLUB
MAMMA-MIA
EPO'S BAR, RESTAURANT & NITE CLUB
KONA CAFE AND GRILL
BLUE ROYAL
GHANA TOURISM AUTHORITY
REPUBLIC BAR
FRANKIE'S
TATALE VEGAN RESTAURANT
ZION THAI RESTAURANT
@ HOME BOUTIQUE HOSTEL
BISTRO 22
BOSPHORUS
BUKA
BYBLOS
BYBLOS HOTEL
SAAGAR MARKET
OSU CASTLE
Golfe de Guinée
UDS Street
Cantonments Road
Dade Close
Dade Street
6th Circular Road
North Labone Avenue
Orphan Crescent
Labone Crescent
Gamel Abdul Nasser Street
Adjoatse Street
Dadebu Street
Ring Road East
Osu Close
Angola Avenue
Mission Street
Salem Avenue
Otu Kofi Road
Osu Link
Otswe Street
Ojeine Street
Nmetsobu Crescent
Okodan Road
Odwira Road
Sir Chales Quist Street
La Road
1st Kaadzaano Street
2nd Kaadzaano Street
3rd Kaadzaano Street
Lokko Street
Basel Street
28th February Road
Castle Drive
Central Accra
500 M

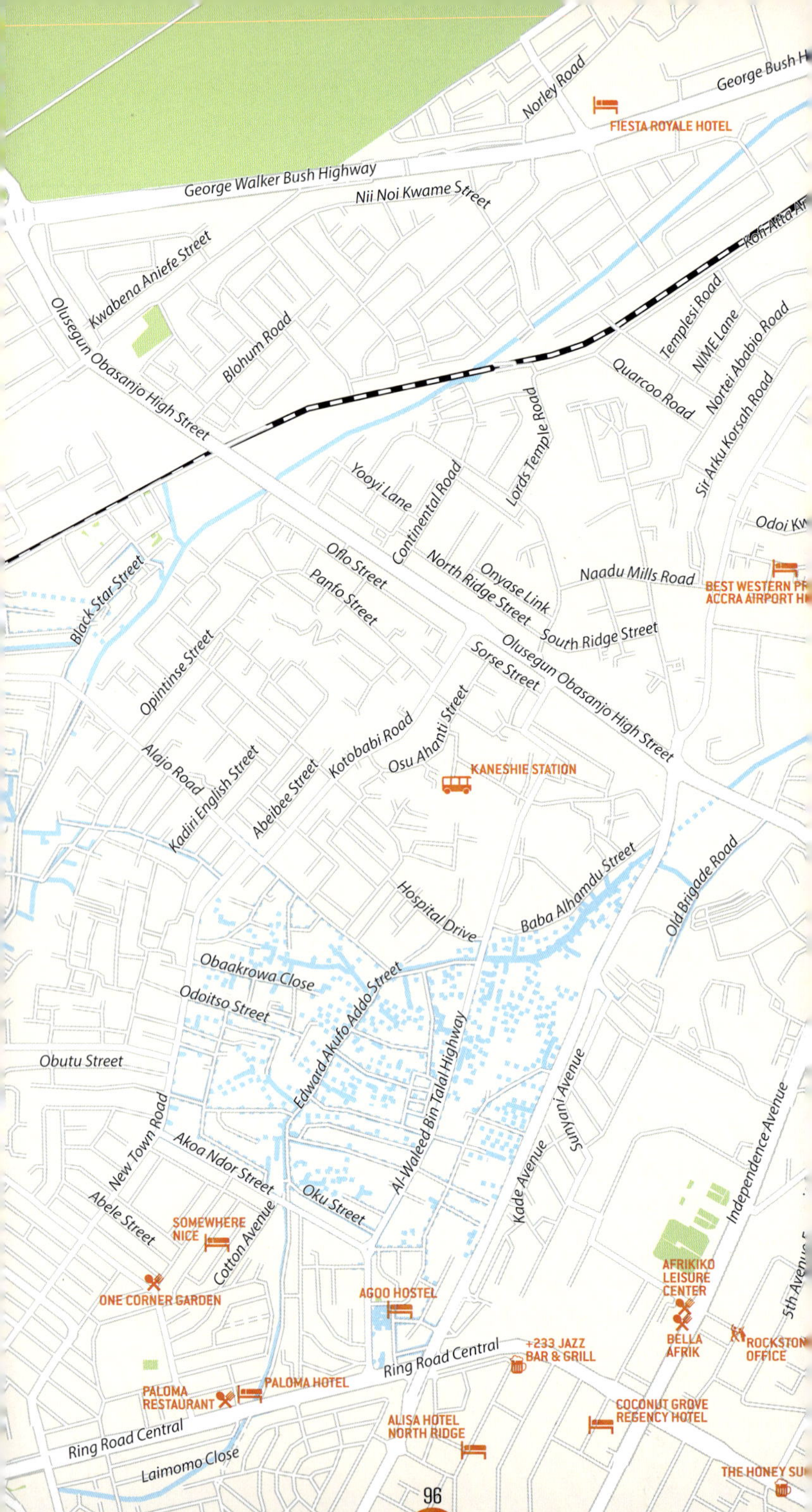
George Bush H
Norley Road
FIESTA ROYALE HOTEL
George Walker Bush Highway
Nii Noi Kwame Street
Kofi Atta A
Kwabena Aniefe Street
Blohum Road
Olusegun Obasanjo High Street
Templesi Road
NIME Lane
Nortei Ababio Road
Quarcoo Road
Sir Arku Korsah Road
Lords Temple Road
Yooyi Lane
Continental Road
Odoi Kw
Oflo Street
North Ridge Street
Onyase Link
Naadu Mills Road
BEST WESTERN P
ACCRA AIRPORT H
Black Star Street
Panfo Street
South Ridge Street
Olusegun Obasanjo High Street
Sorse Street
Opintinse Street
Osu Ahanti Street
Kotobabi Road
KANESHIE STATION
Alajo Road
Kadiri English Street
Abeibee Street
Baba Alhamdu Street
Old Brigade Road
Hospital Drive
Obaakrowa Close
Odoitso Street
Edward Akufo Addo Street
Al-Waleed Bin Talal Highway
Obutu Street
Sunyani Avenue
Independence Avenue
New Town Road
Akoa Ndor Street
Oku Street
Kade Avenue
Abele Street
SOMEWHERE
NICE
Cotton Avenue
AFRIKIKO
LEISURE
CENTER
5th Avenue
ONE CORNER GARDEN
AGOO HOSTEL
BELLA
AFRIK
ROCKSTON
OFFICE
+233 JAZZ
BAR & GRILL
Ring Road Central
PALOMA HOTEL
PALOMA
RESTAURANT
COCONUT GROVE
REGENCY HOTEL
ALISA HOTEL
NORTH RIDGE
Ring Road Central
Laimomo Close
THE HONEY SU

Quartiers résidentiels
SANTOKU
AFRICAN REGENT
CHAUMIERE
CUPPA CAPPUCCINO
Spintex Road
Road
AIRPORT VIEW HOTEL
TANTE DC 10 RESTAURANT
VIDA E CAFFE
IBIS STYLES ACCRA AIRPORT
CAFE KWAE
HOLIDAY INN ACCRA AIRPORT
CUISINE
TULIP
Airport by pass road
Kotoka International Airport
Giffard Road
Giffard Road
MIDINDI HOTEL
Shipi Road
Adembra Road
4th Circular Road
BOIS MEMORIAL CENTER FOR PAN AFRICAN CULTURE
Fourth Circular Road
Cantonments Close
Cantonments Road
Nii Amarh Ollennu
4th Circular Road
5th Circular Road
Prestige Link
5th Circular Road
TANDEM
La-Tebu Street
Giffard Road
ABYSSINIA ETHIOPIAN RESTAURANT
BORRACHA
TWIST CLUB AND LOUNGE
BISTRO 22
AVIS
TANDOOR INDIAN RESTAURANT
BOSPHORUS
la New road
500 M

SE REPÉRER SE DÉPLACER

Accra est une ville dynamique et relativement chère comparée aux autres villes de la sous-région. Vous n'échapperez pas aux embouteillages. Si vous devez vous rendre dans un lieu à une heure précise, pour un rendez-vous ou autre, il est fortement conseillé de prendre de l'avance. Ne vous fiez pas aux éventuels renseignements que vous pouvez trouver sur internet concernant les temps de trajet. C'est très aléatoire, sachant que les heures de pointe sont aux entrées et sorties de bureau, donc avant 9h le matin et après 17h. Pour vous déplacer en ville, le taxi est le moyen de transport le plus efficace dans Accra. Il est relativement peu coûteux et permet un déplacement ciblé, sans « galère ». Le soir venu, il est recommandé de se déplacer aussi en taxi (ou VTC). On peut se déplacer à pied dans Accra à l'intérieur de chaque quartier, de jour ; mais pour aller d'un quartier à l'autre, mieux vaut utiliser le tro-tro (mini-bus) ou le taxi.

KANESHIE STATION

Winneba Road

Kumasi, Takoradi-Sekondi, Cape Coast sont, entre autres, desservies depuis cette gare.

La Kaneshie station, à proximité du grand marché de Kaneshie, est la plus grande gare routière d'Accra. Cette gare gigantesque, mêlée au marché, est un chaos impressionnant, et quelque peu désorientant. Des bus et des trotros se rendent dans toutes les directions vers l'ouest et le nord. Il n'y a pas d'horaires. Dès que les bus sont pleins, ils partent. Au maximum, il faut attendre 30 minutes pour voir le véhicule afficher complet. Mais il est possible que le bus mette une bonne heure à quitter la gare en raison du trafic...

TUDU STATION

Kinbu Road / Kojo Thomson Road, Tudu

La gare routière Tudu Station est la plus centrale de toutes : elle se trouve au niveau du Makola Market et on y dénombre plusieurs compagnies de bus et de tro-tros. Elles desservent principalement les destinations à l'est d'Accra : Ho, Hohoe, Koforidua, Aflao... Depuis Tudu Station partent par exemple des bus STC pour Hohoe tous les jours à 14h. Des tro-tros pour l'est démarrent également depuis la Tema Station, à proximité (entre Kinbu Road et Independance Avenue). Ici comme dans les autres gares d'Accra, rendez-vous sur place et demandez le prochain bus !

STC STATION

Ring road (Circle)

✆ +233 21 221 414

https://stcticketing.gov.gh

Compter 80 GHC pour un trajet Accra-Kumasi.

Cette gare routière est la station centrale de la compagnie STC. Celle-ci compte parmi les plus sûres du Ghana, non seulement au niveau de la sécurité et de l'entretien des véhicules, mais aussi en termes de ponctualité. Petit plus non négligeable, les bus de cette compagnie disposent du wifi. Une manière à la fois sûre et confortable d'effectuer de longs voyages sur le territoire ghanéen. Vous pouvez vous faire une idée précise des tarifs en effectuant une simulation d'achat de ticket sur le site internet de STC. Une compagnie recommandée.

V.I.P JEOUN TRANSPORT COMPANY

Circle

✆ +233 544 357 030

Dès 60 GHC le trajet Accra-Kumasi.

Des bus climatisés et confortables aux sièges inclinables, c'est l'offre de V.I.P. Ses bus prennent la route quand ils sont pleins, à l'instar des taxis-brousse, la sérénité en plus. Le temps d'attente n'est jamais trop long, les véhicules se remplissent rapidement. Ils effectuent par ailleurs des arrêts adaptés, pour permettre aux voyageurs de se rafraîchir. Seuls des trajets assez longs (plus de 3h de route) sont assurés par les bus V.I.P. Commode et confortable !

AVIS

199 Soula Loop, Labone
✆ +233 302 761 752
www.avisghana.com
Ouvert du lundi au vendredi de 8h30 à 17h30, le samedi de 9h à 12h.

Disposant de relais aux Labadi Beach Hotel et à Kotoka International Airport, l'agence de location de véhicules Avis reste une valeur sûre pour qui souhaite disposer d'une voiture fiable lors de son voyage au Ghana. La flotte de l'agence internationale est adaptée au pays et surtout, il est possible de louer les services d'un chauffeur ! Vous pouvez effectuer une simulation de location directement sur le site internet de la compagnie. Une solution de déplacement qui conviendra aux plus exigeants en terme d'indépendance et disposant d'un budget conséquent.

GHANA CAR RENTALS

Asylum Down ✆ +233 264 264 246
www.ghana-car-rentals.com/fr
Location avec chauffeurs (faux frais inclus), essence et péages non compris, à partir de 80 US$ par jour.

Ce service de location de voitures avec chauffeur propose des 4x4, Sedan, Van et Corolla. Tous les véhicules sont climatisés et équipés d'une radio avec lecteur CD. Les chauffeurs sont expérimentés et connaissent bien le Ghana. Le tarif comprend la location et les faux frais du chauffeur. Tarifs réduits pour les locations de plus de 10 jours. Paiement par Paypal, carte de crédit ou virement bancaire sur le site internet et liquide en dollars ou cedis sur place. Pas de limitation de kilométrage. L'agence propose aussi des logements (www.ghana-beach-cottage.com).

WOPECAR GROUP

First Otswe St, Osu
✆ +233 55 147 8540
www.wopecar.com

Wopecar est une agence de location de véhicule online. Nous nous expliquons : pour pouvoir louer une auto via leurs services, vous devrez créer un profil sur leur page web, y télécharger quelques infos et documents (permis de conduire et papiers d'identité), puis vous pourrez choisir le modèle et la durée de réservation que vous souhaitez. La gamme de véhicules est vaste, et tous sont bien entretenus. Ensuite, rendez-vous sur place et, grâce à votre téléphone, vous débloquerez la porte, récupérerez les clefs dans l'habitacle, et en route !

37 LORRY STATION

Giffard Road

La gare 37, également nommée 37 Lorry Station, se situe en dehors du centre-ville, au nord du quartier de Cantonments et au sud de celui d'Airport Residential. Le grand rond-point surnommé « 37 » s'appelle en fait Akuafo et relie Liberation Road à Achimota Road. Cette station permet de se rendre presque partout dans la partie nord d'Accra, même dans les quartiers les plus éloignés du centre de la ville. Ce n'est en revanche pas là que vous prendrez des bus longue distance pour vous rendre dans des coins plus reculés du pays.

KWAME N'KRUMAH CIRCLE

C'est simple, depuis ce point névralgique de la capitale, tout le centre d'Accra est accessible en tro-tro. Il faut demander son chemin pour être mis sur le bon minibus (aucun autre moyen pour le néophyte de le savoir). Sur le grand parking au sud-est du « Circle », se trouvent un bar, des tables de ping-pong et... des taxis collectifs dont le seul but est de se rendre dans le quartier d'Osu le plus vite possible. N'hésitez pas à vous faire entendre ! De toute manière quelqu'un viendra à votre rencontre pour vous indiquer le tro-tro qui est le vôtre !

TEMA STATION

Dodoo Road

Tout près du Accra City Hotel, cette station alimente le service en direction de la côte est. Comme son nom l'indique, les tro-tros partent en direction de Tema. Certains poussent alors jusqu'à Ada, Keta, Aflao... D'autres partent pour le nord-est, et rejoignent Aburi par exemple. Ici comme dans les autres gares routières d'Accra (et du reste du pays), la méthode est simple : vous vous rendez sur place et demandez directement aux chauffeurs quel est le prochain bus à partir en direction de la localité que vous souhaitez rejoindre.

À VOIR / À FAIRE

Ceux qui pensaient effectuer un pèlerinage architectural à Accra risquent d'être un peu déçus : les véritables vestiges de l'histoire ghanéenne se trouvent essentiellement sur la côte, le chapelet de forts et château se faisant les témoins d'un passé turbulent et tragique, celui de l'esclavage. Toutefois, quelques sites et musées méritent tout de même notre attention dans la capitale, à commencer par l'esplanade de l'indépendance (Independance Square ou Black Star Square), symbole de la la liberté du Ghana. Le tombeau du premier président ghanéen et artisan de l'indépendance Nkruhma peut valoir un détour, tout comme la visite du W.E.B. DuBois Centre, dédié à la pensée du célèbre sociologue panafricaniste. Pour ce qui est des vestiges coloniaux construits, une escapade dans le quartier maritime de James Town (sud-ouest), dominé par son phare, donnera satisfaction aux marcheurs désireux d'entre-voir ce que fut Accra jadis.

GHANA TOURISM AUTHORITY

2 Haile Selassie St.
✆ +233 30 298 5069
www.ghana.gov.gh

Le Ghana Tourist Board (office de tourisme du Ghana) est l'institution centrale du tourisme du pays. Ouvert à toutes les requêtes, il propose des réponses adaptées et met à la disposition des visiteurs des contacts permettant de louer véhicules ou les services de guides. On y trouve des cartes d'Accra, du Ghana ainsi que diverses informations sur les sites, les hôtels ou les festivals, en fonction des stocks. Au sein du bureau général, le bureau régional peut vous informer sur les possibilités touristiques offertes par chaque région.

ASHANTI AFRICAN TOURS

Building Number A32, Ansapetu Efutu
✆ +233 245 289 736
https://ashantiafricantours.com
Nombreuses formules.

En voyageant avec Ashanti, vous avez la possibilité de faire une réelle différence pour les personnes, les communautés et les écosystèmes du pays, en aidant les populations locales et leurs entreprises, en leur fournissant des revenus durables et en protégeant leur culture, leur patrimoine, la faune et l'habitat grâce à l'écotourisme et aux voyages éthiques. Ce type de voyage responsable offre une expérience authentique ! Ashanti a par exemple construit deux écoles dans des communautés isolées, permettant ainsi à plus de 600 enfants d'accéder à l'éducation.

BLASTOURS

245, N°10 Palm Street CFC Estates, Dome
✆ +233 302 404 460
www.blastours.com
Tours sur mesure.

L'agence Blastours, avec à sa tête Madame Mimi, est une agence de tourisme très recommandable. Sérieux, disponibilité et flexibilité la caractérisent. Madame Mimi peut s'occuper de tout ce dont vous avez besoin pour organiser votre séjour, court ou long, que ce soit au Ghana ou dans les pays environnants : réservation d'hôtel, location de voiture, planification de tours. Forte d'un bon carnet d'adresses, cette agence propose à ses clients des prix intéressants. A noter aussi le service de traduction en anglais, en éwé, en akan ou en fanti.

ABACAR TOURS

Bobo Street ✆ +233 302 223 407
www.abacar-tours.com
Circuits sur mesure, trekkings, réservation d'hôtel et location de véhicule avec chauffeur francophone.

Au Ghana depuis 2007, Fred propose des circuits sur mesure en 4x4 et/ou à pied. En compagnie de Francesca et de guides ghanéens, il vous emmène à la rencontre des Ghanéens, quittant les grands axes et évitant les routes les plus courues. Abacar Tours propose notamment des treks exclusifs dont les itinéraires ont été reconnus avec soin afin de vous faire découvrir « la vraie vie » au Ghana. Balades en bateau, camping ou nuits en guesthouses, circuits dans les parcs nationaux, participation à des festivals... pour une immersion totale dans la culture locale.

Jamestown : Phare, Port et Fort.

INDEPENDENCE SQUARE / BLACK STAR SQUARE ★★

Situé sur 28th February Road

Inspirée du modèle soviétique et censée incarner l'idéologie panafricaine, l'immense esplanade centrale d'Accra, legs de Kwame Nkrumah, peut accueillir 30 000 personnes. S'y trouve la flamme éternelle de la libération de l'Afrique, allumée par le président Nkrumah lui-même. Cet endroit fait irrésistiblement penser à la place Rouge de Moscou en miniature. Il accueille les défilés. Un stade construit en 1961, le château d'Osu et l'arche de l'Indépendance bordent la place.

JUBILEE HOUSE - PALAIS PRÉSIDENTIEL

Liberation Rd

Jadis nommé Flagstaff House, le palais présidentiel a été construit par le gouvernement de John Agyekum Kufour et inauguré fin 2008, alors même que la construction n'était pas tout à fait terminée. Rebaptisée Golden Jubilee House par le président Nana Addo Dankwa Akufo-Addo en mars 2018, cette monumentale bâtisse de 40 mètres de haut imite la forme du Tabouret Royal Ashanti, à l'assise recourbée reconnaissable. On remarquera que des motifs Akans viennent compléter ornementation.

JAMESTOWN : PHARE, PORT ET FORT ★

Cleland Road, Jamestown

Prévoir 10 US$ pour la visite du fort James. Ouvert de 9h à 16h30.

Le quartier de Jamestown, aujourd'hui dans un état de délabrement avancé et essentiellement habité par les couches les plus populaires de la population de la capitale, était le cœur original de la ville anglaise. C'est en même temps l'un des quartiers les plus pittoresques de la ville, avec ses immeubles bas coloniaux qui sont au bord de la ruine, et un quartier assez pauvre et absolument pas touristique. De jour, cependant, vous ne courez absolument aucun danger à vous y promener. Le monument le plus ancien de la ville est bien visible sur Cleland Road, au bord de l'océan : c'est le phare rouge et blanc, le fameux Jamestown Lighthouse, construit dans les années 1930. Au pied du phare, on peut descendre vers un petit port de pêche entouré d'un bidonville. A priori, si l'on salue poliment et que l'on demande si l'on peut y aller, on sera bien reçu. Le petit port est animé : les embarcations à terre font l'objet de toutes les attentions des marins, qui en prennent grand soin tout en réparant leurs filets. Un peu plus loin, il n'est pas rare de voir les enfants du quartier se baigner dans la mer. On peut demander à prendre des photos ou à se faire guider parmi les embarcations qui forment un paysage assez pittoresque. Sur Cleland Road, avant le phare lorsqu'on vient du centre-ville, remarquez aussi le fort de James, qui est l'un des forts historiques de l'époque coloniale. Il a servi de prison jusqu'en 2008, il est aujourd'hui ouvert à la visite.

MAKOLA MARKET ★★

Kojo Thomson Road, entre Pagan et Kinbu Road, Ussher Town

Ouvert tous les jours.

Un marché tout simplement gigantesque, avec des étals multicolores : poissons séchés, fruits et légumes, viande, escargots à déguster en soupe, chaussures, sacs... Quelle ambiance ! Dans son prolongement, se trouve le marché d'Agbogbloshie. Organisé en corporations, il apparaît plus chaotique, avec ses tranchées creusées au milieu du passage. Mais l'endroit ne manque pas de charme. Au centre de ce tohu-bohu, la gare de Kantamanto permet l'approvisionnement de marchandises en provenance de Kumasi et de Takoradi. Une fourmilière où l'on trouve de tout !

NATIONAL MUSEUM ★★

2 Barnes Road

✆ +233 302 221 633

www.ghanamuseums.org

GHC 40. Ouvert tous les jours de 9h à 16h30. Visites guidées recommandées pour les contes et légendes liés aux objets.

Un musée remarquable à visiter absolument, tant les collections y sont riches et diverses. On y trouve pêle-mêle du tissu kente, des pièces et des billets anciens, des masques, des sculptures, des instruments de musique, des tabourets royaux... La mise en scène de certaines périodes de l'histoire se permet même quelque fantaisie (visitez donc la salle du non-retour, dans la partie consacrée à la traite des Noirs). Dommage cependant que le musée expose si peu d'objets ga. En revanche, la culture akan est largement présentée tout au long de la visite.

NATIONAL THEATRE

Independence Avenue / Liberia Road, West Ridge
✆ +233 555 312 315
www.nationaltheatre.gov.gh

Construit par une entreprise chinoise, le National Theatre inauguré en 1992 possède une immense salle pouvant accueillir 1 500 personnes. S'y ajoute un théâtre de plein air et des salles de conférence. Le lieu est cependant sous-utilisé et il est difficile d'être au courant des manifestations à venir. Pour avoir une idée du programme, il est conseillé de s'abonner à leur newsletter ou de se rendre sur le site internet du théâtre. Concerts, pièces de théâtre, spectacles de danse, expositions, évènements et foires, le lieu est vraiment multifonction.

NKRUMAH MAUSOLEUM AND MUSEUM ★

High Street, Ussher Town
✆ +233 246 967 792

Ouvert tous les jours de 10h à 19h. Entrée GHS 10.

Ce mausolée, disposé en un agréable jardin, abrite la tombe du premier président ghanéen, Kwame Nkrumah, l'un des leaders du mouvement panafricain, considéré comme un héros sur l'ensemble du continent. Le mausolée lui-même est du style soviétique cher à Nkrumah et consiste en une sorte de tour en béton entourée d'une esplanade avec des fontaines. Le mausolée contient un musée-mémorial, à la gloire de Nkrumah, exposant photographies et effets personnels.

OSU CASTLE

Castle Dr, Osu

On ne peut pas s'approcher du château qui est sous haute surveillance. on se contentera de l'observer de loin.

Également appelé le Château ou le château de Christiansborg. Bien qu'éloigné, on l'aperçoit assez facilement depuis Independence Square. Il a été construit en 1659 par les Danois et a servi de résidence aux gouverneurs coloniaux à partir de 1876, date à laquelle la capitale a été transférée de Cape Coast à Accra. Depuis, il n'a cessé, à quelques courtes périodes près, d'abriter le siège du gouvernement du pays. Ce lieu historique, lieu-clé du commerce triangulaire, accueille aujourd'hui les bureaux du président de la République.

USSHER FORT

High Street

Entrée GHC 10. Ouvert de 9h à 16h30. Fermé le dimanche.

Le Ussher Fort a été construit en 1649 par les Néerlandais sous le nom de Fort Crèvecœur, sur une pointe rocheuse filant entre deux lagunes. Il s'agit de l'un des trois forts historiques d'Accra. Passé entre les mains des Britanniques en 1868, il a, de son édification jusqu'à il y a 30 ans (1993) été utilisé comme prison. Le tout premier président de la nation ghanéenne Nkrumah y fut d'ailleurs fait prisonnier aux temps coloniaux. Le fort Ussher, à quelques pas de celui du fort James, est devenu un musée ouvert au public. Visite recommandée !

Mausolée de Nkrumah, Accra.

ARTIST ALLIANCE GALLERY

Labadi Road
✆ +233 302 712 350
Ouvert du 9h à 17h (à partir de 12h le dimanche).

C'est à Nunga, sur la route de Tema, que l'on trouve l'Artist Alliance Gallery, tout simplement la plus grande galerie d'art contemporain d'Accra. Créée en 1993 par le professeur et artiste Ablade Glover, elle vise à soutenir et à promouvoir l'art *made in Ghana*. Sur trois étages sont présentés toutes sortes d'œuvres, des plus contemporaines – celles d'Owusu Ankomah ou de George Hughes rappellent Jean Michel Basquiat et Willem De Kooning – mais aussi nettement plus traditionnelles : tissus Kente, masques africains, meubles sculptés et cercueils fantaisie. *Must do*.

DU BOIS MEMORIAL CENTER FOR PAN AFRICAN CULTURE

1 second Circular road
✆ +233 302 776 502
webduboiscentreaccra.ghana-net.com
GHC 10 l'entrée avec visite guidée.

Dr. William Edward Burghardt Du Bois (à prononcer Du Boïs, à sa demande afin de ne pas le renvoyer constamment à son nom de descendant d'esclaves) était un historien, écrivain, sociologue et activiste né le 23 février 1868 à Great Barrington, Massachusetts. C'est l'une des grandes figures intellectuelles du mouvement panafricaniste. Le Dr. Du Bois fut invité par le Président Kwame Nkrumah, à s'installer au Ghana afin de diriger un projet ambitieux : l'Encyclopedia Africana. Tout au long de sa vie il a publié plus de 20 livres, des articles de journaux et 200 essais. Le musée se trouve dans la maison dans laquelle sa femme et lui ont vécu au Ghana et où se trouvent également leurs tombeaux. Plus qu'un musée, cet endroit est un lieu qui attire les étudiants, chercheurs et passionnés d'histoire africaine. Il dispose d'une bibliothèque avec de nombreux livres consultables, écrits par des auteurs africains et afro descendants. Des livres et documents d'origine sont également exposés. Le guide des lieux vous racontera avec passion l'histoire de cet homme, ainsi que d'autres figures illustres du mouvement panafricaniste dont les portraits sont accrochés aux murs. Une visite définitivement recommandée à ceux que l'histoire de l'Afrique intéresse mais aussi à ceux qui n'y connaissent pas grand-chose sur le sujet : c'est justement un très bonne introduction tout en douceur à ces problématiques somme toute bien plus actuelles qu'il n'y paraît. Visite futée !

LOOM

Ide Road, Kwame Nkrumah Avenue, Adabraka
Ouvert du mardi au samedi de 11h à 17h.

Loom est une boutique tenue par Frances Ademola, sympathique passionnée d'art qui vend des objets d'art et d'artisanat ouest-africain, et tout particulièrement ghanéens, à des prix tout à fait raisonnables. On trouve ainsi statuettes, gravures, objets de décoration variés, mais aussi et surtout de la peinture. Frances prendra plaisir à vous présenter les artistes dont elle vend les œuvres, mais aussi à vos parler des évolutions historiques du quartier et de la ville en général. Peut-être l'une des meilleures galeries d'art du pays.

UNIVERSITY OF GHANA

Legon East Road, Legon - au nord de l'aéroport
www.ug.edu.gh

A une quinzaine de kilomètres au nord du centre-ville, s'étend le campus de l'une des plus anciennes universités d'Afrique, fondée en 1948. Entre les très beaux jardins, le musée d'Archéologie et la bibliothèque de l'époque coloniale qui contient un grand nombre d'ouvrages sur le pays, se rendre à l'université peut constituer une excellente sortie. Il s'agit par ailleurs de la meilleure université du pays. À noter que des conférences sur des thèmes variés s'y tiennent régulièrement. On pourra s'enquérir du programme sur le site internet de l'institution.

SE LOGER

Vous aurez l'embarras du choix pour vous loger dans la capitale. Toutefois, sachez que le prix moyen d'une nuit à Accra est plus élevé (parfois même beaucoup plus élevé) que dans le reste du pays à prestations égales. Si vous vous y prenez à l'avance, vous pourrez néanmoins faire de bonnes affaires. Côté standing, vous trouverez de simples auberges de jeunesse locales proposant dortoir et chambres privées, mais aussi quelques boutique-hôtels coquets, sans oublier les quelques grands hôtels internationaux (notamment du côté de Labadi). D'un point de vue géographique, vous pourrez loger soit dans le centre, du côté d'Osu (parfait pour jouir de l'animation urbaine) ou à Cantonments (central également), soit vers la plage (Labadi), ou encore du côté de l'aéroport, nouveau quartier dynamique de la capitale. A noter que la plateforme de location de chambres/maisons de particuliers Airbnb abrite quelques offres intéressantes.

@ HOME BOUTIQUE HOSTEL €

204 Odwira Street
✆ +233 303 965 314
www.athomeboutiquehostel.com
Compter 40 US$ pour une chambre 1 place, 60 US$ pour une chambre double.

Une auberge de jeunesse idéalement située en plein centre ville et installée dans une très grande demeure à la façade jaune et bleue (dans le quartier d'Osu, à 10 minutes à pied des adresses branchées). La décoration est particulièrement colorée dans les chambres, toutes propres et disposant de la climatisation, d'un petit réfrigérateur et d'eau chaude à la demande. Certaines chambres ont également une télé à écran plat. Plusieurs types de chambres, individuelles ou doubles. L'auberge dispose également d'un restaurant tout simple et d'un bar.

AGOO HOSTEL €

C93/5 Keta Close
www.agoohostel.com
Autour de 50 US$ la nuit selon le type de chambre. Autour de 15 US$ pour une place en dortoir.

Propre, colorée, accueillante, cette auberge de jeunesse est plébiscitée aussi bien par les étrangers que les Ghanéens de passage à Accra. On y trouve une clientèle de tous milieux réunie dans un cadre qui respire la joie et la bonne humeur. Le personnel est cordial, le petit déjeuner très apprécié. Possibilité de dormir en dortoir ou en chambre individuelle, avec plusieurs salles d'eau communes (avec eau chaude). Wifi disponible. Une adresse très centrale qui ne paie pas de mine mais où l'on se sent instantanément bienvenu !

CALVARY METHODIST CHURCH GUESTHOUSE €

Barnes Road
✆ +233 302 679 317
Moins de 10 US$.

L'Eglise méthodiste du Calvaire propose des hébergements à prix très bas, et c'est sans doute l'un des meilleurs choix de cette catégorie. Les chambres sont correctes et propres, l'accueil cordial. Il y a une pièce commune avec une télévision qui est un point de rencontre des *backpackers*, des étudiants et des jeunes travailleurs ghanéens qui passent par ici. L'attitude toute chrétienne de la *guesthouse* en fait un endroit sûr, charitable et désintéressé.

CRYSTAL HOSTEL €

Darkuman circle - Derrière la station service
✆ +233 277 439 745
Compter autour de 20 US$ pour la nuitée.

Aucune signalétique n'indique Crystal Hostel dans ce quartier populaire. Justement tout l'intérêt de la place réside dans le mot populaire, où la rue principale ressemble à un marché ouvert, avec des options restaurations de très bonne qualité à moindre coût qui en font un lieu très intéressant pour déposer son sac à dos. Les chambres sont propres, le service minimal, mais les tarifs sont très bons et le hangar ou la cuisine commune sont des lieux parfaits pour faire des rencontres. Un bon plan économique idéal pour socialiser !

OSDA HOUSE HOME LODGE €

4 Gimba Crescent
✆ +233 245 113 509
www.osdahouse.com
50 US$ la chambre simple, 55 US$ la double, 125 US$ l'appartement (4 pax).

Cette maison d'hôtes, située dans une rue calme d'Accra, propose de grandes chambres à la literie confortable et bien équipées (petit réfrigérateur et salle de bain). Un effort particulier a été mis sur la décoration et le résultat est vraiment réussi. L'énergie électrique provient en partie du panneau solaire. Les chambres du bâtiment annexe sont neuves et modernes. Un bon rapport qualité-prix pour cet établissement dont le personnel est accueillant et disponible. On trouve également un appartement parfaitement indépendant avec deux chambres et balcon.

SALVATION ARMY GUESTHOUSE €

First Road / Embassy Road, Osu
✆ +233 302 776 971
www.salvationarmy.org
Lit en dortoir de GHC 30 à GHC 50, chambre privée GHC 120 à GHC 200.

Comme plusieurs institutions religieuses au Ghana, l'Armée du Salut propose une *guesthouse*. Même si les lieux sont très propres, ils ne baignent pas dans le confort, mais cette adresse de taille possède deux avantages. Le premier est son prix. Le second est son emplacement dans la partie nord d'Osu, idéal pour trouver facilement à manger ou pour sortir. Il n'y a que des dortoirs, pas de chambre séparée. Un plan qui conviendra aux voyageurs les plus économes.

SOMEWHERE NICE €

9 Cotton Av
✆ +233 54 374 3505
hostelaccra.com
Chambre double dès 50 US$, loft 70 US$, dès 15/17 US$ le lit en dortoir de 7/8 pax (mixe ou non). Petit déjeuner inclus.

C'est au cœur du quartier central Kokomlemle que vous trouverez cette parfaite base-arrière pour faire connaissance avec la capitale. La vaste bâtisse-auberge abrite quelques dortoirs, mais aussi des chambres privées (celles sous les toits ont des baignoires !). Le petit déjeuner, partagé dans la salle à manger, est un régal ! Jolie cour avec piscine, bar et cours de danse sur demande. Déco afro-industrielle à base de matériaux locaux, accueil chaleureux et international, engagement social... On se sent vite à la maison et les rencontres sont faciles !

YMCA GUESTHOUSE €

Castle Road
✆ +233 302 226 246
www.ymcaghana.org/guesthouse/
Compter à partir de GHC 40 pour un lit en dortoir.

L'hébergement le moins cher d'Accra est celui de la *guesthouse* de la Young Men's Christian Association, une association chrétienne qui lutte pour la représentation des jeunes dans la société ghanéenne. La *guesthouse*, prévue initialement pour loger les étudiants de l'académie de l'association, loge également des touristes, mais de préférence pour un séjour d'une certaine durée. Pour une ou deux nuits de passage, on peut tout de même demander. Cuisine, salle de bains et salon communs. Le dortoir est peu recommandable compte tenu de l'entretien quelque peu négligé.

AIRPORT VIEW HOTEL €€

Dr Amilcar Cabral Rd.
✆ +233 302 769 594
www.airportviewhotel.net
Chambre standard à partir de 100 US$.

Ouverte en 2002, cette adresse est passée de petit hôtel familial à établissement tout confort de plus de 80 chambres divisées en trois catégories : standard, deluxe et executive suite. Celles-ci sont simples, propres, modernes et spacieuses. L'établissement propose également la location de véhicules et l'organisation d'excursions. Il compte également trois salles de conférence, une piscine et une salle de gym. Le plus : sa situation, à deux pas de l'aéroport. Le tout est quand même un peu impersonnel. Parfait pour une escale d'une nuit (à l'arrivée ou au départ).

BEST WESTERN PREMIER ACCRA AIRPORT HOTEL €€

17 White Avenue
✆ +233 302 216 570
book.bestwestern.com
Nuitée à partir de 200 US$ pour une chambre standard, 250 US$ pour une senior. Petit déjeuner inclus.

Les chambres, assez spacieuses et confortables, avec une excellente literie et pourvue de salles de bains fonctionnelles, sont dignes des standards de la chaîne. L'hôtel dispose d'un bar, d'une piscine et d'un restaurant, qui n'est malheureusement pas toujours à la hauteur (surtout pour le petit déjeuner). Peut être un peu cher au regard des prestations. Possibilité de demander à être accueilli en français pour ceux qui ne maîtrisent pas l'anglais.

BLUE ROYAL €€

36, 4500 Oxford St.

✆ +233 302 783 075

Compter de 70 US$ en single à 120 US$ en chambre double. Télévision, climatisation, minibar.

Impossible à manquer sur Oxford Street, le Blue Royal avance son grand bâtiment bleu. Même le filtre installé sur la plupart des vitres fait entrer une lumière couleur azur à l'intérieur du hall (par ailleurs très sombre). Il faut aimer. Bien qu'un peu cher pour les prestations proposées, l'hôtel est bien placé, en plein cœur du vibrant quartier d'Osu et les chambres sont acoustiquement relativement bien isolées, calmes et confortables. On l'aura compris, le Blue Royal s'adresse aux voyageurs qui aiment l'action et la nightlife !

COCONUT GROVE REGENCY HOTEL €€

South Link, North Ridge

✆ +233 302 225 155

Chambre double standard à partir de 120 US$.

L'hôtel est abrité dans un beau bâtiment avec façades en briques, donnant un fort caractère à l'ensemble, qui est du reste très bien aménagé avec un restaurant (tout à fait recommandable) et un bar autour de la piscine. Les chambres, divisées en trois catégories (double standard, executive suite, family suite) sont très bien équipées, confortables et à la déco à la fois sobre et très afro. Accueil des plus professionnel sans oublier d'être souriant.

BYBLOS HOTEL €€

Intersection de Sixth Street avec Eleventh Lane, Osu

✆ +233 302 782 250

www.byblosnotelghana.com

Simple à partir de 90 US$, double dès 120 US$.

Situé à quelques pas de la station Total au début d'Oxford Street, ce petit hôtel idéalement installé au cœur d'Osu propose une vingtaine de chambres, toutes équipées de la télévision, d'un système de climatisation et d'un mini-bar. Elles disposent également de leur salle de bain privée. Bonne connexion wi-fi. Très bon choix pour qui souhaite être au cœur de l'Accra festive. Le Venus Cocktail Bar est fréquenté, animé et agréable. Parfait pour manger ou boire un verre. On peut négocier le tarif de la chambre pour un séjour de 4 jours et plus.

FIESTA ROYALE HOTEL €€

George Walker Bush Highway

✆ +233 302 740 811

fiestaroyalehotel.com

Nuitée avec petit déjeuner à partir de 290 US$, 400 US$ pour un chalet. Salles de conférence.

Fiesta Royale Hotel donne le choix entre des chambres standards, des suites et des chalets. Les chalets conviennent particulièrement aux familles, car ils sont assez éloignés du bâtiment principal, et ils s'ouvrent sur le jardin. Ils sont composés de deux chambres, d'une petite cuisine équipée, d'une salle de bains et d'une terrasse devant. L'hôtel offre tous les services d'un grand établissement : immenses chambres avec salle de bain, un restaurant, bar, une boutique d'artisanat, piscine et salle de gym. Certains déjeuners sont accompagnés de musique live.

CALABASH GREEN €€

Hatso Junction

✆ +233 302 522 521

www.calabashgreen.com

Appartement de 100 à 150 US$ selon le standing. Le petit déjeuner est inclus.

Calabash Green est l'endroit idéal pour séjourner à Accra, surtout pour une longue durée. La résidence est située au calme, à Westlands, un quartier récent mais qui offre tous les services indispensables à un séjour et idéalement situé : accès facile au centre-ville d'Accra, proximité du Golf Club de Achimota, de l'université du Ghana, de l'aéroport et de l'Accra Mall. Les 11 appartements sont propres, spacieux et meublés avec goût. Calabash Green offre en outre un grand parking sécurisé, un service de blanchisserie et un service de sécurité 24h/24.

FRANKIE'S €€

Oxford Street, Osu

✆ +233 302 773 567

www.frankieshotel.com

Simple à 75 USD, double à 100/115 US$. Petit déjeuner compris. Internet. Minibar. Journaux.

A Osu, le Frankie's est une institution. Symbole de l'aspect moderne et occidentalisé du quartier, il est un point de repère souvent cité par les habitants de la capitale, dès lors qu'ils indiquent des directions dans le quartier d'Osu. Option logement au cœur du centre-ville, le lieu abrite des chambres modernes et confortables. Au rez-de-chaussée de l'édifice se trouve l'un des pâtissiers-glaciers parmi les plus célèbres de la capitale tandis qu'à l'étage on sert pizzas et cuisine libanaise dans l'un des lieux de sortie phare de la ville.

LANCASTER €€

Liberation Road
✆ +233 302 213 161
www.goldentulip.com
Chambre double dès 110 US$. Navette aéroport. Carte de crédit acceptée.

A 9 km du centre-ville (et 2 km de l'aéroport), ce Golden Tulip se veut une alternative confortable aux adresses plus connues à Accra. Le pari est d'ailleurs réussi, car l'ex Largus Fort Hotel offre aujourd'hui un cadre international et une grande quiétude à sa clientèle. Les belles chambres, les joyeuses couleurs dans les parties communes et l'accueil convivial du personnel sont autant de raisons qui justifient un séjour dans cet environnement serein. Pensez à prévenir l'hôtel de votre arrivée pour bénéficier de la navette aéroport.

IBIS STYLES ACCRA AIRPORT €€

24 Airport City
✆ +233 302 746 600
www.all.accor.com
Chambre à partir de 160 US$.

L'hôtel Ibis Styles Accra Airport est un établissement proposant des prestations conformes aux standards internationaux et au professionnalisme du groupe Accor. Le service, la propreté des lieux, le confort dans les chambres, la qualité de la restauration... tout est impeccable. Sa proximité avec l'aéroport en fait une halte idéale pour les hommes d'affaires pressés. Décoration claire et colorée dans les chambres et piscine extérieure qui tombe à pic pour piquer une petite tête !

MENSVIC GRAND HOTEL €€

Lagos Ave
✆ +233 302 507 406
www.mensvichotels.com
A partir de GHC 2 000 la chambre double, petit déjeuner inclus.

Le Mensvic Grand Hotel est un établissement de bon standing situé en plein cœur du dynamique quartier de East Legon. Les chambres y sont particulièrement spacieuses, et toutes sont équipées de TV, de l'air conditionné, d'une salle de bain avec baignoire et d'un balcon. Le restaurant, la salle de gymnastique, le parking gratuit et la belle piscine à la forme arrondie et assez agréable à l'œil viennent compléter l'offre. Un établissement très prisé des hommes d'affaires et conférenciers. Une bonne adresse pour une escale d'une ou deux nuits.

MIDINDI HOTEL €€

No. 15 First Circular Road
✆ +233 302 770 007
midindihotel.com
Autour de GHC 1 800 la chambre double, petit déjeuner inclus.

Le Midindi est un hôtel très correct situé dans le nord du quartier de Cantonment. Dommage que les couloirs soient un peu négligés, car les chambres sont tout bonnement ravissantes. Tout confort – elles disposent du wi-fi, air conditionné, minibar et télévision –, elles sont aussi décorées avec beaucoup de goût. Le personnel est par ailleurs très courtois et souriant. L'établissement dispose également de 2 salles de conférence, d'une salle de gym et d'une piscine, ainsi que d'une navette pour l'aéroport. Au menu : cuisine locale et continentale.

MIKLIN HOTEL €€

7 Ako Adjei Street
✆ +233 302 500 708
www.miklinhotels.com
A partir de GHC 560 la nuitée en chambre double. Petit déjeuner inclus.

Le Ghana compte deux Miklin Hotel, l'un à Accra, l'autre à Kumasi. Celui de la capitale du pays se niche au nord-est du centre-ville, proche du rond-point Tetteh Quarshie, plaçant l'aéroport à un quart d'heure de l'hôtel. Les chambres se composent de deux lits simples ou d'un lit double avec des salles de bains correctes. L'espace piscine sert également de bar en plein air et le restaurant, pour plaire à tous, combine spécialités locales et internationales. Notons également la présence d'une salle de sport équipée de machines plutôt modernes.

NIAGARA HOTEL €€

Kojo Thomson Road, Adabraka
✆ +233 302 230 118
www.hotel.niagarahotelsaccra.com
Autour de GHC 700 la nuitée en chambre double.

L'hôtel Niagara est une adresse stratégique à Accra ! Tout d'abord, bien situé dans Adabraka, c'est un établissement aux chambres spacieuses (grands lits, comme souvent au Ghana) avec plusieurs espaces communs : bar, grand hall, restaurant libanais, petite terrasse à l'extérieur. L'établissement possède une boîte de nuit au sous-sol. Le moins qu'on puisse dire est que le quartier devient très vivant du vendredi au dimanche. Les décibels aussi... Le Niagara Inn, dans le même quartier, se définit comme plus économique (comparé à l'adresse mère).

PALOMA HOTEL €€

Ring Road Central
✆ +233 302 228 700
www.palomahotel.com
Autour de GHC 1 200 pour une chambre double single.

La réputation du Paloma à Accra n'est plus à faire. Il comprend chambres (avec salle de bains à l'anglaise) et chalets, à l'écart du bâtiment principal. L'établissement compte plusieurs restaurants et est très prisé pour son bar, le Champs Sports Bar. Le seul inconvénient, c'est qu'il faut automatiquement débourser quelques cedis, à valoir sur des consommations, pour y rentrer. Il s'agit d'un vrai bar à l'américaine où se rassemble une bonne partie des fans de football dès lors qu'un grand match y est retransmis. Boutique de souvenirs également.

ACCRA CITY HOTEL €€€

Barnes Road, West Ridge
✆ +233 302 633 863
www.accracityhotel.com
A partir de 190 US$. Navette gratuite pour l'aéroport. Parking gratuit.

L'Accra City Hôtel, situé à 15 minutes de l'aéroport, au cœur du quartier des affaires et proche du marché Makola et du quartier animé d'Osu abrite pas loin de 200 chambres spacieuses (salles de bains avec baignoire). Le petit déjeuner est délicieux, le restaurant propose une cuisine variée et de qualité et le coin piscine est une invitation à la détente. On trouve aussi un *lounge bar*, six salles de conférence, un *business center*, une salle de sport et un court de tennis. Personnel attentif. Réservation sur le site internet.

URBANO HOTEL €€

2 Oxford Street
✆ +233 540 122 362
www.urbanohotel-ghana.com
Nuitée en chambre double à partir de 100 US$.

En tenant compte de sa localisation en hyper centre dans le quartier animé de Oxford Street, de ses locaux propres et design et de ses tarifs plutôt raisonnables pour le secteur, on peut dire sans grandes difficultés qu'il s'agit de l'un des meilleurs plans d'Accra, pour tous ceux qui ne souhaitent pas renoncer au confort ; malgré les prix assez élevés de cette capitale. Les chambres ne sont pas très grandes, mais très accueillantes. Un lounge, une salle polyvalente, une salle de gym et même une terrasse pour le happy hour permettent d'agrémenter le séjour.

AFRICAN REGENT €€€

237-238 Airport West
✆ +233 302 765 180
www.african-regent-hotel.com
Chambre à partir de 250 US$ (jusqu'à 2 500 US$). Petit déjeuner inclus. Bar. Restaurant.

« Afropolitain », voilà comment l'African Regent se présente. Cette adresse luxueuse met en avant la culture africaine. Que ce soit dans l'architecture, la tenue du personnel, le ton des couleurs employé pour la décoration ou les objets d'art exposés, tout montre une attitude panafricaine, voulant mêler identité du continent et modernité. Bien équipé, l'établissement n'est qu'à quelques minutes de l'aéroport et n'en subit pas les nuisances sonores. Les chambres répondent toutes aux normes de grand confort international et sont décorées avec goût.

LA VILLA BOUTIQUE HOTEL €€

13th Lane Osu Ringway
✆ +233 302 730 333
www.lavillaghana.com
Chambre standard à partir de 190 US$, petit déjeuner inclus, piscine, salles de conférence. Location auto. Restaurant.

Une belle villa italienne à la décoration ethnique chic, des tons chauds de terre cuite, de pierre et de bois, le tout immergé dans un petit jardin tropical. De belles chambres tout confort décorées avec goût. On ne peut que tomber sous le charme des lieux. Le personnel est très professionnel et à l'écoute. Le restaurant et sa baie vitrée font face au jardin et sa piscine, entourée de petits coins salon et repas. A la carte, une cuisine italienne de qualité. La maison dispose également d'une salle de gym et d'une navette pour l'aéroport.

ALISA HOTEL NORTH RIDGE €€€

21 Dr. Isert Road
✆ +233 302 214 233
www.swissspirithotels.com/alisa-accra
A partir de 180 US$ la chambre.

Alisa Hotel s'organise autour de trois ailes. Tel un complexe, il occupe un immense espace, faisant de l'adresse un hameau moderne, où piscine (avec pool bar), lounge bar et restaurant sont rois ! Le buffet, renouvelé tous les mercredis, remporte un franc succès et le petit déjeuner est très varié. Les chambres propres et spacieuses disposent de grands lits, d'une télévision, d'un bureau et d'un coin thé/café. Ajoutez cinq salles de conférence, des ateliers natation et aérobic, une salle de sport et spa. Une adresse plutôt luxe !

GOLDEN TULIP €€€

Liberation Road, Airport Area
✆ +233 302 213 161
www.goldentulipaccrahotel.com
Chambre à partir de 240 US$. Tarifs mensuels disponibles.

Le Golden Tulip d'Accra fait partie des meilleurs hôtels du pays. A quelques kilomètres de l'aéroport, il présente également l'avantage d'être légèrement en retrait des agitations d'Accra. Il compte plus de 230 chambres. Avec sa galerie marchande, sa piscine, sa discothèque, ses courts de tennis, son casino, son practice de golf et sa salle de gym, il a vraiment « tout d'un grand ». Les chambres sont tout confort, même si leur décoration manque un peu d'originalité. La piscine et les deux restaurants sont ouverts aux non-résidents.

HOLIDAY INN ACCRA AIRPORT €€€

Airport Bypass Rd
✆ +233 302 740 930
www.ihg.com
Nuitée à partir de 250 US$. Petit déjeuner buffet inclus. Agence de location de voitures.

Passé le hall climatisé du Holiday Inn d'Accra, équipé de larges fauteuils confortables, on débouche sur le restaurant de l'établissement, étalant en buffet l'incroyable petit déjeuner mais aussi les repas de midi et du soir. Si la déco des chambres est quelque peu passée de mode, la literie n'en demeure pas moins confortable : il s'agit peut-être des lits les plus confortables du Ghana ! Vue sur l'aéroport. Piscine et spa. Une adresse qui tombe à pic pour une nuit d'escale.

KEMPINSKI GOLD COAST CITY HOTEL €€€

Ministries, Gamel Abdul Nasser Avenue
✆ +233 242 436 000
www.kempinski.com
Autour de 350 US$ la nuit.

Un hôtel 5 étoiles tout à fait conforme aux standards internationaux. Luxueux sans être tape à l'œil. Difficile de trouver des points faibles à cet établissement baigné de lumière. Tout est impeccable, propre et décoré avec goût. Le service est à la hauteur des lieux. Les locaux et les chambres sont spacieux et tout confort. Pour les amateurs de brunch, le restaurant propose une grande variété de plats à base de produits frais. Cuisine occidentale et africaine.

LABADI BEACH HOTEL €€€

Labadi Road
✆ +233 302 772 501
Chambre autour de 350 US$. Restaurant italien.

Voisin du Palm Royal Beach Hotel, c'est un établissement d'un tout autre style. Le Labadi Beach Hotel, un village en soi, est le seul établissement du Ghana à posséder 5 étoiles. Les photos, dans le couloir, de ses hôtes de marque, comme Mandela ou la reine Elisabeth ne démentent pas cette qualification de qualité. L'ambiance coloniale *british* est de mise : bar à cigares et apéros-concerts réguliers, petits véhicules pour aller de la réception aux chambres. Magnifique piscine et accès privé à la plage. Les chambres, charmantes, sont très luxueuses.

MOVENPICK AMBASSADOR HOTEL ACCRA €€€

Independence Avenue
✆ +233 302 611 000
www.moevenpick-hotels.com
Nuitée à partir de 350 US$. Petit déjeuner buffet inclus. Spa et centre de remise en forme.

Une merveille ! Le Movenpick d'Accra offre vraiment tout le nécessaire confort et même plus. Des chambres irréprochables à l'équipement parfait. Une piscine, une galerie marchande moderne, des restaurants aux multiples spécialités, des points d'agences de location de voitures, d'agences de voyages, des bureaux de change (au taux très avantageux d'ailleurs), suffisent pour élire domicile dans cet établissement parmi les plus étoilés de la capitale.

LA PALM ROYAL BEACH HOTEL €€€

LA Bypass
✆ +233 302 215 100
www.gbhghana.net
Chambre à partir de 200 US$. Trois restaurants.

Cet hôtel en front de mer peut être qualifié de complexe hôtelier à l'américaine, où des voiturettes assurent le déplacement de la clientèle. Spacieux, moderne et très confortable, il possède une galerie marchande, un pub irlandais, un salon de thé, une grande salle de sport, un business center et l'un des plus luxueux casinos d'Accra. A tout cela s'ajoute un énorme centre de conférence. Avec ses trois restaurants (ghanéen, chinois et continental), le choix est garanti !

SE RÉGALER

Que ce soit pour déjeuner, dîner, sur le pouce ou dans un bon restaurant, Accra chouchoute le voyageur. Il y a des restaurants répandus çà et là à Osu, à Adabraka, dans les Cantonments ou l'Airport Area. Il suffit de venir sur l'Oxford Street pour être sûr de trouver quelque chose, que ce soit en fast food, cuisine africaine, chinoise, indienne, italienne, libanaise... Noter l'abondance de restaurants chinois à Osu en particulier, et au Ghana en général : le pays concentre un grand nombre de restaurants asiatiques, particularité notable en Afrique de l'Ouest. Notez aussi que l'on trouve de nombreux chop-restaurants, dans toutes les rues animées, à chaque coin de rue. Ces petites échoppes proposent du poulet accompagné de différents types de riz. Compter à partir de GHC 4 pour une barquette avec deux morceaux de poulet. Le mieux pour ce genre de repas est de se diriger vers les quartiers d'Asylum Down, d'Adabraka, de Darkuman...

Riz, poulet frit et plantain servis avec de la sauce palabre.

BISTRO 22 €€

22 Ndabaningi Sithole Rd
✆ +233 508 262 222
www.bistro-22.com
Ouvert tous les jours de midi à 23h30.

Une ambiance bistro, simple mais soignée, une façade à la fois épurée et chaleureuse et un joli cadre extérieur. Ce restaurant reste année après année une des valeurs sûres de Accra, aussi bien pour le service que pour la qualité des plats proposés. Cuisine aux influences françaises et italiennes (de l'entrecôte de 300g, aux plats de pâtes en passant par la langouste), mais aussi quelques plats mâtinés d'influences plus locales comme le délicieux *crunchy chicken*. Élu en 2016 meilleur restaurant de l'année par le Ghana Tourism Authority.

FRANKIE'S €

Oxford Street, Osu
✆ +233 302 773 567
www.frankieshotel.com
Repas complet autour de GHC 100.

Présent depuis plus de deux décennies à Osu, l'hôtel Frankie's Foods and Rooms est une institution à Accra. Idéal pour un séjour au centre-ville, avec un large choix de bars, restaurants, commerces et casinos. Le restaurant, au menu varié, propose pizzas, cuisine libanaise, burgers... Il est très populaire dans le quartier d'Osu. Pour vos envies de sucré, le pâtissier-glacier est parmi les plus célèbres d'Accra, vous y trouverez une large gamme de viennoiseries. Quant au personnel, il est professionnel et accueillant. Une adresse qui comblera tous les appétits.

BOSPHORUS €€

Josiah Tongari road
✆ +233 200 300 727
bosphorus.com.gh
Ouvert tous les jours de 9h à minuit. Compter GHC 40 minimum pour un repas.

Cette imposante villa turque en plein milieu d'Accra a de l'allure, avec sa grande verrière centrale, son vaste espace extérieur et son agréable ambiance familiale. Initialement connu pour ses spécialités turques, le Bosphorus a peu à peu évolué et propose désormais des plats d'inspiration plus internationale. Si le restaurant dispose de deux étages, nous vous recommandons la jolie terrasse verdoyante ou le *rooftop*. Concernant le service, il faudra parfois s'armer de patience. Soirées cocktail et soirées chicha régulières.

BUKA €

6th St, Osu ✆ +233 556 492 290
www.bukarestaurant.com
Environ GHC 60 le repas. Ouvert du lundi au samedi de 9h à 21h.

Niché au milieu d'un charmant mélange de bâtiments coloniaux et d'architecture ghanéenne moderne, le restaurant Buka propose diverses saveurs d'Afrique de l'Ouest. Depuis plus de 20 ans, ce restaurant attire les clients avec une expérience culinaire cosmopolite : la cuisine de Buka opère sa magie, avec une délicieuse variété de plats typiques : mythique *jollof*, *banku* au tilapia, escargots poivrés, *kelewele* épicé, ailes de poulet au barbecue, laissant les convives ravis. A Buka, lumière naturelle, plantes luxuriantes : une petite oasis au cœur du quartier d'Osu.

MAMMA-MIA €€

First street / 8th Lane
✆ +233 244 264 151
17h-22h. Fermé lundi. Autour de GHC 100 le repas complet.

Le Mamma-mia, restaurant italien en plein air, avec une terrasse agréable, sert de très bonnes pizzas faites main et cuites au feu de bois. Toutes les recettes traditionnelles sont au menu ! La maison propose également d'autres spécialités italiennes et essaie de tenir une carte de pâtes variée. Le service est par ailleurs très sympathique, l'ambiance générale plutôt décontractée et la décoration pourrait presque créer l'illusion que vous vous trouvez dans une authentique trattoria de Milan ou de Rome. Une valeur sûre d'Accra !

LA PIAZZA €€

11 Lane H P Nyemitei Sreet
✆ +233 302 797 566
11h-22h. Compter environ GHC 70/100 par personne.

Un peu en retrait de la bruyante Oxford Street, la Piazza, restaurant italien doté d'une vaste terrasse, est un petit coin d'Italie au Ghana. L'entrée en style typique des bâtisses italiennes séduira les nostalgiques du pays de la dolce vita, ainsi que le cadre intérieur, sobre et élégant. Au menu, des pizzas au feu de bois, des risotto, des pâtes ainsi que des grillades de viandes et fruits de mer tout à fait réussies ! Pour les gourmands, le glacier Pinocchio est juste à côté, proposant une belle gamme de saveurs et des pâtisseries délicieuses.

POMONA €€

13th Ln
✆ +233 50 640 0400
www.pomona-gh.com
Ouvert tous les jours de 12h à 23h30. Comptez 30/40 US$ le repas complet.

C'est à l'entrée du quartier de Osu que l'on trouve ce tranquille jardin méditerranéen planté d'oliviers. L'illusion est réussie : assis autour d'une table de la terrasse ensoleillée, on se croirait au bord de l'Adriatique. Côté assiette, des antipasti aux desserts, tout est très bien présenté et préparé : pâtes, pizzas et risottos sont au menu de cette carte italienne bien fournie. La salle de service, encadrée de baies vitrées, est très agréable et conviviale. Vu les tarifs, la clientèle est plutôt huppée et internationale.

SUNSHINE SALAD BAR €€

Off Oxford Street
✆ +233 302 780 599
Grand choix à petits prix.

Un petit restaurant où les serveurs préparent des sandwichs bien frais, des énormes salades composées et d'une grande variété, à consommer sur place ou à emporter. A noter également la grande variété de plats végétariens et végans absolument délicieux tels que la gamme d'houmous (cinq en tout), le guacamole, le baba ganousch, et bien d'autres encore. Le Sunshine Salad Bar est aussi une très bonne adresse pour un matinal breakfast (une dizaine de copieuses propositions) ainsi que pour les amateurs de viande (10 recettes à base de poulet notamment).

TATALE VEGAN RESTAURANT €€

18th Ln ✆ +233 30 295 6020
www.tatalevegan.com
Ouvert de 11h à 21h30. Comptez 15 US$.

Au cœur du cœur d'Accra brille un néon rose dans la nuit : c'est l'enseigne du Tatale, sanctuaire de la nourriture saine de la capitale. Dans un cadre moderne aux touches afro bien senties, on déguste de savoureux plats vegans concoctés par le fameux chef Ben Asamani, connu pour son adresse londonienne 222 Vegan Cuisine. Dans une atmosphère conviviale et décontractée, on découvre, émerveillé, toute la richesse de cette gastronomie bien spécifique travaillée ici avec les ingrédients locaux. Vegan ou non, vous devez absolument tester cette adresse.

ZION THAI RESTAURANT €€

Mission Street
✆ +233 243 610 108
12h-22h. Fermé le lundi. Compter GHC 50 le plat.

Une petite salle et des tables dans la rue résument simplement le cadre de Zion Thaï. Côté cuisine, on se régale à coup sûr : toutes les spécialités du royaume de Siam sont au rendez-vous : pad thaï, currys variés, soupes, salades de fruits de mer, chicken satay à la délicieuse sauce cacahuète et rouleaux de printemps en tête ! Il y a fort à parier pour que même les palais les plus exigeants trouvent ici leur compte. Une adresse centrale disposant d'une belle terrasse en bois généreusement aérée et dominant les toits du quartier. On aime !

ABYSSINIA ETHIOPIAN RESTAURANT €

13 Dade Cl
✆ +233 20 444 9494
www.facebook.com/abyssinia.ghana/
Ouvert de 11h à 22h sauf lundi. Autour de 10 US$.

Certainement la meilleure adresse de la capitale pour se repaitre d'un bon repas de spécialités éthiopiennes. Bien installé dans la jolie salle de service aux murs jaunes, on se laisse porter par l'équipe de service, qui saura vous emmener pour un petit voyage culinaire épicé. Si vous n'avez jamais goûté à la nourriture d'Ethiopie, voici donc le parfait lieu pour en faire la découverte. Les connaisseurs seront pour leur part ravis ! Un ticket pour un voyage dans le voyage !

AFRIKIKO LEISURE CENTER €

Liberation Road - Kanda Street
✆ +233 245 596 204
www.afrikikoleisurecentre.com
Ouvert tous les jours de 11h à 23h. A partir de GHC 40/50 pour un repas.

A quelques mètres de l'ambassade de France, ce centre recèle plusieurs restaurants et cafés. L'ambiance et la variété des enseignes ne manqueront pas de mettre tout le monde d'accord. Rendez-vous au Tamtam, pour une cuisine et musique du continent, au Thai Islands pour une expérience exotique, ou au Toro Tapas bar pour des plats espagnols. L'Afrikiko c'est tout cela à la fois. Le lieu permet une installation en jardin ou en salle. Avec diverses attractions et des soirées tantôt jazz tantôt salsa. Un immanquable des nuits d'Accra.

BELLA AFRIK €€

Liberation Rd
✆ +233 20 893 1481
www.facebook.com/bellaafrikrestaurant
Ouvert de midi à 0h30 tous les jours. 30 US$ le repas complet.

C'est dans le quartier de Cantonments, juste à côté du célèbre Afrikiko (soirées musique live presque quotidienne), que l'on débusque aux dires de certains le meilleur restaurant italien de la capitale. Et c'est vrai que l'offre est très à la hauteur : pizzas au feu de bois, assiettes de pâtes garnies ou risottos fondants... Le tout servi dans le magnifique cadre d'un jardin bien entretenu. Si le lieu est assez calme en journée, le soir et les week-ends, il s'anime franchement, attirant locaux, expatriés et voyageurs de passage. C'est cher, mais c'est bon !

LA BORRACHA €€

Dade St
✆ +233 54 829 0039
www.laborrachaghana.com
Ouvert de midi à 23h30 (plus tard en fin de semaine). Autour de 10/20 US$.

Véritable petite cuisine mexicaine, la Borracha propose une plongée presque psychédélique dans la culture culinaire mexicaine : prédomine partout dans la déco des couleurs pop et acidulée, des néons fluo et des reproductions des fameux mariachis version squelette. Ce panache se retrouve également dans les préparations, qui sont ici les grands classiques de la gastronomie mexicaine : nachos, guacamole, tacos, quesadillas et enchiladas... A noter les soirées Loteria, sorte de bingo à épreuves, dopé aux cocktails et shots de tequilas ! *Salud !*

BUSH KANTEEN €

Aflao Rd ✆ + 233 545 010 000
Compter GHC 15-30 par personne. Ouvert de 6h à 22h.

Une adresse pas chère très appréciée par les locaux. Tout le monde connaît Bush Kanteen. Pour quelques cedis, vous pourrez déguster un excellent fufu avec une sauce et une viande au choix. Ici, il est vivement conseillé de manger à la main, car à la fourchette ça n'a pas le même goût. Sans chichi, dans cette cantine aux allures presque de hangar, les tables et chaises en plastique sont alignées pour servir le plus grand nombre. En plus de votre plat et de votre boisson, vous aurez droit au nécessaire pour vous laver les mains.

CAFE KWAE €

One Airport Square, Airport City
✆ +233 204 004 010
www.lovecafekwae.com
Ouvert de 8h à 18h la semaine et de 10h à 16h le week-end.

Un petit café sympathique où boire un smoothie ou un café, manger un sandwich, ou quelque chose de plus consistant. Les salades sont par exemple plutôt roboratives (la beef-bacon-avocado ou la Waldorf Chicken Salad notamment) tout comme les quelques petits déjeuners, à l'image de l'english breakfast, du veggie breakfast, ou les plats plus solides encore type chicken curry ou pâtes aux fruits de mer. Les desserts sont parfaits également : banana chocolate chip cake, brownie ou lemon cake... Une vraie pause gourmande qui tombe à pic à toute heure de la journée !

LA CHAUMIERE €€

Liberation Road, près de Aviation Road, Airport Area

✆ +233 302 772 408

12h-14h30 et 19h30-23h30. Fermé samedi midi et dimanche.

Ouvert depuis plus de 20 ans maintenant – chose suffisamment rare au Ghana pour qu'elle mérite d'être précisée –, ce restaurant français très en vue parmi la bourgeoisie d'Accra est situé au premier étage d'une maison sur deux étages. La salle du restaurant, bien aidée du petit bar à gauche quand on entre, se veut être un lieu idéal de délectation culinaire. On peut trouver des bons poissons, fruits de mers, viandes, et une carte des vins correcte et diversifiée. Le service est de qualité, le patron Ahmed est très accueillant, à l'image de son équipe.

MAMA CUISINE €

Casely Hayford Rd

✆ +233 501 619 320

Ouvert de 10h à 23h (ferme plus tard le week-end).

Ce restaurant, situé au sein de l'Alliance française, propose un menu varié et original. Si l'on appréciera les plats proposés, qui associent avec savoir-faire des influences asiatiques, continentales et africaines (signalons au passage que les crêpes sont très bonnes !), le lieu lui-même est vraiment très agréable, à la fois calme et dégageant une atmosphère cosmopolite détendue. Le Mama Cuisine est par ailleurs un lieu de réunion festive de premier ordre : chaque vendredi, un évènement culturel anime les lieux. Non loin de l'aéroport.

GHANAIAN VILLAGE €€

LA Palm Royal Beach Hotel

✆ +233 302 771 700

Ouvert tous les jours de 12h30 à 22h30. Autour GHC 80/100 le repas. Buffet familial les dimanches à midi.

Ouvert midi et soir, le Ghanaian Village, qui est en fait le restaurant de l'hôtel Palm Beach, est sans doute un des meilleurs en matière de cuisine locale. Situé face à la mer, il offre un cadre idéal pour déguster les meilleures assiettes de la cuisine ghanéenne. Toutes les recettes typiques sont au rendez-vous et malgré le haut standing de l'hôtel dans lequel il se trouve, les tarifs restent très honnêtes et l'atmosphère n'est absolument pas guindée, bien au contraire ! Nous vous recommandons de réserver pour les repas du week-end !

ONE CORNER GARDEN €€

1 Mensah Saba Rd

✆ +233 55 256 7085

www.facebook.com/onecornergh

Ouvert tous les jours de midi à minuit. Comptez autour de 15 US$ le repas.

Situé à un coin de rue du sympathique quartier de Kokomlemle (à deux rues de l'auberge Somewhere Nice), le One Corner Garden est une toute petite jungle au cœur de la ville. Autour d'une bâtisse principale s'articulent plusieurs espaces intimes, tous mangés par la puissante végétation. On goûte ici à une cuisine ghanéenne très réussie et servie assez rapidement. Il n'est pas rare que le lieu organise des soirées de musique live, le week-end notamment, faisant monter la température du lieu de quelques degrés. Idéal midi comme soir.

JOSIE'S CUPPA CAPPUCCINO €

Third Cl

✆ +233 248 204 441

Ouvert du lundi au samedi de 7h30 à 17h. Compter environ GHC 20.

Particulièrement fréquenté par la clientèle d'affaires travaillant dans les bureaux avoisinants, le Josie's Cuppa Cappuccino est une jolie petite adresse flanquée d'une terrasse charmante servant, comme son nom le laisse deviner, d'excellents cafés italiens, mais pas seulement. On y propose également des jus de fruits fraîchement pressés, des sandwichs et wraps variés et aussi des assiettes plus copieuses mais toujours saines ! Une halte parfaite pour reprendre des forces, bien au calme, au cours d'une journée de visite d'Accra.

SANTOKU €€€

16 Airport road

✆ + 233 5 44 311 511

Ouvert tous les jours 12h-15h et 18h-22h30.

Dès l'entrée on ne peut qu'être séduit par la décoration et l'ambiance unique de ce restaurant japonais. C'est un endroit fréquenté par les classes moyennes (supérieures) et les expatriés. La cuisine est à la hauteur des lieux. De l'entrée au dessert, vous aurez le choix entre une multitude de plats fins et savoureux. Les tempuras sont chaudes et croustillantes, la cuisson des poissons et des viandes parfaitement maîtrisée, c'est toujours un sans-faute. Malgré les prix un peu élevés, on ne ressort pas déçu de cet endroit. Un vrai bijou. Réservation conseillée.

STARBITES €€

2 Jungle Rd
✆ + 233 202 266 200
www.starbitesgh.com
7h-23h. Environ GHC 50/70 le repas.

Starbites est un humble petit bar restaurant en extérieur apprécié par les habitants du quartier. Il propose des plats snack de type sandwich, burger frites, salades, grillades, poulet et riz ainsi que des cocktails et des milkshakes. Idéal pour une pause déjeuner, ou pour un copieux petit déjeuner à l'anglaise (disponible dès 7h du matin) avec œufs, haricots et bacon. Initialement petit bar de quartier, c'est une vraie success story pour cet établissement qui a par la suite ouvert dans les quartiers de Airport et Dzwuorlu. Recommandé !

LE TANDEM €€

6 Mankrolo Street, East Cantonments
✆ +233 302 762 959
Fermé samedi midi et dimanche. Autour de GDH 150.

Si un classement des meilleures tables d'Accra devait être établi, Le Tandem ne serait très certainement pas loin de la première place. Outre le décor très intime des lieux, la carte propose des plats rares au Ghana comme l'agneau à la moutarde ou le jarret de porc. Les propositions de dessert, comme le nougat glacé ou la fondue au chocolat, sont tout aussi alléchantes. Il est fortement conseillé de réserver ! Les propositions de cocktails du bar devraient ravir les amateurs. La maison fait aussi gîte d'accueil. Une belle adresse.

TANDOOR INDIAN RESTAURANT €€

North Labone Avenue, à proximité de Cantonment Road
✆ +233 243 151 417
tandoorgh.tripod.com
17h30-22h. A partir de GHC 80 pour le plat de résistance.

Il s'agit de l'un des meilleurs restaurants indiens de la ville, voire du pays ! Non seulement la cuisine y est excellente, mais en plus les prix se maintiennent à des tarifs corrects, étant donné que beaucoup des produits utilisés pour préparer les plats sont importés. Tous les grands classiques de la cuisine indienne sont au menu : on prépare curry, biryani et paneer dans le plus grand respect de la tradition ! Un établissement à ne pas manquer, à deux pas du quartier d'Osu.

LA TANTE DC 10 RESTAURANT €€

Opposite Marina Mall
✆ +233 507 040 576
www.latantedc10restaurant.com
Ouvert tous les jours, de 12h à 22h. Autour de GDH 60 le plat.

L'originalité du lieu en fait une distraction en soi. En effet, c'est dans un avion réaménagé que vous prendrez votre repas. Vous pourrez déguster des plats ghanéens confortablement installé : banku, tilapia, palava sauce et autres grillades, tous les incontournables sont à la carte. Également quelques plats végétariens, une belle collection de sandwichs. Un voyage culinaire en toute sécurité. Des événements sont organisés régulièrement en ce lieu insolite et original.

THE VENUE €€

Adjiringanor, East Legon
✆ +233 24 332 4519
www.thevenueghana.com
Ouvert tous les jours de midi à 22h. 20/40 US$ selon l'appétit.

Installée dans le nord de la capitale, cette adresse confidentielle ne manque pas de cachet ! L'atmosphère intimiste, entretenue par un éclairage tamisé et une déco de bon goût, l'imposant bar et sa monumentale pyramide de bouteilles de spiritueux, le service souriant... The Venue vaut bien le déplacement. Côté assiette, on navigue entre des spécialités italiennes et espagnoles bien faites (tapas, antipasti, pizzas et pâtes) et des préparations plus internationales (poissons, fruits de mer et burger). Un très bel endroit qui vaut son pesant d'or.

VIDA E CAFFE €

Icon House
✆ +233 540 116 995
Ouvert tous les jours de 6h30 à 21h.

Un accueil énergique, dans ce sympathique café, idéal pour une petite pause. Des thés, cafés et jus en tous genres, des muffins et autres gâteaux pour les envies de sucre. La maison propose également des sandwichs frais, avec le pain de votre choix. Comme la plupart des bars et restaurants modernes d'Accra, ce lieu met le wifi à disposition des clients. Une base qui tombe à pic si vous souhaitez travailler depuis votre ordinateur par exemple. S'agissant d'une chaîne, vous trouverez ce café dans tous les quartiers principaux de Accra.

FAIRE UNE PAUSE

Accra est une ville qui ne manque pas de propositions en termes de cafés, bars et autres beach clubs ! Depuis quelques années, la vague vegan/healthy food/commerce équitable a par ailleurs touché la capitale ghanéenne, tant et si bien que les adresses proposant smoothies bio, café issu du productions locales et bowls végétaliens fleurissent ici et là ! Vous trouverez donc ici quelques-unes de ces bonnes adresses (d'autres sont référencées dans la partie Se Restaurer) ainsi que des espaces nocturnes célèbres pour leur programmation musicale live (+233, Zen Garden et Afrikiko en tête), sans oublier les beach-clubs de Labadi, où l'on se rend généralement le week-end pour siroter quelques cocktails entre deux brasses. Ces adresses constituent des immanquables et semblent bien installées dans le panorama. Mais les choses bougent vite à Accra. Aussi, n'hésitez pas à vous renseigner auprès des locaux pour savoir quels sont les nouveaux lieux !

+233 JAZZ BAR & GRILL

Dr Isert Road, Ring Road
✆ +233 233 233 233
Entrée parfois payante selon les événements.

Le +233, nom faisant référence à l'indicatif téléphonique du pays, est le meilleur endroit de la ville pour écouter de la musique live. De nombreux artistes ghanéens et africains s'y produisent. Dans une ambiance tamisée, vous apprécierez d'écouter du jazz, du blues et du *high life*, en extérieur, tout en sirotant un bon cocktail. Le personnel courtois et professionnel s'occupera du reste et vous proposera des grillades, burger, hot-dogs... Si vous souhaitez réserver une table, vous n'aurez probablement aucun mal à retenir le numéro à composer.

GAIA ORGANICS CAFE AND RETAIL

Dzorwulu Nii Nortei street opposite E-Plaza, 2
✆ +233 50 064 3999
8h30-19h. Fermé dimanche.

Avec sa jolie devanture toute faite de bois, le Gaia Organics Cafe dévoile son offre rien que par son nom. On déguste ici de délicieux cafés, à accompagner de biscuits maison variés (cookies, gâteaux, pancakes et autres douceurs), mais aussi des jus de fruits et smoothies, ainsi que d'incroyables *bowls* très copieux et composés à bases de produits biologiques locaux. Nombreuses options végans également. On vient ici à toute heure du jour pour une pause réparatrice.

BYBLOS

11th Lane, Osu
✆ +233 302 782 250

Que ce soit dans la cour intérieure de l'hôtel du même nom, ou dans l'une des deux salles du bar du Byblos, on passe toujours un moment agréable. En cas de petit creux, l'une des nombreuses spécialités gastronomiques libanaises à la carte saura vous donner satisfaction. Les boissons non alcoolisées (pour les cocktails, visez plutôt l'happy-hour, en fin d'après-midi / début de soirée) sont excellentes également, à l'image du smoothie papaye-gingembre ! Clientèle principalement étrangère, bonne ambiance, plutôt relax. On aime.

JAMESTOWN CAFE

High Street
✆ +233 247 701 944
Ouvert de 10h à minuit. Plats à partir de GHC 50. Concerts fréquents.

Situé comme son nom l'indique dans l'ancien quartier de James Town, ce bar est un lieu de rencontre pour créatifs, artistes, écrivains... Des personnes de tous horizons, de tous milieux sociaux, qui se retrouvent, bien souvent par hasard, pour débattre, échanger, discuter. On y vient boire un verre ou un café (ils sont très bien faits), manger ou écouter de la musique live lorsque celle-ci est au programme. Le propriétaire des lieux est aussi propriétaire de la galerie ArchiAfrika avoisinante. Bref, un lieu dynamique et très agréable. Quelques chambres également.

KONA CAFE AND GRILL

Oxford street

✆ +233 264 464 712

Fermé le lundi. Ouvert de 17h à tard.

Bar en extérieur avec une partie en *roof top*. La déco provient de matériaux de récupération, comme ces fauteuils faits à partir de palettes, mais l'ambiance est tout de même assez actuelle, la jeunesse ghanéenne n'hésitant pas à se mettre sur son 31 en fin de semaine. À noter que le DJ résident, qui passe les tubes ghanéens et nigérians du moment, laisse place les jeudis soir aux chanteurs *live*. A la carte : des cocktails à base d'alcool local, des bières... On y sert aussi des grillades. Un lieu idéal pour passer une soirée entre amis.

SANDBOX BEACH BAR

Labadi road

✆ +233 27 781 8105

Ouvert en 2017, le Sandbox Beach Bar est un vaste bar lounge en extérieur avec vue sur la mer proposant des cocktails divers aux allures fantasques. Le lieu attire du beau monde, surtout en soirée le week-end. Pour ceux qui souhaitent faire trempette (n'oubliez pas votre maillot de bain), un grand escalier mène directement à la plage, que la terrasse du SandBox surplombe. À la tombée de la nuit le DJ fait monter la température. La cuisine est simple : fast food, grillades et spécialités locales à manger sur le pouce. Un très bel endroit.

OZZIE'S BEACH PALACE

South La Estate

✆ +233 50 633 1590

Ouvert tous les jours dès 10h.

Ouvert tout début 2018, le Ozzie's Beach Palace a récemment célébré ses cinq ans d'existence. Cinq années au cours desquelles ce bar de plage a réussi à se faire un nom dans la capitale. On y déguste d'excellents cocktails, en fin de journée et en soirée, mais on s'y rend aussi pour apprécier les expositions d'art régulières et les concerts de musique live. Idéalement situé dans le quartier de Labadi, on s'y retrouve généralement en groupe pour un verre, mais aussi pour savourer quelques grillades et autres plats snacks tout en profitant de la vue sur l'océan.

THE HONEY SUCKLE

Ring Road East

✆ +233 24 454 6576

The Honeysuckle est un local type Irish pub situé le long de Ring Road East, qui assure une ambiance tout ce qu'il y a de plus britannique, comme s'il ignorait totalement qu'il est en Afrique. A l'intérieur, on n'éprouvera aucun mal à trouver une bière à son goût, mais aussi toutes sortes de cocktails plutôt bien tournés. On y sert aussi de très bons plats, essentiellement des propositions internationales avec un twist ghanéen. Rendez-vous incontournable lors des matchs de foot, ce pub dispose également d'un établissement similaire à East Legon.

REPUBLIC BAR

3rd Lane

✆ +233 246 314 044

www.republicbargh.com

Ouvert tous les soirs, le dimanche dès 16h. Compter GHC 30/50 le plat.

Une référence à Accra, aussi bien prisée des locaux que des expatriés, le Republic Bar accueille à la nuit tombée un joyeux mélange de personnes de toutes origines et de tous milieux. Le week-end, les tables et les chaises de ce petit bar envahissent la route et le DJ anime la soirée. Il arrive également que des groupes viennent brancher leurs instruments et fassent sérieusement monter la température ! C'est un bon endroit pour manger local et goûter des cocktails à base d'alcool du pays (testez le « Republic »), dans une ambiance multiculturelle. On aime.

ZEN GARDEN

Orphan Cres

✆ +233 24 493 3339

zengardengh.com

8h-minuit (12h-23h le dimanche).

Le bien nommé Zen Garden ravira ceux qui souhaitent souffler un peu au cœur de la ville. Au beau milieu d'un verdoyant jardin et on ne peut plus tranquille, on déguste aussi bien de solides et très *healthy* petits déjeuners que des assiettes copieuses et internationales au déjeuner ou au dîner (salades, pâtes, pizzas, burgers, grillades), sans oublier les sandwichs disponibles toute la journée. La carte des smoothies et cocktails est vaste et appétissante également. Le Zen Garden est par ailleurs un lieu de concerts bien connu !

(SE) FAIRE PLAISIR

Vous n'aurez a priori aucun mal à trouver des lieux sympas pour faire vos emplettes à Accra. Du côté d'Osu, vous trouverez tout ce qu'il faut en termes d'alimentation, cosmétiques, produits de pharmacie, mais aussi quelques boutiques de souvenirs (artisanat, tableaux, instruments...). Les différents marchés de la ville répertoriés ici sont également de très bonnes destinations pour acheter... à peu près tout ! Les marchés ghanéens sont par ailleurs des espaces qui méritent d'être découverts pour la seule sociabilité qui s'y joue, celle de la vie de tous les jours. Mais Accra est également une capitale du bon goût vestimentaire. Aussi, vous trouverez en ville – en plus de celles cités ici – de nombreuses échoppes/galerie/boutiques de créateurs et autres fashionistas proposant de belles « sapes » aux touches afro. La capitale est enfin une bonne destination pour tout ce qui touche à l'art.

KOALA

Osu
✆ +233 302 773 455
Ouvert de 7h30 à 21h, dimanche 8h-20h.

Petit supermarché situé tout en haut d'Oxford Street, Koala propose une large gamme de produits occidentaux. Vous y retrouverez tous les aliments qui font habituellement le quotidien d'un consommateur occidental : yaourt, barres chocolatées, céréales, pâtes... à condition d'y mettre le prix : il faut souvent compter en moyenne le double des tarifs appliqués en Europe. Une adresse fréquentée essentiellement par les expatriés mais aussi par les classes supérieures ghanéennes, qui retiendra votre attention au bout d'un séjour long au Ghana.

SAAGAR MARKET

6th Street, Osu
✆ +233 302 772 835
Ouvert de 9h à 18h. Fermé le dimanche.

Petit supermarché indien bien achalandé en produits importés directement d'Asie et d'autres régions du monde, le Saagar est une très bonne adresse shopping pour tout ce qui touche à l'alimentation. Les prix y sont bien moins élevés qu'à Koala par exemple. Les amateurs seront ravis : on y trouve même du pastis ! Notez au passage, si vous appréciez la cuisine orientale, qu'il existe une très bonne épicerie libanaise du côté d'Airport Residential, au niveau du Diplomatic Shop. Une adresse qui retiendra l'attention des voyageurs disposant d'une cuisine.

MAKOLA MARKET

Kojo Thomson Road, entre Pagan et Kinbu Road, Ussher Town
Ouvert tous les jours.

Ce pittoresque marché est le plus grand et le plus central de la capitale. Etalé le long de la Kojo Thomson Street, entre Kinbu Road et Pagan Road, il est aussi haut en couleur qu'on peut l'attendre d'un marché africain. En dehors des produits alimentaires, on trouve un peu tout ce que l'on veut, de pièces de quincailleries aux vêtements en passant par tous les accessoires quotidiens. La communication étant assez facile avec les vendeurs, une visite du marché de Makola représente une activité culturelle en soi et une bonne manière de faire connaissance avec Accra.

AFRICAN MARKET

Liberation Road, Airport Area
✆ +233 302 778 105
www.africanmarket.com
Ouvert du 8h à 18h. Ferme le dimanche.

A Tetteh Quarshie, faire le tour du rond-point et prendre la direction d'Accra. Un lieu plus aéré et moins oppressant que l'Art Center. Il présente l'artisanat du continent africain, et plus particulièrement celui de la Côte-d'Ivoire, du Mali et du Burkina Faso. Les prix pratiqués sont fixes et élevés, même s'il est toujours possible d'obtenir des réductions en négociant habilement. La facture des objets est bonne dans son ensemble. Notons au passage qu'il est possible d'acheter des pièces de collection. Bref, une adresse de haut vol.

CENTER FOR NATIONAL CULTURE

28th February Road

Ouvert tous les jours de 7h à 18h30, sauf le dimanche.

Il s'agit tout simplement du plus grand marché d'objets artisanaux d'Accra. Il est possible de tout y trouver ou presque : peintures, bijoux, meubles, kente, tapis… On trouvera toutes les marchandises classiques mais aussi quelques versions un peu plus originales par ci par là. Les vendeurs ont tendance à être racoleurs, et il est certes difficile de regarder seulement ; il faudra discuter, négocier... Mais c'est aussi une part de la culture commerciale du pays !

SUN TRADE BEADS

C522, Mango Tree avenue, Asylum Down

✆ +233 24 468 9639

www.facebook.com/suntradebeads

Ouvert tous les jours.

Née en 1959 en Hongrie, Katy Torda Dagadu installe sa boutique au Ghana et fait des recherches sur les perles. Elle fonde la Ghana Bead Society en 1993 et ouvre sa boutique Sun Trade Beads à Accra en 1996. Travaillant en étroite collaboration avec des créateurs de renom tels que Kofi Ansah, Joyce Abadia, Alfie Design ou encore Tette Plaha, Katy propose également quelques-unes de ses créations à la vente. Pour découvrir de monde scintillant et aux possibilités illimitées, rendez-vous directement dans son magasin d'Asylum Down !

KANESHIE MARKET

Ring Road West,

Ouvert tous les jours.

Il est assez similaire au marché de Makola du centre ; mais il est moins fréquenté par les touristes. On y trouve de beaux produits et notamment les perles de collier qui font la réputation de l'artisanat ghanéen. Le nom de « Kaneshie », qui signifie « sous les lampes », lui vient de l'époque de son inauguration, dans les années 1970, époque à laquelle Kaneshie était un marché exclusivement nocturne. Notons au passage que les inondations qui ont frappé Accra en 2015 n'ont pas épargné le marché, alors submergé. Les activités ont repris depuis.

WILD GECKO

Gulf St

✆ +233 30 250 8500

www.wild-gecko.com

Ouvert de mardi à samedi de 10h à 17h30.

Établie depuis plus de 25 ans à Accra, cette boutique reconnue est unique en matière de décoration d'intérieur, de cadeaux et d'accessoires : articles de qualité faits à la main, meubles en bois, objets pour la maison, bijoux, paniers, textiles et bien plus encore. Egalement un grand choix de créations en tissus africains, qui apporteront une touche de couleur à votre intérieur, ou du peps à une tenue sobre. Si vous n'avez pas eu le temps de vous rendre dans la boutique de South Legon, vous pouvez trouver votre bonheur dans la boutique de l'aéroport.

BOUGER & BULLER

La capitale du Ghana est une ville particulièrement dynamique où vous pourrez, au-delà des visites culturelles liées à son patrimoine architectural et historique, vous essayer à diverses activités qui vous permettront d'aller plus loin dans votre compréhension de la culture du pays. De nombreux hôtels proposent ainsi des activités autour de la gastronomie ghanéenne, très réputée en Afrique de l'Ouest. Ces ateliers commencent généralement par un tour au marché, pour sélectionner les ingrédients, puis on passe en cuisine pour les travaux pratiques. D'autres possibilités s'ouvriront à vous, comme les cours de danses (l'hostal Somewhere Nice est un bon point de départ ici) et de musique (percussion notamment). N'hésitez pas à discuter avec les locaux pour trouver la formule qui vous convient ! En attendant, voici quelques pistes pour prendre soin de vous : une plage, une école de danse, une autre de yoga, et un spa !

BLISS YOGA

One Airport Square
✆ +233 509 546 723
blissyogaaccra.com
GHC 50 / 80 le cours.

Installé du côté de l'aéroport international d'Accra, ce centre de yoga a plutôt bonne presse en ville. Fréquenté aussi bien par des locaux que par des expatriés, on y donne des cours de yoga Vinyasa (très proche du yoga traditionnel et recourant à la respiration), une puissante technique pour rééquilibrer corps et esprit. On pourra ainsi participer ponctuellement aux sessions d'entraînement assurés par des professeurs qualifiés, mais aussi s'inscrire à d'autres activités comme par exemple le Yin Yoga ou encore les cours de méditation en groupe. *Namaste* !

RESENSE SPA -KEMPINSKI HOTEL

Ministries PMB, 66 Gamel Abdul Nasser Ave
✆ +233 24 243 6000
www.kempinski.com

Besoin d'une petite remise en forme ? Ne cherchez pas plus loin : direction l'hôtel Kempinski d'Accra ! Cette luxueuse adresse abrite un spa non moins luxueux de plus de 3 000 m². On y trouve une dizaine de salles de soin (massages et autres soins du corps), des espaces bien-être équipés de matériel de qualité, plusieurs centres gymnastique et de remise en forme (dont une piscine à débordement) mais aussi un salon de coiffure et de beauté ! Pour une authentique cure de jouvence !

PLAGE DE LA

Labadi Road, Labadi
L'entrée de la plage est payante (à ne pas confondre avec la plage de Labadie).

La plus grande et la plus connue des plages d'Accra est celle de LA, à Labadi, à quelques kilomètres du centre, en face du Labadi Beach Hotel. Tout au long de la plage s'étalent des maquis où il est facile de s'arrêter boire et manger. Attention, les courants sont dangereux, il est donc conseillé de rester au bord, sauf si vous avez une planche de surf ou un body-board. Cette plage est le rendez-vous des rastas et beaucoup vous proposeront de la *ganja*, mais attention, la plupart du temps, ils sont de mèche avec la police pour extorquer de l'argent aux touristes.

VIVIE'S DANCE FACTORY

9 Zaire Avenue
✆ +233 24 215 3967
viviesdancefactorygh.com
GHC 900 les dix cours.

Bien que la Vivie's Dance Factory (abrévié VDF) soit une école de danse spécialisée dans les activités parascolaires, elle dispose également d'un programme de cours privés à destination des adultes. Vous aurez le choix entre plusieurs styles, que ce soit les bases du ballet classique ou bien des danses plus contemporaines naviguant entre modern jazz et hip-hop. Le local d'East Legon est très bien tenu et se prête parfaitement à la pratique de la danse, le tout encadré de professionnels passionnés et profondément désireux de voir leurs élèves briller !

SORTIR

Le Ghana est réputé pour sa musique, en particulier le high-life et l'afrobeat, mais aussi pour sa scène reggae (le Ghana est le pays d'Afrique de l'Ouest abritant la plus grande communauté rasta), hip-hop et pour la nouvelle scène urbaine. Et qui dit musique, dit danse, surtout dans cette région du monde ! S'il existe quelques très bons lieux pour écouter de la musique live (le +233, l'Afrikiko ou encore le Zen Garden, tous répertoriés quelques pages en arrière) à Accra, nous vous proposons ici quelques-unes des meilleures salles pour sortir danser au son des platines de DJs à la mode jusqu'au petit matin. Mettez vous sur votre 31 (tout du moins ne débarquez pas en tenue de plage au risque de vous faire recaler) et envoyez vos meilleurs pas sur le dancefoor ! En plus adresses citées ici, signalons le Firefly Lounge Bar et le Rockstone, tous deux très recommandables. La scène nocturne évoluant rapidement, demandez aux locaux où aller !

ACE TANTRA NIGHT CLUB

Osu

✆ +233 302 762 080

Ouvert du vendredi au dimanche à partir de 1h30 du matin.

Ouvert en 2018, le Ace Tantra fait partie des clubs les plus animés de la jeunesse branchée. Si la population qui fréquente la discothèque est plutôt jeune, il n'en est pas moins stylé ! Comme dans beaucoup d'autres boîtes à Accra, la basse se charge de faire vibrer les murs. Mais ici plus qu'ailleurs, l'apparence et l'élégance sont de mise : au Ace Tantra on vient danser mais aussi se montrer. Nous vous recommandons d'y aller à l'occasion d'une soirée spécifiquement organisée. Une adresse parfaite pour connaître Accra by night.

EPO'S BAR, RESTAURANT & NITE CLUB

8th Ln

✆ +233 577 111 651

Bar-restau ouvert tous les jours. Discothèque : du jeudi au dimanche.

Le Epo's n'aurait pas pu trouver meilleure localisation : en plein cœur du dynamique et festif quartier noctambule d'Osu. Si l'on peut y boire et y manger à tout moment de la journée, le week-end, le lieu déploie ses ailes jusqu'à bloquer la petite rue qui y mène et se transforme en piste de danse. Pour ceux qui préfèrent prendre de la hauteur afin de mieux profiter de l'atmosphère, apprenez qu'il y a une très agréable terrasse. Un haut lieu de la fête à Accra.

ROCKSTONE'S OFFICE

Osu Ave, Extension, Cantonments

✆ +233 424 317 299

Le club est gratuit le mercredi et le jeudi, payant le week-end.

A l'intérieur, la piste est petite, mais l'important n'est-il pas de se rencontrer et de se mélanger ? Lieu de melting-pot branché, le succès est en grande partie dû au patron. Ses amis sont avec lui derrière le bar et tout le monde se connaît. Côté musique, les soirées commencent par de la disco et du rock, puis finissent par du reggae, du ragga et du RnB. La tôle tremble assez rapidement, et la chaleur ambiante monte. Bref, une adresse iconique et particulièrement détendue qu'on ne manquera pas de visiter lors d'un passage nocturne par Osu.

TWIST CLUB AND LOUNGE

✆ +233 302 772 179

Ouvert du jeudi au samedi de 23h à 5h du matin.

Le *night club* emblématique de Accra, indétrônable d'année en année dans une ville où la clientèle exigeante est en quête perpétuelle de nouveautés et où les bars et discothèques s'éclipsent face à une concurrence rude. Tous les grands clubbeurs d'Accra connaissent cet endroit. C'est là où il faut être, là où les célébrités de passage au Ghana passent leur soirée. Le charismatique propriétaire des lieux ne recule devant rien afin de proposer toujours plus à sa clientèle. Allez-y tôt, accompagnés pour les messieurs, et en tenue très correcte.

KOKROBITE

A seulement 30 km à l'Ouest d'Accra, c'est une des plages préférés des Ghanéens, mais également des touristes. Elle attire grâce à son sable fin et ses belles plages, la variété de ses kiosques, restaurants, maisons d'hôtes... en somme tout le nécessaire pour se relaxer ou se divertir en bord de mer. C'est une ville qui s'anime la nuit et où l'on se retrouve pour faire la fête. De plus en plus prisée par les surfeurs et les ONG, la ville est devenue un lieu où se rencontrent bien souvent expatriés et rastas, pour des soirées improvisées ou des concerts live. Pour s'y rendre, le mieux est de prendre un taxi ou un tro-tro depuis Kaneshie Station.

BIG MILLY'S BACKYARD €

Kokrobite beach road
✆ +233 249 999 330
www.bigmilly.com
Chambre double dès GHC 150. Repas autour de GHC 50/70.

Du charme et des activités pour tous. Ce *resort* est composé de plusieurs bungalows et maisonnettes aux prestations diverses, pour convenir au plus grand nombre : avec climatiseur ou ventilateur, avec salle d'eau ou sans... Le tout dans un vaste terrain arboré à l'abri du soleil. La maison propose des cours de surf et elle est bien connue dans la zone pour ses soirées animées. La musique *live*, les percussions et la danse sont souvent programmés. Le restaurant, enfin, est l'endroit idéal pour se détendre et manger une bonne assiette de fruits de mer.

KOKROBITE GARDEN GUEST HOUSE €

Kokrobite beach road
✆ +233 546 392 850
www.kokrobitegarden.com
De 20 à 50 US$ selon le type d'hébergement. Restaurant italien : 8/12 € le plat.

En deux mots ? Insolite et coloré ! Cet hébergement entouré de végétation, né restaurant et transformé en petit *resort* (comme cela arrive communément sur la côte) se compose de différentes chambres, ayant chacune sa particularité, de la maison en pierre avec vue sur la piscine à la cabane en bois ou à la maisonnette familiale (4/5 personnes). Le restaurant italien sert des pâtes, des pizzas ainsi que différents poissons frais et autres plats typiques réussis. Magnifique jardin !

DIZZY LIZZIE'S €

Kokrobite beach
✆ +233 205 600 990
www.dizzy-lizzies.com
Autour de 35 US$ la chambre double.

Très apprécié par les habitués de Kokrobite, ce bar restaurant propose depuis 2016 des hébergements composés de chambre simples mais propres. C'est un lieu plein de charme où les matériaux naturels occupent une grande place dans l'aménagement. Vous pourrez y aller pour un verre en bord de plage, ou pour un délicieux repas ; un savoureux mélange d'influences d'ici et d'ailleurs. Le soir, vous aurez l'opportunité d'assister à des concerts de reggae, de rencontrer un mélange de communautés rasta et d'expatriés et de danser toute la nuit.

TESHI-NUNGUA

Le long de la côte en allant vers l'est, il faut emprunter la route de Labadi pour se rendre à Teshie-Nungua (qui est en réalité l'agglomération de la ville Teshie d'une part et Nungua d'autre part), banlieue qui possède quelques jolies plages moins peuplées que celles d'Accra ainsi qu'une galerie d'art africain très recommandable (depuis Accra, prendre la route de Labadi vers Teshi Nungua, puis la route de Tema : l'atelier se trouve au nord de cette route). Compter une dizaine de kilomètres le long de la côte en laissant Accra derrière vous pour arriver à destination. La meilleure façon de s'y rendre est encore le taxi ou le tro-tro.

ARTIST ALLIANCE - OMANYE HOUSE

✆ +233 27 71250
L'atelier est ouvert 7j/7, même les jours fériés, de 7h à 19h.

Cet atelier appartient au professeur Glover, qui le dirige également. C'est sans doute l'artiste ghanéen le plus connu, avec Almighty God. Il est célèbre pour ses peintures de femmes et ses scènes de marché. Sa galerie renferme une collection intéressante d'œuvres d'artistes ghanéens contemporains, ainsi qu'une collection assez importante d'artisanat traditionnel du Ghana et de l'Afrique de l'ouest, ainsi que des livres d'art. Des expositions y sont régulièrement organisées.

RAMADA RESORT COCO BEACH €€

Accra-Tema Road
✆ +233 302 717 235
www.ramadaresortaccra.com
Nuitée à partir de 120 US$.

Si cette station de vacances a été entièrement refaite en 2006 et largement agrandie, proposant plus d'une cinquantaine de chambres, elle semble ne pas avoir résisté à l'épreuve du temps. L'établissement dispose d'une grande piscine, d'un espace de massage, d'une salle de gym et, bien sûr, d'un accès direct à la plage. Des chalets sans charme sont également disponibles, avec des équipements pas toujours bien entretenus. Le restaurant propose quant à lui un mélange de plats ghanéens et occidentaux. Bref, un établissement valable pour une nuit.

TEMA

Ville nouvelle avec une zone portuaire peu enthousiasmante, Tema n'est pas d'un très grand intérêt pour les touristes. Le méridien 0 degré de Greenwich y passe. La cité est divisée en différentes « *communities* ». La zone commerçante s'appelle Community 1, dont le centre se trouve à 1 km au nord du port. S'y trouvent le marché, la poste, les compagnies maritimes et les meilleurs restaurants. L'endroit le plus animé de la ville est Community 8, 4 km plus au nord et à moins de 2 km du Toll Road Roundabout qui mène à Accra. Les meilleurs hôtels tiennent le pavé, et il est assez facile de dénicher un bon petit restaurant.

HOTEL LUCIA €

✆ +233 303 306 134
Compter autour de 35 US$ la nuit en chambre double.

Cette adresse se trouve au sein du Community 8 et offre probablement le tarif le moins cher de la ville. Les chambres sont assez propres, même si l'hôtel n'est pas un exemple d'entretien optimal. A noter le bon restaurant qui permet de se restaurer à moindre frais et la grand piscine plutôt agréable lorsque le thermomètre monte un peu trop. En bref, une adresse que l'on choisira en étape sur la route de l'est afin de faire de faire des économies tout en restant assez proche du centre-ville de Tema. Parfait pour une escale d'une nuit.

CRISMON HOTEL €€

✆ +233 303 205 547
www.crismonhotel.com
Chambres à partir de 150 US$.

Situé dans la zone résidentielle de la communauté 5, la partie la plus tranquille de la ville, le Crismon Hotel est une adresse à retenir. L'établissement offre de nombreuses chambres réparties en différents standings : chambres équipées d'un simple ventilateur, chambres avec air conditionné, pour deux, trois, quatre personnes... Au nombre des équipements communs, signalons la salle de gymnastique très moderne, l'agréable petite piscine et un restaurant de bonne facture. Le vrai plus du Crismon étant indéniablement la jolie vue sur la mer.

HOTEL MARJORIE Y €€

Tema General Hospital Road
✆ +233 20 360 8230
Chambres standard à partir de GHC 500.

Un hôtel 2-étoiles qui en mériterait facilement trois, avec ses deux salles de conférence et ses concerts le dimanche. Les chambres disposent d'un balcon et sont parfaitement équipées (climatisation, TV, téléphone, minibar). Celles-ci sont décorées sans véritable apparat, mais elles sont toutes lumineuses et spacieuses. Le restaurant, tenu par un personnel exigeant et performant à l'image de son chef togolais, propose tout type de spécialités. Conseil futé : en arrivant, demandez si vous pouvez avoir une chambre avec vue sur la piscine.

SOUTHERN FRIED CHICKEN €

Community 9
✆ +233 303 206 905
Ouvert tous les jours. Compter à partir de GHC 20 par plat.

C'est le plus grand *fast-food* de Tema. Mais, attention, les hôtesses de caisse sont assises, et le lieu fonctionne un peu comme un restaurant traditionnel. Idéalement placé sur le rond-point de l'autoroute menant à Accra, il propose des plats du monde entier : indien, italien, libanais, ghanéen… Il est possible de déjeuner avant de prendre le volant le matin. L'endroit est ultraprisé. C'est par tro-tro entiers qu'y est déversée la clientèle. Les écrans de télévision contribuent à son succès, surtout les soirs de Ligue des champions.

PASSPORT

LITTORAL

Voici la première région où faire du tourisme au Ghana. Au bord de l'Atlantique, la Région centrale (ou Central Region) et la Région occidentale (ou Western Region) ont été en grande partie le théâtre de la transformation du Ghana en une nation moderne. C'est dans la Central Region que la population européenne s'est concentrée : la côte est parsemée de forts et de châteaux, dont les plus célèbres sont ceux de Cape Coast et d'Elmina. L'histoire mouvementée de cette région est liée à celle de la colonisation et de la traite des esclaves sur la côte occidentale de l'Afrique. La Western Region, riche en ressources naturelles, est moins touristique que la Central Region, alors même qu'elle compte pourtant parmi les plus belles plages du Ghana, avec les rangées de palmiers d'Ankobra ou de l'Axim Beach Resort, à côté d'Axim. En bref, la région littoral du Ghana justifie à elle seule un voyage dans le pays : rien qu'ici, il y a de quoi faire !

Littoral
CÔTE D'IVOIRE
Jedua
Dadieso
New Yakasi
Abokyea
Wassa Dunkwa
Wassa Akropong
Diby
Kwawu
Omanpe
K. Baoteng
Nkakaa
Hiawa
Opong Valley
Annorkrom
Asemkrom
PRESTEA
Peposo
Noé
Wassa Agona
Tiapoum
Alomatuope
Agyeza
Kengen
Asasetre
BEYIN
Adubrim
NZULEZO
Nkroful
Simpa
Bonsawire
Nsuaem
Awiabo Aiyinase
AXIM
PRINCESS TOWN
AKWIDAA
Agona
BUTRE
BUSUA
TAKORADI – SEKONDI
Takoradi
Sekondi-Takoradi
NKROFUL
SHAMA
Manso
Tarkwa
Kyekyewere
Beposo
Huni Valley
ANKASA GAME RESERVE
Daboase
KOMENDA
BRENU
ELMINA
AMPENYI
CAPE COAST
Efutu
KORMANTAN
Frami
KAKUM NATIONAL PARK
Twifo Praso
Awisam
Assin Bereku
Assin Fosu
Assin Ochiso
Nyankumasi Ahenkro
ANOMABU
Abandze
MANKESSIM
Baifikrom
Tantum
Mumford
WINNEBA
Potsin
Agona Swedru
Odoben
Akim Bantama
Achiase
Golfe de Guinée
Golfe de Guinée
50 KM

PAGES

L'histoire mouvementée de la Central Region est liée à celle de la colonisation et de la traite des esclaves sur la côte occidentale de l'Afrique. Aussi, les vestiges de forts et châteaux, imposants témoins de cette funeste époque, plongent les visiteurs dans cet épisode de l'histoire humaine. Les châteaux les plus visités sont ceux de Cape Coast, ancienne capitale du Ghana (à l'époque où il se nommait encore Gold Coast), et d'Elmina. Cape Coast est par ailleurs le centre universitaire du Ghana, réputé pour abriter les plus anciennes et les meilleures écoles du pays. La région centrale dispose d'un grand nombre d'établissements et de filières d'enseignement.

En dehors de Cape Coast, les autres villes majeures de la région sont Agona Swedru, Winneba, Apan Nyakrom, Saltpond, Dunkwa-on-Offin, Komenda et Elmina. Cette région est également connue pour ses sculptures en bois et ses nombreux festivals de qualité, notamment le Fetu Festival, carnaval se déroulant en septembre, et le Deer Hunting Festival (ou Festival Aboakyer) qui a lieu en mai à Winneba. C'est le festival le plus célèbre du Ghana, il propose un duel de haut vol entre deux compagnies asafo.

Située à 149 km à l'ouest d'Accra, Cape Coast est la capitale de la Région centrale et de l'ethnie fante. Elle fut la capitale du Ghana jusqu'en 1877, durant la colonisation britannique. Sa fondation remonterait au XVe siècle, lors des premières expéditions maritimes portugaises dans la région. Étape incontournable d'une visite de la côte, pour son château, c'est aussi une bonne halte shopping.

Voilà l'immanquable des immanquables ! Le parc national de Kakum est probablement le plus précieux du Ghana. Le plus beau. Il s'agit en réalité d'une forêt tropicale dans laquelle une équipe de scientifiques canadiens a construit des ponts suspendus dans les arbres, d'où on peut observer la jungle, en suivant un parcours guidé de pont en pont.

Elmina est une visite intéressante ; dotée d'un certain charme d'architecture coloniale, elle possède aussi le plus ancien fort européen de la côte du golfe de Guinée. Avec son petit port de pêche et ses quelques monuments historiques, elle vaut le détour.

LITTORAL

PAGES

Historiquement, c'est à l'extrémité orientale de cette région que les Portugais posèrent pour la première fois le pied sur les côtes du golfe de Guinée. Aujourd'hui, la Western Region étire ses 192 km de côtes le long du golfe de Guinée. Riche en ressources minières, notamment en or, elle concentre à elle seule près d'un quart de la forêt ghanéenne. Le foretage et les activités de sciage ou d'artisanat du bois assurent une part importante de l'économie locale. La région est de plus la première productrice de cacao. Enfin, tout comme son pendant ivoirien, c'est une région akan culturellement très homogène. Quoique moins touristique que sa voisine, la Région centrale, la Région de l'ouest compte parmi les plus belles plages du pays. La région possède aussi un intérêt patrimonial : les villes de Princess Town, d'Axim et de Beyin ont conservé de nombreux forts. Grâce à ses richesses et à son dynamisme commercial, la région se développe rapidement. Les hôtels et les guesthouses sont relativement nombreux, car ils accueillent les travailleurs le week-end. Enfin, tout le long du littoral riche en fruits de mer, on trouvera de grosses langoustes, à des petits prix. C'est l'occasion de se mettre au poisson à la sauce ghanéenne.

Situé à mi-distance entre Accra et Abidjan, la capitale ivoirienne, le petit village de pêcheurs de Busua attire quelques visiteurs francophones mais surtout des voyageurs internationaux, notamment ceux souhaitant s'initier aux joies du surf sans danger. Le spot se prête en effet parfaitement à une initiation en douceur à la glisse. Des auberges sympas, une rue principale, et une population jeune.

LITTORAL

WINNEBA ★

La rivière Awesu qui se jette ici dans l'océan serait à l'origine du peuplement de cette contrée. Selon la tradition, le fils du chef doit d'ailleurs effectuer sa toilette dans ce cours d'eau avant de succéder à son père. Ceci expliquant cela, lorsque les colons découvrirent le lieu, qui se nommait Ewineba (le fils du chef en Fanti), ils le surnommèrent Windy Bay en raison du vent continuel qui balayait l'endroit. Le mariage des deux noms donna Winneba. Winneba est aussi connue pour avoir marqué une défaite cinglante des colons anglais face aux Ashanti en 1812. Le chef de la mission britannique fut même torturé. Voilà donc pour la petite histoire. Aujourd'hui la ville conserve en son cœur quelques vestiges de l'époque coloniale et constitue une halte tranquille, assez peu fréquentée par les touristes. L'activité du port est spectaculaire et confère à la ville son ambiance pittoresque. On pourra par ailleurs visiter le fort Good Hope. Sa construction a débuté en 1706, sous la domination des Hollandais, et il offre une vue magnifique sur la mer et sur le mouvement des barques de pêcheurs alentour. Les quelques adresses citées ici constituent de bonnes options pour une courte halte à Winneba.

Transports

La gare d'Abasraba, située dans le centre de la ville, est le lieu de départ pour les principales destinations environnantes. Tous les jours, des tro-tro quittent la ville en matinée pour Kumasi et Cape Coast et toute la journée pour Accra.

LAGOON LODGE €

✆ +233 208 162 034

Wifi et restaurant. Tarifs sur demande.

A la saison des pluies, le lagon vient lécher les pieds de cet hôtel. Durant la saison sèche, un vaste territoire crée le vide devant lui. Dans les deux cas, la vue est d'une beauté saisissante. A 10 minutes de la plage, cet hôtel compte parmi les meilleurs rapports qualité-prix de la ville. Les chambres avec quatre lits sont assez avantageuses d'un point de vue économique. Le restaurant propose par ailleurs des plats typiques de bonne facture vendus à des prix tout à fait raisonnables. Une adresse recommandée pour une halte à Winneba.

BLUE DIAMOND BEACH RESORT €€

Apam Junction

✆ +233 206 042 265

www.bluediamondbeachresort.com

A partir de GHC 1 400 la nuit en semaine. GHC 150 l'emplacement tente. Daypass GHC 100 (-15 ans : GHC 50).

Un petit coin de paradis au milieu des cocotiers, qui outre ses chambres, propose une piscine, un spa, des salles de conférences et un service de location de voiture. C'est le lieu idéal pour un week-end détente avec ses petits bungalows parsemés dans la nature à deux pas de l'océan. Le restaurant propose un menu varié et des produits frais (parfois à peine pêchés) et le personnel est toujours à l'écoute et très serviable. Daypass disponibles également.

WINDY LODGE BEACH RESORT €€

✆ +233 501 282 381

www.windylodgehotel.com

Tarifs sur demande.

Une architecture plutôt imposante pour cet hôtel doté de piscine et places de parking. Le restaurant du Windy Lodge Beach Resort propose une carte de plats locaux et occidentaux tout à fait correcte. Les chambres sont quant à elles spacieuses et lumineuses, et sont équipées de grands lits, d'un bureau et d'une télévision. Malheureusement le lieu manque un peu d'entretien et les images du site Internet ne reflètent pas toujours la réalité. L'établissement reste tout de même une option pour une brève halte d'une nuit dans les environs.

SUMMERYARD VEGETARIAN CAFE €

156/14 Sir Charles Beach Road

✆ +233 202 122 223

www.summeryard.wix.com/ghana

Ouvert de 8h à 20h (13h lundi). Fermé mardi et mercredi.

Ouvert en 2013 par une famille du coin, le Summeryard est un véritable petit paradis tropical où l'on flânerait volontiers quelques jours… Et ça tombe bien : le lieu dispose de quelques chambres simples et confortables. Mais c'est d'abord pour se rafraichir de quelques jus frais et autres smoothies naturels que l'on s'y rend. Le lieu avait d'abord été pensé comme un café, puis a évolué en restaurant végétarien ! Une vraie belle découverte à Winneba.

MANKESSIM

Situés à 118 km d'Accra vers la frontière ivoirienne, les sanctuaires *posuban* y sont ici nombreux et intéressants à visiter. Pour le voyageur non véhiculé, le mieux sera de prendre un tro-tro à Cape Coast ou à Winneba (passages très fréquents). Il n'y a aucun problème pour faire l'aller-retour dans la journée, voire dans la matinée pour les plus rapides. Pour ceux qui veulent prendre plus de temps et plonger dans l'histoire du peuple fanti, possibilité d'y passer la nuit. Nous recommandons le Royal Palace Hotel (qui n'a rien d'un palace) : les chambres y sont propres et à tarif très abordable.

KORMANTSE

Situé à 21 km à l'est de Cape Coast. Kormantse et Abandze sont des villages de pêcheurs qui abritent un marché de taille plutôt importante. Profitez de votre passage pour vous rendre sur le site de Fort Amsterdam, fortification militaire érigée par les Britanniques au XVIIe siècle et classée au patrimoine mondial de l'UNESCO. Depuis les remparts du fort on jouit d'une très belle vue sur le port de pêche !

- **Attention** : ne pas confondre Kormantse/Abandze, côtiers, avec un autre Kormantse, à l'intérieur des terres, sur la route de Kumasi.

ANOMABU

Bourgade de la côte juste avant Cape Coast lorsqu'on vient d'Accra, Anomabu possède également un fort britannique, le Fort Williams, qu'on peut visiter. Il y en avait autrefois un second, centre important de déportation d'esclaves, le fort Charles, construit en 1674 puis détruit au profit du fort de Cape Coast, plus stratégiquement situé. La plage d'Anomabu est très jolie, ainsi que celle, un peu plus loin, du petit village de Biriwa. Anomabu possède un festival, comme beaucoup de localités de la région : celui des « compagnies asafo », une particularité de l'ethnie fante, dominante dans la Région centrale. Ces compagnies intègrent d'anciens groupes de guerriers. On peut les voir dans toute leur splendeur au cours des festivals traditionnels, mais leur présence est importante dans toute la région à travers leurs *posoban* (tombes-mausolées) richement décorés. Pour vous loger en ville, nous vous recommandons le Anomabo Beach Resort, idéalement placé en bord de mer.

Transports

- **En voiture.** A 20 minutes de Cape Coast, sur la route d'Accra, il faut parvenir au panneau indiquant Anomabu.
- **En tro-tro** depuis Cape Coast : prendre n'importe quel tro-tro qui part vers Accra (et vice-versa). De temps à autre, des tro-tro font la navette directement entre Cape Coast et Anomabu. Les tro-tro qui vont à Mankessim peuvent également vous y déposer.

FORT AMSTERDAM ★★

Compter GHC 40 l'entrée. Ouvert tous les jours, de 9h à 16h30.

Ce fort, situé à Abandze et inscrit à la liste du patrimoine mondial de l'Unesco, fut construit par les Anglais au XVIIe siècle, entre 1638 et 1645 pour être exact. Baptisé Fort Cormantin, il fut un centre stratégique des positions anglaises sur la Côte d'Or et de leur commerce d'esclaves. Après une retraite des Anglais face aux Ashanti, ce sont les Néerlandais qui le reprirent et le renommèrent « Fort Amsterdam », avant de le retourner aux Anglais. On peut aujourd'hui en effectuer la visite pour se replonger dans une époque finalement pas si lointaine.

ANOMABO BEACH RESORT €€

✆ +233 24 433 1731

www.anomabo.com

Autour de 100 US$ la nuit.

Au bord d'une plage de rêve, des bungalows ventilés ou climatisés permettent aisément de passer un excellent moment en profitant du soleil, de la mer et du ciel. Toutes les unités de logement sont très bien tenues et tout à fait confortables (justifiant le tarif élevé des chambres). Le Amomabo Beach Resort dispose par ailleurs d'un très bon restaurant, ouvert également aux non résidents (plusieurs plats de poisson sont à la carte, en fonction de la pêche du jour). Sans aucun doute la meilleure adresse que vous trouverez en ville !

CAPE COAST ★★★

Avant l'arrivée des Portugais, la bourgade s'appelait Oguaa, du nom d'un chasseur etufu qui s'y installa et décida d'y créer un village. Des récits portugais datant de 1610 racontent la création d'une mission à Oguaa. Suédoise, puis danoise, la ville devint britannique en 1665, et la couronne décida même d'y installer sa base militaire principale du Golfe de Guinée. Au XVIIIe siècle, Cape Coast était connu par le monde pour être l'un des plus importants ports d'exportation d'esclaves d'Afrique. Son activité commença à décroître lorsque le Parlement anglais décida d'interdire l'esclavage au début du XIXe siècle. Londres y installa alors l'administration principale de ses colonies de la Gold Coast en 1874, avant de la transférer trois années plus tard à Accra.

Cape Coast, qui possède un certain charme avec sa vieille ville postée sur la colline et ses rues à l'architecture coloniale décrépite, est une visite incontournable du littoral. Ce, essentiellement pour son fort, transformé en musée de l'esclavage. Ville de l'administration coloniale britannique, on y verra également plus qu'ailleurs des vestiges (certes mal entretenus) de cette époque ; tout au moins le sentiment d'avoir affaire à une vieille ville.

Au Ghana, en plus d'avoir bonne réputation pour son climat et sa situation, Cape Coast est avant tout une ville universitaire prestigieuse. C'est d'ailleurs ici, dans l'enceinte du château, que fut créée la première école reconnue du Ghana (celle-ci accueillait les enfants que les Européens avaient eus avec des femmes africaines). C'est également à Cape Coast que la première école secondaire a vu le jour. Aujourd'hui, l'université et sa cohorte d'étudiants animent ce berceau de l'éducation du Ghana.

Grâce à son port, la ville est depuis tout temps un haut lieu de commerce. A l'origine, les limites de la ville étaient données par les forts William et Victoria. Aujourd'hui, la ville les a entièrement encerclés.

La mer, le fort et une architecture attrayante : Cape Coast est l'une des meilleures étapes du pays.

Balade

Les rues du centre-ville n'ont pas de monument vraiment phare, mais elles sont dotées de jolis immeubles bas de l'époque victorienne, surtout le long des Jackson Street et Beulah Lane. De jour, le mélange entre l'architecture coloniale et l'ambiance de marché à l'africaine donne une atmosphère agréable. Voir sur Royal Lane l'ancien Convent St Mary, construit vers 1850. Sur Jackson Street, voir l'église méthodiste et l'acienne Government House, qui était le siège de l'administration coloniale anglaise quand Cape Coast était la capitale de la Golden Coast.

Le London Bridge est un pont du XIXe siècle, sans grand particularisme cependant. Le soir, les alentours du pont sont un endroit vivant. A quelques mètres de là, trône le Koto, un crabe servant de symbole à la cité. La légende rapporte qu'au XVIIIe siècle, les Fante de Cape Coast furent attaqués par les Nayme d'Anomabo et d'Elmina. Quand ces envahisseurs aperçurent tous les crabes de la région, ils prirent la fuite. Les habitants de Cape Coast remportèrent ainsi la victoire grâce à ces crustacés.

Autre point névralgique de la ville : les alentours du château. A l'est de celui-ci s'étend un petit port typique de la côte ghanéenne, avec des embarcations de pêcheurs toujours affairés à réparer leurs filets ou à gérer les résultats de leur pêche. Enfin, parmi les activités à ne pas manquer, une visite du Kotokuraba Market (ouvert 7j/7 de 6h à 18h)

Tourisme

Au Ghana Tourist Board (Bureaux du State Insurance Building - Jackson Road - ✆ +233 332 132 062 - ouvert en semaine de 8h à 17h), on pourra acheter la carte de la Région centrale, de Cape Coast et d'Elmina, éditée par l'université de Cape Coast en collaboration avec l'université du Minnesota. Elle est très bien faite.

Transports

- **Bus** : la gare routière STC se trouve à l'extérieur du centre-ville, au nord-ouest, à environ 2 km du Fort. Pour Takoradi, il est bon de noter que la ligne Accra-Takoradi marque un arrêt à Cape Coast et prend des passagers en fonction des places disponibles. Il passe à peu près toutes les heures et demi.
- **Les tro-tro** : ils vont partout le long de la côte, vers l'est ou vers l'ouest. La gare se trouve dans le centre, à hauteur de la jonction entre Residential Road et Sarba Road, elle s'appelle Tantri Lorry Station. Des taxis-brousse y proposent des départs en direction d'Accra. Pour Elmina, outre les tro-tro, des taxis collectifs partent dès qu'ils sont pleins. Il faut alors se rendre à l'intersection de Commercial Road avec Chemin Aggrey, en plein centre-ville.

LITTORAL

CHÂTEAU DE CAPE COAST ★★★

Sur le front de mer. Pour y aller en voiture, il faut traverser le centre-ville et descendre le long de la côte ; c'est la direction d'Elmina par la mer.
Ouvert tous les jours 9h-17h. GHC 50 par adulte, GHC 40 pour les étudiants et les volontaires, GHC 8 pour les enfants.

Le château de Cape Coast est un lieu de visite absolument incontournable au Ghana. Classé au Patrimoine mondial de l'Unesco, il attire plus de 4 000 visiteurs par an ! Le château fait en effet partie des curiosités les plus prisées du pays. La construction du fort a débuté en 1653, avec les Suédois (il s'appelait alors Carolusborg). Le château s'est ensuite agrandi au gré des propriétaires des lieux, jusqu'en 1665, date à laquelle les Anglais le transforment définitivement en château. L'édifice, dont les dimensions et la solidité sont très impressionnantes, a servi de siège au gouvernement britannique jusqu'en 1877. Les esclaves y étaient enfermés dans des conditions épouvantables. Le gouverneur, lui, disposait d'appartements somptueux avec vue sur la mer. Un décalage presque effrayant entre les conditions d'hommes vivant à une même époque et dans la même enceinte. Le château abrite un musée qui présente une histoire de l'esclavage ainsi que l'histoire du pays, et plus particulièrement celle de la Région centrale. Une plaque commémore la visite du couple présidentiel Obama sur ce lieu de pèlerinage mémoriel des descendants d'esclaves américains qui eut lieu le 9 juillet 2009. Bref, une visite immanquable.

Notons au passage qu'une vaste cour attenante à l'entrée principale abrite un marché d'art et d'artisanat assez intéressant. On y trouve les cadeaux souvenirs classiques mais aussi quelques pièces d'artisanat un peu plus originales ainsi que des peintures uniques et des vêtements qui se démarquent.

© FABIAN PLOCK - SHUTTERSTOCK.COM

UNIVERSITE DE CAPE COAST

Plusieurs restaurants, un hôtel, une discothèque (vendredi et samedi 22h-2h), une salle de concert.

Par sa taille, l'Université de Cape Coast est la deuxième du pays, après celle d'Accra. Elle accueille chaque année 12 000 étudiants, et de plus en plus d'Occidentaux anglophones choisissent Cape Coast pour un séjour-études de quelques mois. Une ville dans la ville ! Un endroit où il est d'ailleurs possible de passer la nuit à prix mini, à condition bien sûr de s'arranger avec un étudiant ou d'aller à l'hôtel du campus. Un endroit absolument parfait pour ceux qui souhaitent baigner dans l'atmosphère estudiantine de la ville.

MIGHTY VICTORY €

43 Beulah La
✆ +233 33 213 0135
mightyvictoryhotel.com
A partir de 25/30 US$ la chambre.

Le gros avantage du Mighty Victory Hotel est d'être situé en plein centre-ville. L'immeuble sans grand charme est tout ce qu'il y a de plus fonctionnel, et il possède une cour avec parking et un peu de verdure. En tout, on y trouve une bonne vingtaine de chambres très correctes, dont la moitié disposent de l'air conditionné. L'hôtel propose par ailleurs le petit déjeuner, le déjeuner et le dîner (les plats locaux sont particulièrement réussis) et le staff est plutôt avenant et à l'écoute. Bref, une adresse où l'on fera escale le temps d'une nuit ou deux maximum.

BAOBAB GUESTHOUSE €

Commercial Street ✆ +233 540 436 130
www.baobab-children-foundation.de
GHC 130 la chambre double, GHC 65 le lit en dortoir de 6. Baobab Vegetarian Moringa Restaurant : autour de GHC 80.

Le Baobab invite à un confort simple, dans une maison à étage, où un espace de détente et des sanitaires communs attendent la clientèle. Le concept, entre auberge de jeunesse, petit hôtel local et association de soutien aux enfants de la rue séduit les jeunes Occidentaux en voyage à Cape Coast. Le restaurant végétarien est très recommandable. Tout n'est pas parfait, les sanitaires manquent d'eau chaude pour la douche, les ventilateurs ne sont pas toujours assez puissants, mais le prix en vaut la peine. Très bonne boutique (carte postales et timbres notamment).

PROSPECT LODGE €

✆ +233 332 131 506
www.prospectlodge.webnode.com
Autour de GHC 80 la nuit. Restaurant, bar en terrasse.

Prospect a un aspect plutôt hôtel que lodge. Sur les hauteurs de la ville, à une dizaine de minutes de marche du grand marché et de Commercial Street qui mène au Château, il baigne le voyageur dans l'atmosphère des quartiers authentiques de Cape Coast. On peut manquer d'eau dans les chambres, mais la réception se montre réactive pour apporter un seau rempli pour la douche. Le service peut révéler des failles, mais l'expérience du quartier justifie un choix, se voulant plus proche des réalités du pays. Les infrastructures sont très correctes pour le prix.

FAIR HILL GUESTHOUSE €

111A North Ola Digital Address
✆ +233 24 414 8015
www.fairhillguesthouses.com
Chambre 40/50 US$.

Cet hôtel est situé sur la route du Kakum Park et à seulement 500 m de la gare STC qui regroupe les bus venant de Kumasi ou d'Accra. L'adresse est d'autant plus intéressante que les chambres sont spacieuses et propres, idéales pour les familles ou groupes de voyageurs de quatre personnes. Au total, on trouve au Fair Hill Guesthouse une trentaine de chambres toutes équipées de ventilateurs et de l'air conditionné, d'un réfrigérateur, d'une télévision satellite et d'une salle de bains privée. Places de parking surveillées également, pour les voyageurs véhiculés.

HUTCHLAND HOTEL €€

Moree Junction
✆ +233 332 194 741
La nuitée de GHC 90 à GHC 180 par chambre. Bar. Restaurant.

Le Hutchland Hotel se déploie dans un chaos extérieur impressionnant, mais les chambres sont parmi les plus grandes de la ville et les écrans de télévision également suivent cette tendance. Les chambres les plus chères abritent une kitchenette et tout le nécessaire – notamment un réfrigérateur et une baignoire – pour passer un séjour très confortable. A noter également la présence d'un bar sur le toit, qui jouit d'une belle vue sur la ville, et celle d'un restaurant proposant quelques plats de cuisine locale plutôt bien faits.

LITTORAL

KOKODO GUEST HOUSE €€

Off Nkwanfua Road
✆ +233 243 529 191
Chambre double autour de 60 US$.

Kokodo, qui en fanti signifie « en haut de la colline », est une maison d'hôtes perchée sur les hauteurs, comme son nom l'indique. La maison est entourée d'un agréable jardin avec deux pergolas et des tables et chaises dispersées sur l'ensemble du terrain. L'entrée se fait par une accueillante salle commune avec des coins canapé et une longue table à manger. Les chambres à la décoration soignée avec des touches locales raviront les amateurs de locaux spacieux aux lits immenses. Le tout avec le confort nécessaire (AC, wifi et frigidaire).

OASIS BEACH RESORT €€

Victoria Park
✆ +233 244 089 535
www.oasisbeach.net
GHC 350-720 pour une chambre double selon le standing. Compter GHC 80 par personne en dortoir. Restaurant.

C'est l'un des choix les plus sympathiques pour se loger à Cape Coast, situé à deux pas du fort. Ce complexe, paillotes et huttes sur la plage, propose des chambres dans le bâtiment principal ou dans de jolies paillotes. L'endroit est agréable et, surtout, situé directement sur la plage. L'hôtel, avec sa terrasse en bord de mer, est également l'un des principaux bars-restaurants de Cape Coast, où la jeunesse locale se retrouve le soir, se mêlant ainsi aux touristes. Un *beach resort* simple et détendu. Le week-end, la plage se transforme presque en discothèque...

La ville de Cape Coast.

MOREE BEACH RESORT €€

Moree Junction
✆ +233 502 163 296
www.majovu.com
Dès 45 US$ la chambre double.

Moree Beach Resort est situé à environ 10 minutes de Moree Junction sur un chemin en terre. L'établissement dispose d'une petite quinzaine de chambres réparties dans des huttes construites et aménagées dans le style du pays (toit de chaume, forme ronde) avec tout le confort. Le lieu possède une très belle plage, un restaurant avec vue sur l'océan et une salle de conférence pouvant accueillir jusqu'à 45 personnes. A proximité se trouvent les ruines du Fort Kormantse-Abandze et le Fort St. Jago. A l'entrée s'illustrent des artisans construisant des pirogues.

SANAA LODGE €€

✆ +233 332 196 960
www.sanaalodge.com
Autour de 80 US$ la chambre double. Piscine et restaurant.

Situé sur la côte en direction d'Elmina, le Sanaa Lodge dispose d'une piscine et est accessible aux non-résidents contre quelques cedis. Les spacieuses chambres sont toutes parfaitement équipées et les chambres familiales remplissent bien leur fonction. Si la décoration est un peu minimaliste, les balcons offrent une belle vue sur l'océan, de l'autre côté de la route. L'architecture moderne et les prestations de qualité sont l'assurance d'un séjour confortable. Pour couronner l'ensemble, le restaurant attenant à l'hôtel est l'un des meilleurs de la ville.

RIDGE ROYAL HOTEL €€€

Residential Rd ✆ +233 312 003 222
ridgeroyalhotel.com.gh
De 140 US$ à 500 US$ la nuitée selon le standing/ type de logement.

Ouvert en 2017, c'est la destination luxe de la ville. Le hall d'entrée séduit avec sa déco ethno chic, tout comme les chambres, avec leurs têtes de lit en bois sculpté. L'hôtel compte également une piscine, trois salles de conférences et deux restaurants (cuisine locale et occidentale au menu). Pour ceux qui souhaitent avoir un peu plus d'intimité, un petit chemin mène vers des bungalows alignés dans un jardin verdoyant. Le personnel est bien à l'écoute et répond avec professionnalisme aux attentes des clients. Une belle adresse qui vaut son pesant d'or.

EMPEROR ITAL JOINT €

entre Victoria Park & Cape Coast Castle
✆ +233 24 988 7382
Ouvert tous les jours de 8h à 21h. Autour de GHC 60 le repas complet.

Végétariens, végans, mais aussi gourmets de tous bords, voici l'une des meilleures adresses de la ville. Cette toute petite cantine a été ouverte par un rasta il y a une dizaine d'années et s'est peu à peu faite un nom en ville. Immanquable, sur Victoria Road (face au Orange Beach Resort), ne la confondez pas avec son voisin qui arbore des couleurs rasta également. Le Emperor Ital Joint sert, comme son nom l'indique, de la cuisine Ital (régime végan des rasta). Les brochettes kebab de soja tromperaient le plus averti des carnivores ! Belle ambiance. Sourire.

NEW LIFE FOOD & DRINKS €

entre Victoria Park & Cape Coast Castle
✆ +233 24 212 5620
www.facebook.com/Jay247M
Ouvert de 9h à 20h tous les jours. GHC 60/70 le repas complet.

Situé non loin du Emperor Ital Joint, face au Orange Beach Resort, le New Life Food & Drinks est une alternative au restaurant végétarien. Avec sa devanture verte annonçant tous les plats et boissons disponibles à l'intérieur, on aura tôt fait d'en franchir le portique pour s'asseoir sur sa petite terrasse ombragée. Plats de pâtes et de riz, brochettes et crêpes, tous les appétits et tous les goûts devraient être satisfaits ici. Attention, les portions sont copieuses. Un conseil donc : terminez une première assiette avant de passer à la suite !

SOLACE SPOT €

Jukwa Road
Ouvert tous les jours jusqu'à 22h. GHC 20/40 le plat.

Solace spot est un maquis à l'ambiance vivante, très fréquenté le week-end. Le lieu est agréable pour boire un verre et y manger local. On apporte torchon propre, pichet d'eau et savon pour l'hygiène des mains. Plusieurs compartiments, çà et là dans un jardin, plaisent beaucoup à la clientèle. De la musique accompagne le repas un peu épicé, néanmoins de très bonne qualité. Si le buffet n'est pas dressé, on aura le choix entre le poisson grillé, les brochettes de viandes et autres plats ghanéens réalisés avec amour et savoir-faire. Local !

CASTLE RESTAURANT €€

Russel Road
✆ +233 208 259 070
www.facebook.com/castlebeachrestaurant
Comptez autour de GHC 50/80 le repas complet. Ouvert 7j/7 de 8h à 22h.

Ce restaurant a l'avantage d'être situé juste à côté du château de Cape Coast. Il propose une cuisine locale de qualité mais également des plats de viande et poisson accompagnés de frites ou de riz, ainsi que de copieuses salades et des sandwichs plutôt bien faits. La cuisine est savoureuse, mais il n'est pas rare qu'il y ait un peu d'attente. Le restaurant est face à la mer, toutefois son architecture en bois ne permet pas d'en avoir une vue bien dégagée. Cela reste quand même un endroit plaisant pour le déjeuner, avant ou après la visite du château.

GO OIL PETROL STATION

Insolite mais vrai, lorsqu'on demande aux habitants de Cape Coast où aller passer une bonne soirée, la réponse qui revient souvent est : à la station d'essence ! Musique *live*, grillades et bières glacées. Il suffira de dire à votre chauffeur de taxi que vous allez à « go oil filling station at Pedu junction ». Vous passerez une excellente soirée, en dansant toute la nuit sur les derniers tubes ghanéens et les grands classiques du *high life* interprétés par un orchestre entraînant. Une véritable plongée nocturne dans le Ghana d'aujourd'hui.

Kakum National Park.
© DEMERZEL21 - ISTOCKPHOTO

KAKUM NATIONAL PARK ★★★

Situé à 30 km au nord de Cape Coast, le Kakum National Park est l'un des principaux attraits touristiques du Ghana. Le pont suspendu à 30 m au-dessus du sol est une attraction qui permet d'avoir une vue intéressante sur la forêt tropicale. Le parcours du *canopy* (dans les arbres) est le grand classique et dure une heure. Un regret tout de même : à cause de la chasse intensive, les espèces de grands animaux se font discrètes dans le parc, et on aura peu de chances de voir des singes sauter de branche en branche. Néanmoins, il est possible d'apercevoir des papillons, des fourmis et des oiseaux. Cette chance augmente avec les visites au lever ou au coucher du soleil, qui correspondent aux périodes d'activité des animaux. Autre attrait du parc : les rencontres organisées avec le village de Mosomagor, là même où il est possible de dormir dans les arbres depuis une plate-forme. Les habitants jouent d'instruments à vent faits en bambou. Il faudra débourser quelques cédis supplémentaires pour monter un petit concert, mais l'opération vaut le coup.

Se loger

Pour ceux qui désirent un hôtel confortable, il faut se rendre au Hans Cottage Botel à Etufu, à une vingtaine de kilomètres du parc. Autrement, la meilleure option pour dormir dans le parc, c'est le village de Mosomagor, où des cases modestes sont mises à la disposition des visiteurs. Il est possible de dormir dans les arbres. Tous les renseignements s'obtiennent au bureau à l'entrée du parc.

Tourisme

Le parc est ouvert du lundi au samedi de 8h à 17h. Les dernières visites commencent à 16h. S'adresser à l'avance aux guides pour d'autres horaires de visite (+233 332 132 583). A noter que le Bureau du Parc de Kakum se trouve à la lisière du parc. C'est là que vous devrez vous acquitter du droit de visite (GHC 70). Il y a là un bureau de change, une boutique proposant des cartes et souvenirs et un bar.

Transports

En voiture, on aperçoit facilement le grand panneau l'indiquant sur la voie Accra-Cape Coast. C'est la correcte route de Dwokwa / Jukwa. En tro-tro, il faut tout simplement monter en direction de Jukwa. L'entrée du parc est juste après le village. Compter, depuis Cape Coast, 1 heure de route.

HANS COTTAGE BOTEL €€

Etufu

✆ +233 332 191 456

www.hansbotelgh.com

75 US$ la chambre double.

Le Hans Cottage est un établissement pratique situé dans la forêt sur la route de Kakum. Il faut dire que l'aménagement de l'établissement est ambitieux, avec ses 50 chambres doubles, ses plans d'eau, ses petites passerelles, ses crocodiles, ses oiseaux et ses poissons en arrière-plan. La salle du restaurant est sur pilotis, au milieu de la mare aux crocodiles, tandis que les chambres s'avèrent propres et relativement spacieuses. L'offre des chalets reste la meilleure de Hans. La proximité du parc de Kakum est un réel avantage.

ELMINA ★

Ainsi va la légende ghanéenne de la fondation d'Elmina : trois frères chasseurs étaient partis de Techiman à la découverte de nouvelles terres. Déshydratés, plombés par la chaleur et au bord du malaise, ils aperçurent une rivière et coururent s'y abreuver. À peine eurent-ils fini leur première gorgée qu'une divinité émergea du ruisseau. Celle-ci leur expliqua que ceux qui profitaient de la source de vie ne pouvaient rebrousser chemin « *Ano-ansa* ». Elle ajouta que sept mois après leur rencontre – et ce chaque année – il fallait célébrer l'évènement. Cette célébration est devenue un festival, celui de « Bakate » qui se tient tous les premiers mardis du mois de juillet. L'aîné des trois frères respecta la divinité et décida d'appeler le lieu Edina et de s'y installer.
Le nom d'Elmina fut donné par les Portugais (« *El mina* » veut dire « la mine » en portugais). Ces derniers construisirent un fort, le plus vieux de la côte, et y acheminèrent beaucoup d'or. Par la suite, le lieu changea de main européenne plusieurs fois.

Se restaurer

Pour vous restaurer à Elmina, outre les diverses petites gargotes du centre-ville proposant dans le centre du poulet et du riz pour quelques cédis, les meilleurs restaurants sont ceux des hôtels cités dans ce chapitre.

Transports

▸ **Tro-tro.** Il existe deux gares routières à Elmina. La première se situe en plein centre-ville derrière le Fort San Jago. Elle dessert Cape Coast, Accra et dans l'ensemble les destinations situées à l'est. Pour l'ouest, il faut miser sur la gare routière située sur Liverpool Road, dans la plus ancienne partie de la ville, à près d'1 km du château d'Elmina.

LITTORAL

La ville d'Elmina.

Sur place. Pour les voyageurs dotés de leur propre véhicule, la signalisation de la ville étant très mauvaise, il est conseillé de suivre les panneaux publicitaires des grands hôtels. En venant d'Accra, fiez-vous à celui de l'Elmina Beach Resort. Si vous arrivez de Takoradi, celui du Coconut Groove sera votre meilleur guide.

SANCTUAIRES ASAFO ★

Plusieurs de ces sanctuaires colorés se situent dans Elmina même. Ils constituent un mélange de données symboliques et mythiques. Il en existe plusieurs dans les rues qui mènent au nouveau pont avant le château. Les compagnies asafo sont des groupes militaires composés de soldats remplissant également un rôle auprès des membres de la communauté. Chaque sanctuaire est dédié à un Asafo, qui exprime la philosophie du groupe ou démontre sa supériorité face à ses rivaux. Sachez qu'il est de bon ton de laisser un pourboire à la personne qui surveille les lieux.

CIMETIÈRE HOLLANDAIS DU XIXE SIÈCLE

Entrée libre.

On le trouve au centre d'Elmina, le long de la rue Dutch Cementry. Vous trouverez également deux sanctuaires asafo dans la même rue. Erigé en 1806 sur l'ordre de Johannes Petrus Hoogenboom, gouverneur de la Golg Coast néerlandaise, pour accueillir les corps de colons, l'histoire raconte qu'il fut lui-même ironiquement l'un des premiers occupants de ce nouveau cimetière. Le gouverneur aurait été assassiné suite à un désaccord avec les habitants de la ville.

THE ST. GEORGE'S CASTLE MUSEUM

Entrée : GHC 40. Ouvert du lundi au dimanche de 9h à 16h30. Restaurant et bar.

Un petit musée très intéressant sur les guerriers ghanéens qui furent enrôlés de force à Java, pour combattre aux côtés de l'armée hollandaise de 1842 à 1872. Ils furent plus de 3 000 à se battre pour la Couronne hollandaise. Une section a récemment été ajoutée sur l'histoire d'Elmina. Il s'agit d'une visite complémentaire conseillée à celle du château lui-même. On en profitera pour éventuellement se restaurer au café-restaurant mais aussi pour jeter un œil à la librairie du musée.

FORT COENRAADSBURG / FORT SÃO TIAGO DA MINA

Entrée adulte 10 US$.

Le Fort Coenraadsburg (ou Fort São Tiago da Mina, de son nom portugais) se découvre sur la droite avant d'arriver au château Saint-Georges. Petite chapelle portugaise dédiée à saint Jago, elle était à l'origine destinée à protéger le château. Elle a depuis été transformée en pension de famille. Construit au XVIIe siècle, le fort offre depuis ses tours une vue magnifique sur l'ensemble de la ville et sur le port. La bâtisse est d'ailleurs classée à l'UNESCO depuis 1979.

ALMOND TREE GUESTHOUSE €€

High Road

✆ +233 424 281 098

www.almond3.com

De 35 à 75 US$ selon le standing.

L'Almond est loin de proposer le meilleur rapport qualité-prix d'Elmina, même si l'établissement est plutôt bien tenu. Il est situé proche de l'océan, à 10 minutes à pied du centre-ville. Dirigé par un rasta, il a un style et un certain esprit « ethniques ». Le lieu propose aussi de nombreuses activités (danse, musique, réflexion...) qui en font un lieu d'hébergement unique au Ghana. Les chambres sont toutes uniques, chacune avec sa déco bien à elle, et un nom lié à la culture rasta (Bob Marley, Marcus Garvey, Samuel Sharpe).

LITTORAL

CHÂTEAU SAINT-GEORGES ★★

✆ +233 332 132 529
www.ghanamuseums.org
Ouvert tous les jours 9h-16h30 (dernière entrée 15h30). Entrée adulte 10 US$.

Le littoral ghanéen, le long du golfe de Guinée, est unique en Afrique pour son nombre de forts et de châteaux anciens bâtis par divers pays européens ; d'abord par les Portugais et plus tard par les Suédois, les Hollandais, les Danois, les Anglais et les Allemands. Ces derniers changèrent maintes fois de mains. On trouve ainsi des vestiges de vingt de ces châteaux forts au Ghana. Le plus ancien construit en Afrique subsaharienne se trouve à Elmina. Il s'agit du château Saint-Georges (São Jorge). Construit par les Portugais en 1482, il a été agrandi plusieurs fois jusqu'au XIXe siècle. Il fut construit après l'arrivée d'une expédition de 600 hommes comprenant cent maçons et cent charpentiers. Puis les Hollandais le prirent aux Portugais en 1637. Il se situe à présent au centre de la ville côtière d'Elmina. C'est le château ghanéen le mieux préservé et le plus photographié. A l'image de celui de Cape Coast, il a été réhabilité en 1994, et tous les guides en proposant la visite ont reçu une formation spécifique. Lui aussi fait partie du patrimoine mondial puisqu'il a été classé monument historique par l'Unesco. Il faut dire que cet édifice a joué un rôle important dans la colonisation ouest-africaine, puis dans le commerce de l'or et d'esclaves. Il est un souvenir douloureux de cet épisode. En permanence, près d'un millier d'esclaves étaient enchaînés dans quatre ou cinq pièces qu'on trouve ici, avant d'être embarqués pour le Nouveau Monde. A l'apogée de ce commerce, on ne comptait pas moins de 50 fortifications au Ghana.

COCONUT GROVE BRIDGE HOUSE €€

En face d'Elmina Castle.
✆ +233 263 018 743
coconutgrovehotelsghana.com
Autour de 50 US$.

Un hôtel chargé d'histoire, car établi dans un ancien comptoir de marchandises hollandais. Fort bien situé à deux pas du château, il dispose de très jolies chambres, avec poutres apparentes, et belle vue sur la ville. L'architecture y est unique (car très ancienne) et la terrasse agréable. Pour son histoire et son caractère, probablement la meilleure adresse dans cette catégorie. Lors de la réservation, faire attention à ne pas confondre les différents établissements Coconut Grove.

MABLE'S TABLE €€

✆ +233 244 610 009
Autour de 20/30 US$ la nuit.

L'hôtel dispose de quatre chalets. Son gros point fort : la magnifique vue ouverte sur l'océan. Pour le prix, les chambres sont plutôt bien équipées avec un ventilateur ou un climatiseur, une télé et une salle de bains particulière. Une adresse à retenir, d'autant qu'elle dispose de son propre restaurant où l'on mange bien (essentiellement des spécialités ghanéennes très bien préparées), et que la vue sur le château fort est mémorable. Bref, une adresse tout en simplicité, à tarif abordable et particulièrement bien située, à même la plage.

COCONUT GROVE BEACH RESORT €€€

Mmoframa Akyinim
✆ +233 24 433 3001
A partir de 135/160 US$ la chambre simple et jusqu'à 300/400 US$ pour la suite familiale avec vue sur la mer.

Considéré comme l'un des meilleurs *beach resort*, 3 étoiles, du Ghana, le Coconut Grove Beach Resort a une situation idyllique sur la plage. Des palmiers et des petites maisons rouges confortables, un beau jardin avec piscine, un bar, des terrasses agréables, terrain de golf et sorties à cheval. Les chambres sont tout confort. Les chambres sont joliment décorées, à base de mobilier en bois sombre et de quelques détails plus colorés. Literie très confortable.

ELMINA BAY RESORT €€€

✆ +233 541 614 812
www.elminabayresort.com
Autour de 120 US$ la chambre double. Plage. Piscine. Restaurant.

Plage bordée de cocotiers, paillotes pour lézarder face à la mer ou au bord de la vaste piscine, chambres bien entretenues et équipées de tout le nécessaire pour un séjour confortable (même si les bâtisses modernes abritant ces dernières manquent cruellement de charme), le Elmina Bay Resort, à 10 minutes en voiture du centre-ville d'Elmina, est une très bonne adresse si vous êtes à la recherche de tranquillité et de douceur de vivre ! Le restaurant avec ses spécialités internationales est par ailleurs très recommandable. Un resort moderne, un poil impersonnel.

ELMINA BEACH RESORT €€€

✆ +233 54 431 2370
www.elminabeachresort.net
A partir de 170 US$. Petit déjeuner compris.

Situé à la sortie de la ville en direction de Cape Coast, cet hôtel à l'architecture moderne, peu esthétique mais pratique, possède une jolie vue sur la mer, mais ne dispose pas de plage privée. Au menu des prestations : un gym center, un terrain de basket, une salle de squash sans oublier l'agréable et spacieux restaurant Homowo ! La centaine de chambres qu'on y trouve sont très bien tenues et tout ce qu'il y a de plus confortables (les plus fortunés opteront pour l'une des neuf suites !). Notons la présence aussi d'un magasin de souvenirs bien achalandé.

BRENU ★★

A 20 minutes en voiture d'Elmina, en suivant la direction de Takoradi. Au bout de 15 km depuis la sortie d'Elmina, vous arriverez à la jonction Ajensudo où vous apercevrez le panneau indiquant Brenu.

Cette plage est l'une des plus connues du Ghana. Les gens y viennent de toute la région pour se baigner et prendre un bain de soleil. Il faut dire que l'endroit est magnifique. Plusieurs petits restaurants accueillent les plagistes. La tranquillité des lieux, combinée à la beauté de la palmeraie, séduira petits et grands.

BRENU BEACH RESORT €€

Brenu Akyimin
✆ +233 24 415 8675
80-150 US$ la nuit en chambre double.

En arrivant à Brenu Beach, tournez sur votre gauche, et passez l'école. Vous tomberez sur l'entrée d'une plage payante. C'est ici que se trouve le Brenu Beach Resort. La superbe plage qui s'offre au visiteur fait vite oublier la monotonie de la décoration générale de l'hôtel. Les chambres sont propres, bien entretenues et disposent d'un bon accès au wifi. L'établissement est doté d'un agréable restaurant qui sert notamment de très bons plats de fruits de mer. Une adresse fréquentée par les Ghanéens de la capitale le week-end.

AMPENYI

Moins connue que Brenu, la plage de Ko-Sa n'a rien à envier aux autres belles plages de la côte. Bien au contraire. Elle draine moins de monde et se veut donc un peu plus exclusive. On trouve ici un éco-resort qui mérite d'être mentionné, le très bon Ko-Sa Beach Resort, tenu depuis de nombreuses années par un couple de Hollandais tombés amoureux du pays et de la région. Une balade dans le bourg de permettra par ailleurs de s'imprégner de l'ambiance villageoise. Ici, on vit essentiellement de la pêche, il n'y a qu'à faire un tour sur la plage et compter les pirogues alignées là pour le comprendre. Les pêcheurs sortent presque tous les jours.

KO-SA BEACH RESORT €

2 Beach road
✆ +233 244 375 432
www.ko-sa.com
Chambre éco 25 US$, couple 75 US$, familiale 90 US$.

Monté par Annelies et Nol en 2007, cet établissement hôtelier tourné vers une gestion éco-engagée a de quoi séduire ! Dans le jardin tropical, une vingtaine de bungalows à la déco pleine de bon goût tandis que sous la grande paillote on peut déguster de délicieuses préparations locales ou plus internationales élaborées à base de produits frais. Nombreuses activités : tour à cheval, marche sur la plage, baignade (très sûre car la plage est protégée par un barrage naturel) excursions culturelles, massage sur demande, et bodyboard à disposition. Un petit paradis !

TWITTER PARADISE GUEST HOUSE €

Ampenyi, Off Cape Coast Takoradi Road
✆ +233 24 328 8152
twitterparadise.com
A partir de 30 US$ la chambre.

Le Twitter Paradise, avec son joli jardin tropical et sa large terrasse surplombant la plage, est une très bonne option logement ! Plusieurs unités de logements très confortables réparties entre les cocotiers et la mer, une vaste paillote en bois accueillant le restaurant de spécialités ghanéennes et le bar, un service d'excursion et de location de vélos... Bref, le lodge ne manque de rien. Quel plaisir de se laisser bercer par le son conjugué des vagues et du chant des oiseaux...

THE FORK €

Dans le village
Ouvert tous les jours midi et soir. Autour de GHC 50 le repas complet.

The Fork, c'est l'alternative locale aux restaurants des deux hôtels du coin (Twitter et Ko-Sa). Pour y arriver, demander votre chemin aux habitants du petit village de pêcheurs d'Ampenyi. Installée en retrait de la route principale, la vaste demeure bien ventilée est le lieu idéal pour déguster fufu, banku et riz jollof à bon tarif et préparés dans la tradition la plus authentique. Le lieu est souvent vide, donnant une impression d'abandon, pourtant il fonctionne bel et bien et l'accueil se fait avec le sourire. Parfait pour sortir un peu des sentiers battus.

KOMENDA

Entre Cape Coast et Sekondi, Komenda est une petite ville côtière dotée d'un petit port de pêche. Sans intérêt particulier, même si son environnement côtier est plaisant, elle possède deux anciens forts européens : Fort English et fort Vreedenbirg. Le premier se trouve sur la route de Takoradi, sur la rive droite de Komenda. Les quelques vestiges qui ont survécu au temps et aux batailles permet de se faire une idée de la rivalité qui opposait Anglais et Hollandais aux XVIIe et XVIIIe siècles. La construction du fort remonte à 1687. Le second, situé à 20 km à l'ouest d'Elmina, est en totalement en ruines et ne mérite pas vraiment le détour.

SHAMA

Shama est loin d'être la sortie la plus connue des voyageurs. Ce petit village permet une balade très agréable entre son fort et son marché de poissons. Pour vous y rendre en voiture, roulez sur 18 km sur la route principale Accra-Takoradi en direction de l'est. La ville se situe alors à 4 km plus au sud, au départ de la route goudronnée. Venant d'Accra, ne tournez pas à gauche au panneau « Shama Beach », mais poursuivez votre route jusqu'au panneau « Shama ». Dans les faubourgs est de la ville, là où la rivière Pra rejoint l'océan, vous admirerez le marché aux poissons le long d'une bande de plage bordée de palmiers, tous les jours sauf mardi.

FORT SAN SEBASTIAN ★

Entrée : 10 US$ par personne, 7 US$ par étudiant. Ouvert tous les jours de 9h à 16h30.

Ce petit fort se trouve au cœur du village près de l'océan. Il est en bon état et mérite une visite. Construit par les Portugais en 1590 sur le site d'un ancien pavillon hollandais, il fut abandonné dix ans plus tard. Il était en ruine quand les Hollandais le reprirent en 1638. Après restauration, il fut conquis par les Anglais en 1664. Quelques mois plus tard, les Hollandais s'en emparèrent une nouvelle fois et le gardèrent deux siècles. Comme la plupart des forts hollandais du Ghana, il fut cédé aux Anglais en 1872, qui le restaurèrent dans les années 1950.

TAKORADI - SEKONDI

La ville de Takoradi et celle de Sekondi forment une double-agglomération, qui est la troisième du pays, avec plus de 650 000 habitants. Takoradi est plus industrialisée et plus moderne que sa sœur jumelle. Capitale de la région, elle s'est construite autour de son port qui exporte d'énormes quantités de cacao et de bois. Takoradi et Sekondi se hissent en pôle économique important du Ghana.

Se restaurer

Takoradi est une ville de businessmen. Il est donc facile d'y trouver un restaurant pour manger. Outre les restaurants des hôtels, vous trouverez une sélection hétéroclite de tables de qualité.

Transports

- **Avion** : Takoradi possède un aéroport, situé dans l'ouest à 2 km du centre au bout de l'Axim Road.
- **Bus** : la principale gare routière se trouve en face de la station STC, sur la route d'Axim. D'autres compagnies, comme Metro Mass font le trajet jusqu'à Accra.
- **Tro-tro** : juste en face de la gare STC, la Lorry Station propose des tro-tros pour Accra à partir de 10 cedis. Ils partent dès qu'ils sont pleins. Possibilité de rejoindre presque toutes les villes de la côte comme Axim. Pour Busua, il faut aller à la station qui se trouve un peu plus haut, à hauteur de la station Shell, juste avant Agona Junction. Enfin, sur la route de Cape Coast, des tro-tros partent pour Cape Coast. Depuis Accra, il faut rejoindre la grande station de Kaneshie Market au nord-ouest du centre-ville.

© GHANA TOURIST BOARD

Fort Sebastian.

COLLINE AUX SINGES

Sur New Takoradi Road, à hauteur du rond-point de l'hôtel Ahenfie, la colline aux Singes est un endroit à ne pas rater. Il s'agit d'un site naturel où une colonie d'un cinquantaine de singes s'est réfugiée quand la ville de Takoradi a commencé à s'agrandir. Du fait de l'intérêt touristique porté à la colline, les autorités municipales ont rapidement décidé de protéger les lieux. L'heure idéale pour s'y rendre est aux alentours de 17h. C'est en effet vers la fin de l'après-midi que vous aurez le plus de chance de croiser nos cousins singes !

MARCHÉ ★

Parce que sa structure ronde est très particulière, et qu'il est le cœur même de Takoradi, la visite du marché est à ne pas manquer. Sa taille relativement petite permet de vite se repérer et de se familiariser avec les marchés africains. Surtout n'hésitez pas à vous perdre, à vous faufiler dans toutes les allées, à emprunter des escaliers qui semblent mener nulle part : l'endroit est on ne peut plus sûr. Vous pourrez trouver toutes sortes de produits alimentaires et non-alimentaires tout en goûtant à une authentique ambiance de marché ghanéen.

FORT ORANGE

Ouvert de 9h à 16h30, entrée : 10 US$ par personne, 7 US$ par étudiant.

La construction du Fort Orange de Sekondi (Fort Oranje en néerlandais) remonte à l'époque de la Gold Coast des Hollandais. Inauguré en 1642 et utilisé comme point de transit des esclaves dans le cadre de la traite négrière, le fort sera agrandi à plusieurs reprises. Rempli d'histoire, il est aujourd'hui ouvert à la visite. Il est intéressant d'y monter pour profiter également du joli panorama qui s'étend sur la ville. Tout comme un certain nombre de forts de la côte ghanéenne, le Fort Orange est classé à l'UNESCO depuis 1979.

ARVO HOTEL €

Coliff avenue

✆ +233 312 021 530

Autour de 100 GHC la nuit.

Installé en bordure d'un rond-point, sur Collins Street, donc en plein centre-ville, l'Arvo Hotel est l'un des plus vieux établissements de Takoradi. Une fois la réception passée, un étonnant bassin à poissons fait office de principal élément de décoration. Passé la petite cour, on se réfugie dans l'ombre de la cage d'escalier, qui monte vers les quatre étages que compte l'hôtel. Si l'allure générale du bâtiment paraît un peu vieillotte, les prestations de l'Arvo Hotel sont tout à fait à la hauteur en plus d'être assez peu chères.

LITTORAL

Fort Orange.

AFRICA BEACH HOTEL €€

Beach Road
✆ +233 312 025 148
www.africabeachhotel.com
Bungalow à partir de GHC 350. Salles de bains privée, climatisation, TV Satellite et réfrigérateur.

Il est rare au Ghana de trouver une telle qualité de service, que ce soit au niveau de la tenue des chambres ou du restaurant de l'hôtel. Si les pièces communes sont sans grand charme, la vue sur la mer depuis les chambres est imprenable et pousse souvent les voyageurs à prolonger leur séjour. Presque tous les vendredis et samedis soir, un groupe de musique vient distiller de la bonne humeur de 19h à minuit au bord de la piscine. A noter également la petite boutique de produits artisanaux située juste à l'entrée de l'établissement. Très bon rapport qualité-prix.

AKROMA PLAZA HOTEL €€

Ama Akroma Road
✆ +233 312 021 284
Chambre à partir de 60 US$ la nuit. Bar et restaurant en salle et en extérieur. Piscine et aire de jeux pour enfants.

L'Akroma Plaza Hotel, situé au cœur de la ville, est un établissement pas forcément de première fraîcheur, mais qui a su moderniser ses infrastructures avec le temps. Les chambres sont en effet parfaitement aménagées avec la télévision, un mini-bar, la climatisation et la connexion wi-fi est plutôt bonne. Le restaurant de l'établissement est par ailleurs un lieu de rendez-vous bien connu des hommes d'affaires de Takoradi qui n'hésitent pas à y amener un client à déjeuner. Une adresse plutôt recommandée pour une escale d'une nuit en ville ou pour le restaurant.

RAYBOW HOTEL €€

Superior Ridge Rd
✆ +233 312 022 072
www.raybowhotel.com
De 500 à 800 GHC selon le standing.

L'avantage de cet hôtel, c'est que tous les prix sont négociables. Ouvert depuis plus de vingt-cinq ans à présent (l'inauguration remonte à 1998), le Raybow Hotel propose différents types de logement assez bien décorés : des chambres simples, doubles, mais aussi des chalets plutôt mignons. L'établissement se démarque de l'offre hôtelière de Takoradi par l'aspect moderne de ses installations. Le plus : la salle de restaurant sous une paillote au toit de chaume proposant un généreux buffet et des plats locaux au très bon rapport qualité-prix.

BEST WESTERN PLUS ATLANTIC HOTEL €€€

Beach Road Area
✆ +233 312 002 700
book.bestwestern.com
À partir de 130 US$ la chambre double.

Le Best Western Plus Atlantic Hotel a été inauguré en avril 2014. C'est un établissement de très bonne qualité, même s'il est peut-être légèrement surévalué. On y apprécie notamment les services et le professionnalisme du personnel. Si les couleurs de la décoration des chambres sont un poil criardes, le confort est bel et bien au rendez-vous et les chambres sont très lumineuses, certaines avec vue sur la mer un peu plus loin. La piscine est un endroit agréable également.

RED MANGO HOTEL AND APARTMENTS €€€

WS-349-5601
✆ +233 20 999 8000
www.redmangohotelapartments.com
Dès 100 US$ la chambre.

Adresse véritablement coquette de Takoradi, on ne s'attend pas à trouver les standards d'un boutique-hôtel de charme ici. Et pourtant ! Disposant de plusieurs catégories de chambres – toutes sont très élégantes et très confortables – le Red Mango propose également des appartements tout-équipés. Le restaurant continental est par ailleurs de très bonne facture et le jardin tropical au milieu duquel semble flotter une piscine aux parois transparentes est très bien entretenu.

EAT ALLEY EATERY €

27 J B Danquah Rd, West Tanokrom
✆ +233 268 785 710
Fermé le dimanche. Compter autour de GHC 30/50 le repas complet.

Le Eat Alley Eatery est un restaurant faisant à la fois traiteur et proposant un service de restauration à emporter, très apprécié par les locaux ainsi que par les gens de passage. Les plats proposés sont frais et savoureux en plus d'être à des prix très abordables. Vous trouverez des plats tels que du riz (*fried rice*) accompagné de poulet, de bœuf, d'œufs, de crevettes et bien d'autres ; des salades ; des plats en sauce, du banku tilapia mais également des burgers frites ou poulet frites pour ce qui veulent changer de la cuisine locale.

BOMBAY INDIAN RESTAURANT €€

Cape Coast Road ✆ +233 244 886 410

Ouvert tous les jours de 9h à 23h. Compter autour de 50 GHC pour un plat principal. Plats végétariens disponibles.

Un cadre en bois et bambou, avec un large espace en extérieur. Ce restaurant propose une excellente cuisine indienne. La carte très variée vous permettra de choisir un assortiment de plats à partager, ou des plats principaux plus consistants. Au menu : des snacks à l'indienne, des assiettes végétariennes, des plats à base de viande, mais également des mets locaux pour les irréductibles, du riz jollof par exemple ou des sandwiches. Afin de préserver vos papilles, le restaurant a la délicatesse de vous préciser quels plats sont très épicés.

CAPTAIN HOOK'S €€

Beach Road

✆ +233 244 330 675

www.instagram.com/captainhooktakoradi/

Compter GHC 100 à 150 par personne.

Captain Hook's est tout bonnement l'une des meilleures tables de la ville. Dans un cadre de restaurant typique ghanéen, on déguste toute une gamme de plats à base de fruits de mer et de poissons ultra-frais toujours issus de la pêche du jour. Les plateaux de crustacés à déguster à plusieurs sont gargantuesques ! Les accompagnements sont très bien travaillés également et l'ambiance est vraiment relax. Avec cette bonne odeur d'océan qui sature l'air en prime. Ajoutez au tout une belle sélection de boissons alcoolisées et non-alcoolisées et le tour est joué.

HAN PALACE CHINESE RESTAURANT €€

Dixcove Road

✆ +233 20 392 1538

Ouvert tous les jours de 10h30 à 22h30. Autour de 50 GHC.

Comme dans de nombreux restaurants chinois du pays, au Han Palace, on mange dans une vaste salle climatisée et bien tenue. Le service est rapide et les plats, savoureux. Ce lieu est considéré par de nombreux visiteurs de passage comme une des meilleures tables de la ville. Une cuisine authentique de qualité, des fruits de mer frais et un bar agréable font partie des éléments qui ont conquis les clients, malgré des prix un peu plus élevés que la moyenne pour Takoradi.

BUTRE

Butre est un petit village de pêcheurs installé à l'embouchure d'un cours d'eau qui se jette dans le Golfe de Guinée au niveau d'une petite baie. Si un passage dans le village est une expérience en soi, on s'y rend plutôt pour les quelques resorts de type éco-lodge installés le long de la plage. On ne saurait que trop vous recommander un passage par le Fanta's Folly, tenu par Philippe et sa femme Fanta, ne serait-ce que pour manger ! Le Green Zion Garden, pour loger et/ou manger est également une bonne adresse. A noter que l'on peut rallier Busua via un sentier traversant la forêt en une bonne heure de marche (trouvez un accompagnateur).

FANTA'S FOLLY €

Village Butre

✆ +233 208 304 620

www.fantasfollyghana.com

Nuitée de 20 € à 45 € en bungalow, pour 2 à 4 personnes. Plats à partir de 7 €.

Fanta, Nigériane, et Philippe, Français, ont créé de jolis bungalows pleins de bon goût, mettant à contribution leur inventivité et le savoir-faire artisanal des locaux. Le jardin et son joli gazon planté de cocotiers est grand ouvert sur l'océan, offrant un spectacle sensationnel et sans cesse changeant. On apprécie le calme du lieu autant que les délicieuses préparations locales du restaurant, que la *French touch* de Philippe ne fait que sublimer. On trouve par ailleurs une boutique d'art africain (objets en bronze et bois). Pour un séjour écolo et authentique !

GREEN ZION GARDEN €

✆ +233 20 294 9398

www.facebook.com/GreenZionGarden

Ouvert midi et soir. Plat autour de 5/7 US$ (comptez 30 US$ pour dormir sur place).

Avec sa petite oasis tropicale débouchant sur la plage de Butre (juste après le lodge The Hideout en venant du village), le Green Zion Garden a tout d'un petit paradis. Au milieu de la végétation luxuriante, quelques cabanes propres et bien aménagées pour dormir, un espace pour le feu de bois du soir, et quelques tables disséminées ici et là, à l'ombre des arbres, pour déguster les plats du chef et tenancier du lieu, le chaleureux Ellis. Au menu de délicieux plats « ital », autrement dit vegan, dans la terminologie rasta. Une adresse qui doit tout à son créateur !

BUSUA ★★

Malgré sa toute petite taille, la ville de Busua a joué un rôle majeur dans la Région de l'Ouest. Si c'est moins vrai de nos jours, le chef du village a en effet longtemps tenu un rôle d'autorité important et les gens venaient souvent de loin pour s'en remettre à lui et trouver réponse à leur problème. D'après la légende, la chefferie aurait été installée dans ce village après qu'une baleine eut vomi un siège de chef sur la plage. L'animal est d'ailleurs le symbole de la ville. Busua est aussi la station estivale du coin. Les adresses pour y passer la nuit sont nombreuses et de bonne qualité. C'est par ailleurs un parfait spot pour s'initier au surf.

PLAGE

© GHANA TOURIST BOARD

La plage de Busua est superbe. L'océan qui la borde est des plus calmes mis à part quand la marée monte, faisant la joie des surfeurs ! Quelques *surf-schools* y sont d'ailleurs installées. Mais même dans ces conditions, la baignade est garantie sans danger. Depuis la plage de Busua on pourra rejoindre, en 15 minutes de bateau environ, le bloc rocheux émergeant de l'eau au loin : il s'agit de la petite île d'Abokwa. Notons que la plage de Busua a depuis quelques années tendance à être de plus en plus fréquentée le week-end. Un bel endroit !

DADSON LODGE €

✆ +233 245 946 949

Autour de 100 GHC.

Probablement l'adresse la moins connue de Busua et pourtant ! Difficile pourtant de manquer ce grand bloc de ciment en forme de U et peint en rose. Donnant sur la rue principale du village, il s'agit du tout premier « complexe » hôtelier de la bourgade. Une grande cuisine commune est mise à disposition de tous les clients et les chambres sont très bien tenues. Un séjour au Dadson est l'occasion parfaite pour rencontrer des Ghanéens, cet établissement étant très fréquenté par des touristes locaux. Une adresse plus locale que les autres.

BUSUA INN €€

Busua Beach

✆ +233 207 373 579

www.busuainn.com

Chambre à 25 US$ (ventilée), 40 US$ (ventilée et eau chaude) et 70 US$ (climatisée). Restaurant et galerie d'art.

Le Busua Inn est littéralement construit sur la plage et propose une petite terrasse pour prendre son petit déjeuner le matin en observant l'activité liée à la pêche, ou y siroter un apéro en fin de journée lorsque la lumière du jour vire à l'orangé. Tenu par une Française, Danielle, personnage haut en couleur bien installé dans le décor de Busua, l'hôtel a la réputation de soigner sa cuisine. Du côté des chambres, le confort est au rendez-vous avec des pièces simples et propres, et des salles de bains bien équipées. Galerie d'art. Une adresse au top.

SCORPION HILL LODGE €€

Busua Ahanta West

✆ +233 20 916 9888

www.scorpionhilllodge.com

Dès 35 US$ la chambre.

Situé à l'extrémité de la plage de Busua, de l'autre côté du petit lagon (un pont permet de le franchir), le Scorpion Hill Lodge est une adresse très recommandable qui plaira tout particulièrement aux jeunes voyageurs. L'ambiance est plutôt bon enfant, ambiance backpacker très sympa. Le terrasse, sous les arbres, est vaste et se convertit en bar lounge quand tombe la nuit. Côté logement, on trouve une quinzaine de chambres simples et confortables. Activités : yoga, surf, tennis et volleyball. Parfait pour déconnecter quelques jours !

LITTORAL

BUSUA BEACH RESORT €€€

Busua Agona Ahanta ✆ +233 312 093 305
www.gbhghana.net
Nuitée à partir de 70 US$ pour 2 personnes. Climatisation, TV, minibar, piscine…

A l'extrémité de la plage se trouve l'un des trois hôtels du groupe Golden Beach. Celui-ci dispose d'une cinquantaine de bungalows confortables et climatisés. L'établissement donne directement sur la plage à l'endroit où elle est le plus protégée de la pollution produite par le village. Le jardin de l'hôtel est entièrement tapissé d'un gazon et dispose d'une piscine, d'un court de tennis et jeux pour enfants. Le restaurant, directement sur l'océan, est disposé sous un énorme chapiteau de chaume et très aéré lors des grandes chaleurs. Belle adresse.

FRANCIS BESI SHOP

Route principale

Installée sur la route principale, parallèle à la ligne de mer, entre l'Alaska Beach Club et l'African Rainbow Resort, la toute petite échoppe de Francis vaut le coup d'oeil. Tailleur talentueux à la longue expérience, il propose de pièces plutôt originales (des t-shirt taillés dans la toile de sac de grains de riz par exemple) et d'autres plus classiques, mais toujours avec une certaine recherche. Si vous disposez d'au moins 24h, Francis prendra vos mesures et vous confectionnera un vêtement sur mesure dans le tissu de votre choix.

JUSTICE'S BROTHERS

Busua beach
✆ +233 54 792 2166
www.justicesbrothers-ogsc.com
Location planche : GHC 70/h, GHC 250/jour. Cours privé GHC 200, GHC 150 en groupe, GHC 800 la semaine.

L'histoire de cette petite surf-school de Busua démarre en 2014, lorsque Ben, surfeur britannique passe par ici et tombe amoureux du spot. Il forme alors un jeune ghanéen, Justice, à l'art de la glisse mais aussi de l'enseignement. Les jeunes du village (les frères de Justice) s'organisent, parviennent à se procurer trois planches, puis peu à peu finissent par être suffisamment équipés pour lancer une école. Une adresse recommandée aussi bien pour le professionnalisme des jeunes profs que pour leur bonne humeur. Une adresse futée !

AKWIDAA

Le petit village d'Akwidaa se trouve à une vingtaine de kilomètres à l'ouest de Dixcove et de Busua. Ce petit bourg de 2 000 habitants a toutes les caractéristiques d'un petit port de pêche traditionnel ghanéen. On y parle l'Ahanta, la langue parlée entre Takoradi à Axim. Une visite est d'autant plus intéressante que vous serez très bien accueilli. Vous pourrez vous promener en pirogue sur la rivière Ezile qui se jette dans la mer au niveau d'Akwidaa ou profiter de ses belles plages de sable fin. Enfin l'ultime point d'intérêt peut être son petit fort, aujourd'hui tombé en ruine. Pour rejoindre le village, il est possible prendre un taxi à Dixcove.

ESCAPE3POINTS ECOLODGE €

Cape Three Points ✆ +233 267 218 700
www.escape3points.com
Chalet 25/55 US$, lit en dortoir à 11 US$. Excursions, organisations d'activités locales.

Cet écolodge propose des lits en dortoir et des chalets confortables à des tarifs attractifs. Au restaurant-bar, vous trouverez des plats composés des produits du jardin et des cocktails aux fruits frais. Les activités sont axées sur la protection de l'environnement et la promotion d'un développement durable. Possibilité de participer aux projets variés (volontariat, partage des connaissances…). Un lieu vraiment unique tant pour sa localisation que pour sa proposition véritablement engagée socialement et écologiquement. On aime !

EZILE BAY VILLAGE €

✆ +233 243 174 860
www.ezilebay.com
Autour de 290 GHC la chambre. Spot de surf à 10 min à pied.

Voici une autre adresse parfaite pour être au calme : cinq bungalows, 4 chambres et une vaste salle de restaurant. Pour le reste, une longue et déserte plage de sable fin bordée de palmiers et une eau claire parfaite pour la baignade. Ouvert en 2008, cet établissement est formidablement aidé par un cadre idyllique. Si les amateurs de grand confort n'y trouveront pas toujours leur compte, les *backpackers* pourraient bien y poser leur sac à dos plus longtemps que prévu. Ce site exceptionnel peut désormais être atteint facilement *via* la piste de Cap Three Points.

PRINCESS TOWN ★

Pour ceux qui rêvent d'une plage isolée et préservée, cet endroit est à marquer d'une croix. Princess Town compte également un fort, ouvert aux visiteurs. Il a été construit sur le site d'un pavillon danois datant de 1658. Appelé à l'origine Groot Friedrichsburg par les Hollandais qui le construisirent en 1683, Fort Princess Town était à l'époque l'un des plus beaux de la côte avec son portail monumental orné d'un clocher impressionnant. Après 35 années d'occupation, ils l'abandonnèrent, le laissant entre les mains d'un astucieux négociant en or, John Conny, qui était le chef du village. Les Hollandais le réinvestirent en 1725 et le rebaptisèrent fort Hollandia, après quoi il devint un comptoir mineur jusqu'en 1872, date où il fut cédé aux Anglais. Quelques chambres rudimentaires, dans le fort, sont en principe louées aux visiteurs pour la nuit.

Non loin, on trouve également la plage de Miemia, réputée pour être l'un des meilleurs spots de surf de toute la côte ghanéenne. Il fonctionne surtout en avril et mai et pendant les mois de septembre, d'octobre et de novembre. Prenez tout de même soin de vous renseigner auprès des locaux pour éviter de vous déplacer pour rien. Pour s'y rendre, il suffit de tourner à gauche après la barrière de police entre Busua et Axim.

Si vous ne disposez pas de véhicule, le plus simple pour rejoindre Princess Town ou Miemia est encore de louer les services d'un taxi.

FORT SANTO ANTONIO ★

www.ghanamuseums.org

Entrée : 10 US$ ou l'équivalent en cédi. Ouvert de 9h à 16h30.

© GERHARD PETTERSSON - SHUTTERSTOCK.COM

Ce comptoir portugais de 1502 est détruit par les habitants de la ville 12 ans après son inauguration, poussant les Portugais à reconstruire un second fort en 1515. C'est alors que commence la traite des esclaves. Pour faciliter l'embarquement, un tunnel est creusé entre le fort et un îlot flottant 100 m plus loin. Le fort est pris d'assaut en 1642 par les Hollandais, puis est conquis par les Anglais en 1664 avant d'être repris par les Hollandais un an plus tard. En 1872, il est à nouveau cédé par un contrat de vente aux Anglais. Il est aujourd'hui en bon état.

LITTORAL

AXIM ★

C'est à Axim que se trouve le deuxième fort le plus ancien du Ghana, Santo Antonio, construit par les Portugais au début du XVIe siècle, où étaient parqués des milliers d'esclaves avant d'être envoyés en Amérique. Il est possible de le visiter aujourd'hui. De nos jours, les Occidentaux débarquent à Axim pour profiter de ses plages. Le port de pêche d'Axim vaut le coût d'œil également. Il compte peut-être parmi les plus typiques de toute la côte ghanéenne. Un petit détour est obligatoire pour admirer les pirogues et leur drapeau qui ont le vent en poupe ainsi que la flotte d'embarcation de fortune qui défie fièrement l'océan.

ANKOBRA BEACH RESORT €€

A partir de Takoradi, prendre la direction de Elubo ; au carrefour, ne pas prendre Axim, mais continuer à droite sur 4 km.

✆ +233 240 969 789

www.ghana-resorts.com

À partir de 60 US$ la chambre double.

Ankobra Beach Resort dispose d'un quinzaine de bungalows circulaires entièrement rénovés et pourvus de tout le confort situés au milieu d'un beau parc ombragé. Une direction allemande, assistée d'une équipe locale dynamique, a complètement changé cet établissement il y a quelques années. Elle a véritablement pour objectif de construire un pont entre l'Afrique et l'Europe et d'offrir à ses hôtes ce qu'ils désirent, à savoir détente et hospitalité. Activités variées et accès à la plage sublime. Un excellent restaurant complète les services offerts.

AXIM BEACH RESORT €€

64 Axim Rd
✆ +233 24 430 5759
www.aximbeach.com
Tarifs sur demande.

Situé à l'entrée de la ville, l'Axim Beach Resort n'est pas très difficile à trouver. Il s'agit probablement de l'une des adresses les plus agréables de la côte, voire du Ghana. Le village est parfaitement aménagé, profitant en tout point de son panorama ouvert sur la mer. C'est un lieu magnifique à flanc de coteaux entre la plage de sable fin et la côte sauvage. Les bungalows et chalets se marient à merveille avec le paysage, créant l'harmonie paisible de ce havre de paix. L'hôtel est également doté de deux excellents restaurants. Très belle adresse.

B&Q RESORT HOTEL €€

✆ +233 242 071 228
25 chambres. Autour de 70/80 US$ la nuit.

Perché en haut de sa colline, entre le village et une exploitation minière, le B&Q Resort Hotel a fière allure. Ouvert en 2004, cet hôtel dispose d'une piscine, d'un court de tennis, d'une salle de gym et des chambres tout confort. Pendant la semaine, le lieu est plutôt tranquille et on a très vite la sensation de mener une vie de châtelain tant l'équipe de service est nombreuse comparée au nombre de clients. En revanche, quand le week-end arrive mieux vaut réserver, car les mineurs en font leur lieu de résidence et le lieu s'anime !

LOU MOON LODGE €€€

✆ +233 264 241 549
https://loumoonresort.com
À partir de 300 US$ la chambre double.

Une adresse de charme. Difficile de faire plus confortable et de proposer un cadre aussi propice. Lové dans une petite baie, le Lou Moon a su parfaitement s'intégrer au superbe cadre naturel qui l'entoure. Les deux chalets posés sur la petite presqu'île offrent leur dose d'évasion. Depuis les chambres, une magnifique vue sur l'eau turquoise, le sable fin de la plage à quelques mètres. Si les chambres sont un peu chères, le restaurant maintient des prix tout à fait corrects. Avec un peu de chance, vous apercevrez même des baleines.

PRESTEA

Avant de faire le déplacement, se renseigner au Ghana Tourism Authority concernant la possibilité de visiter le site. C'est dans cette ville que siège l'une des plus grandes compagnies d'extraction d'or. Qui dit or, dit ruée : pour y participer et visiter l'installation (environ 50 cedis), il faut au préalable obtenir une autorisation auprès du Ghana Tourism Authority de Takoradi ou de Kumasi. Pour s'y rendre depuis Kumasi, il faut prendre la route goudronnée vers le sud qui conduit à Dunkwaz, puis poursuivre vers l'ouest sur une mauvaise route qui traverse Wiawso et la rivière Bia. Pas d'infrastructures sur place.

NKROFUL

Un monument – un mausolée pour être exact – en l'honneur du premier président ghanéen Kwame Nkrumah se trouve ici, à Nkroful, agrémenté d'une inscription peu modeste sur les murs. C'est en effet là le village natal de l'ancien président, qui y a vu le jour le 21 septembre 1909 et y a grandi. C'est également ici qu'il a été enterré le 9 juillet 1972. Vous pourrez faire un détour par ici après avoir visité Axim et le fort Santo Antonio tout proche. Le B&Q Resort Hotel peut également justifier une petite halte nocturne à Nkroful.

ANKASA GAME RESERVE

Le parc d'Ankasa n'est plus ce qu'il était. Il est tombé en ruine au gré des tempêtes qui sont venues foudroyer une partie de sa végétation. Sur ses 500 km², on trouve une forêt tropicale composée de milliers de palmiers. Il assure la protection des sources des rivières Panabo, Sukusuku et Tawya. Les spécialistes pointent souvent Ankasa comme l'un des parcs possédant la plus grande biodiversité de l'Afrique de l'Ouest, avec près de 900 espèces de plantes enregistrées. Pour ce qui est des animaux, si la liste officielle est longue (éléphants, singes, colobus, chats sauvages), en réalité ils sont difficiles à observer, voire pas visibles. Entrée 6 GHC.

ANKASA RESERVE LODGE €€€

✆ +233 5447 89094

www.ankasareservelodge.com

Chambre simple 195 US$, double 225 US$. Plat principal 15/20 US$.

Installé au bord de l'Akansa, rivière traversant la réserve naturelle éponyme, ce logde est une vraie merveille ! On a ici affaire à des services de très bonne qualité, des chambres ultra-confort et un service de restauration de premier ordre. Le Bongo Bar propose en effet des plats locaux et continentaux bien préparés (tarifs adaptés au standing de l'endroit) dans un cadre naturel idyllique. Au delà du luxe de ce lodge, son principal avantage tient dans sa localisation qui autorise à découvrir la réserve aisément ! Une belle adresse qui vaut son pesant d'or.

NZULEZO ★★★

Ce petit village lacustre monté sur pilotis est l'un des endroits phare du tourisme au Ghana. Il a été parfaitement préservé et mène aujourd'hui sa vie vouée à la pêche, adapté au passage aux visites touristiques. Le village, entièrement bâti sur pilotis, se trouve sur le lac Tendane. Si possible, effectuez votre voyage pendant la saison des pluies quand les eaux du lac sont à leur maximum, mais évitez le jeudi, jour sacré au village. Pour une balade autour de Nzulezo, compter au moins 3 heures (dont une bonne heure d'un très beau voyage en pirogue) L'entrée au village coûte GHC 20 par personne, GHC 15 pour les étudiants et volontaires.

BEYIN

Beyin-Fort Apollonia était un pavillon anglais dans les années 1660. Il se trouve à 65 km à l'ouest d'Axim. Un comptoir anglais y fut installé vers 1691 et le fort fut construit entre 1750 et 1770. Abandonné à nouveau en 1820, il fut investi temporairement par le corps expéditionnaire de Mac Lean en 1836, afin de faciliter son opposition au roi Kwako Anca de Nzima qui livrait une résistance farouche à l'envahisseur anglais. Puis il fut cédé aux Hollandais en 1868, qui le rebaptisèrent fort William et l'occupèrent jusqu'en 1872, avant qu'il ne devienne anglais. Il a été reconstruit entre 1962 et 1968 et abrite maintenant une maison de retraite.

BEYIN BEACH RESORT €

✆ +233 242 188 240

Tarifs sur demande.

Ne cherchez pas plus loin, il s'agit de la meilleure adresse dans cette catégorie de toute la région et relativement bien située pour rejoindre le fameux village sur pilotis de Nzulezo. Les chalets construits à quelques mètres de la plage, au cœur d'un beau jardin tropical, sont très confortables et sont tous équipés d'une moustiquaire. Côté cuisine, les propriétaires s'attachent à proposer un menu relativement varié, surtout au petit déjeuner. Une adresse tout en simplicité et très agréable. Parfait pour charger les batterie, un ou plusieurs jours.

TENACK BEACH RESORT €

✆ +233 312 090 578

www.tenackbeachresort.com

Tarifs sur demande. Petit déjeuner inclus.
Bar et restaurant en front de mer.

Avec sa vingtaine de chambres et son étoile attribuée par le Ghana Tourism Authority, Tenack Beach Resort a quelques éléments (l'accès à l'océan, plusieurs activités nautiques dont le jet-ski) pour rivaliser avec l'adresse historique de la destination. Les chambres sont par ailleurs spacieuses, joliment décorées et confortables. Mentionnons également le très bon restaurant de spécialités ghanéennes et internationales et le professionnalisme du service. L'observation des tortues de mer sur la plage de l'établissement est le point d'orgue du séjour.

BIA NATIONAL PARK

Classé parc national depuis 1974, Bia est une réserve de plus 550 km² qui abrite le parc national de Bia, qui lui s'étend sur une surface de 77 km² et a été classé réserve de la biosphère par l'Unesco en 1983. On trouve dans ce parc des secteurs de forêt vierge où sont préservés certains des plus grands spécimens d'arbres de toute l'Afrique de l'Ouest. Dans le parc national, une faune endémique prospère : une soixantaine d'espèces, notamment primates, léopards, buffles ou éléphants sont ici chez eux. Également, on pourra faire la rencontre de l'Agama Sylvanus, un lézard rare, mais aussi de nombreux aigles et une centaine d'espèces d'oiseaux.

PASSPORT

EST ET RÉGION VOLTA

Deux régions ghanéennes sont présentées dans ce chapitre : La Eastern Region, avec pour capitale Koforidua, et la Volta Region, où l'eau est omniprésente. Les villes importantes de la Eastern Region sont celles d'Akim Ode, siège des mines de diamants du District d'Akim Kotoku, Akwatia (ville minière aurifère), Nsawam, principal marché du Suhum, mais aussi le centre universitaire d'Akropong-Akwapim et Akosombo, port majeur du lac Volta. D'ailleurs, nous vous recommandons de passer quelques jours du côté d'Akosombo pour comprendre l'impact de la création du lac Volta sur la vie des habitants de la région. La région de la Volta, frontalière du Togo, s'étend quant à elle des plaines côtières du Sud (Kéta) aux terres arides du Nord (Krachi). Son cadre nature lui donne un air différent du reste du pays. A ne pas manquer ici : les belles plages d'Ada sur la côte, et le parc de Wli connu pour abriter la plus haute chute d'eau du pays.

50 KM
Bonakye
Blitta
Kitari
Kyilinga
KYABOBO NATIONAL PARK
Katchebi
Konkoa
Pagala Gare
Tutukpene
Hiamankyen
Ntewusae
Kparepare
Nyamassila
Etuve
Nantwie Kura
Kete Krachi
Tokuroane
TOGO
Logico
Katanga
Boinkere
Est et région Volta
Owankwae
Worawora
Volta
DIGYA NATIONAL PARK
Tapa Abotoase
Amou Oblo
Kwamikrom
Baglo
Mayaba
Supom
HOHOE
Kofi Nyima
Atime
KYABOBO NATIONAL PARK
Donkorkrom
Kpando Fesi
TAFI ATOME
Notsé
Kpando
Vakpo
Kpalimé
Kologon
Kamalo
AMEDZOFE
Kpedze
Akamakope
Xénonui
Tailorkope
Todome
HO
WLI
Timesu Sisi
Peki
Abutia
Dorminase
Fiokome
Kévé
Tsévié
KALAPKA GAME RESERVE
Asesewa
Osiabura
AKOSOMBO
Mafi Kumase
New Tafo Akim
Dzodze
SOMANYA
KPONG
Mafi Adakpo
AFLAO
KOFORIDUA
Blonya
Torve
Agbozume
Tokor
Battor
Abor
KLIKOR-AGBOZUME
Abonse
Sokpoe
SOGAKOPE
LARTEH
SHAI HILLS RESOURCE RESERVE
KETA
Dodowa
Ada Kasseh
Sege
ABURI
Tegbi
Tsopoli
Afienya
Pute
Anyanui
ADA FOAH
Golfe de Guinée
Ashaiman
TEMA
ACCRA

PAGES

159 ## ● ● RÉGION DE L'EST

La capitale de cette région est Koforidua, qui est aussi la capitale du district traditionnel de New Juaben. Ici, le relief est dominé par les hauteurs de l'Akwapim, le plateau de Kwaku et la chaîne de l'Atawa-Atawiru vers Kibi. Chaque année entre avril et septembre, vers les chaînes de l'Akwapim et de Kawahu, les températures tombent très bas. C'est d'ailleurs pour cette raison que les colons s'y sont fait construire des maisons. Aujourd'hui, leurs vestiges sont encore nombreux. Malheureusement, faute de moyens, les maisons tombent en ruine, ce qui donne aux villes d'Aburi, de Somanya ou de Koforidua un charme particulier. La principale ressource de la région est le diamant des ruines de l'Akwatia.

ABURI ★

159 Lieu des villégiature de la bourgeoise d'Accra, à 40 km de la capitale, Aburi est réputé pour son air un peu plus frais, en raison de sa situation en altitude, et pour ses espaces verdoyants ponctués de villas de l'époque coloniale. On y trouve aussi un splendide jardin botanique mais aussi une antenne des studios jamaïcains Tuff Gong, ouvert par Rita Marley, veuve du chanteur rasta.

160 ### LARTEH

160 ### SHAI HILLS RESOURCE RESERVE ★ ★

KOFORIDUA

162 En plus des paysages magnifiques faits de collines verdoyantes que vous rencontrerez en vous rendant à Koforidua depuis Accra, vous aurez également la possibilité de jouir de la principale attraction de la ville : le grand marché aux perles, qui se tient chaque jeudi.

163 ### SOMANYA

164 ### KPONG ★

AKOSOMBO

164 Akosombo signifie « chaîne de rochers » en twi. Le barrage d'Akosombo, à 107 km au nord-est d'Accra, a permis la création d'un des plus grands lacs artificiels du monde, le lac Volta, qui s'étend sur 402 km. Le barrage est la principale attraction touristique de la ville. C'est aussi un port au départ duquel on peut sillonner le lac et rallier d'autres bourgades en bateau.

168 ## ● ● RÉGION VOLTA

L'économie de la Volta Region est consacrée avant tout à l'agriculture, à l'élevage et à la pêche. C'est la principale région du pays pour l'élevage de bétail, pour la production de poissons d'eau douce et de crevettes. Le fleuve Volta qui la traverse sur des centaines de kilomètres contribue aux paysages pittoresques qui attirent les visiteurs. Baignée par son fleuve, de nombreuses chutes d'eau, des marais et des lagunes ainsi que la forêt tropicale dans la partie centrale font son charme.

La région de la Volta est frontalière du Togo et s'étend des plaines côtières du Sud (Kéta) aux terres arides du Nord (Krachi). Son cadre naturel lui donne un air différent du reste du pays. La région possède une histoire un peu particulière. Ancienne colonie allemande du Togoland, elle fut une partie constitutive du Togoland britannique, créé après 1916 lorsque les Anglais annexèrent la colonie allemande. Cette entité coloniale resta distincte de la Gold Coast. En 1956, lors de la décolonisation, un plébiscite eut lieu et la région de la Volta décida de rejoindre le Ghana indépendant, plutôt qu'être indépendante ou de se rapprocher du Togo français. C'est à présent l'une des dix régions du Ghana.

PAGES

168 **ADA FOAH ★★**

Ce village côtier est situé sur l'ancienne route qui va de Tema à Aflao, le poste-frontière avec le Togo, 110 km après Accra. S'il a perdu de son prestige d'antan, du fait de la création des ports de Tema et de Takoradi, Ada fait tout de même montre aujourd'hui d'un fort potentiel touristique.

169 **SOGAKOPE**

170 **KETA ★**

172 **KILKOR-AGBOZUME**

172 **AFLAO**

172 **HO**

Capitale de la région de la Volta, entourée de bois de tecks, c'est aussi le principal marché régional pour les produits agricoles. Les premiers colonisateurs furent les Allemands qui firent de Ho le siège de leur administration avant d'être remplacés par les Britanniques après la Première Guerre mondiale. Ne manquez pas la marché ni le Volta Regional Museum ! Une belle base-arrière !

174 **KALAPKA GAME RESERVE**

174 **AGOTIME KPETOE**

174 **AMEDZOFE ★**

175 **TAFI ATOME MONKEY SANCTUARY ★**

176 **HOHOE**

176 **TASTSADU WATERFALLS**

176 **WLI ★★**

Les chutes d'eau de Wli, presque à cheval sur la frontière togolaise sont, dit-on, les plus belles du Ghana. Hautes de 30 mètres, elles ne manquent en effet pas de majesté ! Le petit trek qui y mène n'est pas moins joli. Une excursion qui ravira les mordus de nature !

177 **KYABOBO NATIONAL PARK**

ABURI ★

La petite ville d'Aburi, gentiment étalée à 500 m d'altitude sur les collines de l'Akuapem, est un endroit prisé de la bourgeoisie d'Accra qui souhaite venir se mettre au vert, à 40 km seulement de la capitale. Avec ses airs de petite station d'altitude, c'est un endroit vert agréable qui possède quelques maisons de l'époque coloniale. Aburi est réputée pour deux autres raisons que sa situation en altitude : elle abrite le plus joli jardin botanique du Ghana, qui constitue l'une des balades les plus agréables qu'on puisse effectuer dans le pays. Deuxième curiosité : c'est ici que s'est établie la veuve de Bob Marley, Rita Marley, pour écouler des jours paisibles en Afrique. Elle y possède sa maison et y a fait construire une antenne du célèbre Tuff Gong Studio, le studio de musique de Bob Marley, ce qui a insufflé un dynamisme singulier à la ville, avec la présence de nombreux rastas.

Transports

La gare routière est dans le centre-ville, installée sur le bord de la route qui mène à Koforidua, et des départs pour Accra se font toute la journée. Il faut compter un peu moins d'une heure de route, hors des heures de pointe, pour gagner la capitale. Depuis Accra, c'est à Tema Station que l'on trouve facilement un tro-tro pour Aburi. Pour se rendre à Koforidua, noter le départ quotidien et matinal vers 6h. Dans la journée, il faudra alors monter à bord d'un taxi collectif qui emmène à Aropong, d'où il sera ensuite possible de grimper à bord d'un autre véhicule pour rejoindre Koforidua.

ABURI BOTANICAL GARDEN ★★

Entrée adulte GHC 10. Le joli parc botanique s'étend sur 65 hectares.

© GEORGE N K FRIMPONG - SHUTTERSTOCK.COM

Aéré, ce jardin botanique est l'une des attractions majeures de la région. Fondé en 1890 par un botaniste anglais, le parc propose un joli circuit pour une promenade relativement courte au cours de laquelle le visiteur découvre des espèces d'arbres et de plantes venus des cinq continents, chaque essence étant munie d'un écriteau signalant son nom. Prenez ensuite un moment pour vous prélasser sur la pelouse : la fraîcheur des arbres et de la montagne est un régal. Notons par ailleurs la présence incongrue des restes d'un hélicoptère de l'armée britannique !

VICLAURA'S FASHION

Dans la rue qui mène à l'entrée sud du jardin botanique

✆ +233 207 916 866

Ouvert du lundi au vendredi de 8h à 17h30.

Il ne s'agit pas vraiment d'un point d'intérêt majeur, mais plutôt d'une curiosité. Dans sa petite boutique donnant sur la rue, Kaba a su se forger une solide réputation à Aburi. Elle est considérée comme étant l'une des meilleures couturières du pays, à tel point qu'aujourd'hui, elle est perçue comme une véritable styliste. Sur demande, elle peut réaliser des robes traditionnelles africaines pour les femmes. Une manière on ne peut plus originale de ramener un formidable souvenir du Ghana. Demander votre chemin aux locaux, tout le monde connaît Kaba.

GHANA BIKE AND HIKE TOURS

✆ +233 244 209 587

www.ghanabike2.com

Compter à partir de GHC 20/h pour louer un vélo, avec un supplément pour être accompagné d'un guide (recommandé).

A l'entrée du parc se trouve un petit local proposant des vélos à la location. Dirigée par Kofi, cette agence s'est chargée de construire des circuits dans la montagne : on trouve ainsi trois itinéraires accessibles sans guide, au départ du local. L'agence est vite devenue le meilleur plan pour faire du VTT au Ghana. Des devis pour des durées de location plus longues, s'étalant sur plusieurs jours, peuvent être obtenus par mail. Une adresse hautement recommandée !

LITTLE ACRE €

Il donne sur le jardin. L'hôtel se situe 500 m avant d'entrer en ville en venant d'Accra. Une grande pancarte en indique le chemin.

✆ +233 21 910 121

A partir de 60 US$ pour une chambre standard.

A Aburi, difficile de trouver mieux : le Little Acre, avec ses coursives intérieures et son jardin, est de loin le meilleur hôtel de la ville. Et la qualité se paie à un prix raisonnable pour des chambres, certes petites, mais bien tenues et équipées tout confort (TV satellite, baignoire, réfrigérateur, climatisation). L'eau chaude dans la salle de bain est en principe au rendez-vous. Le restaurant de l'hôtel a une carte bien fournie, à des prix tout aussi honnêtes. Bref, LA bonne adresse d'Aburi avec en prime une belle vue sur la vallée.

ROSE PLOT €

Jardin botanique

Ouvert toute la journée, 7/7.

On trouve dans l'enceinte du jardin botanique d'Aburi deux restaurants : le Royal Botanical Garden et le Rose Plot. Si le premier offre un joli cadre, il n'est pas toujours en mesure d'offrir ce qu'il annonce à la carte. Le second est sans doute la meilleure option en termes de rapport qualité-prix des deux restaurants. Pour une poignée de cédis vour pourrez déguster une solide omelette, un plat de spaghettis à la bolognaise ou encore une assiette typique ghanéenne : délicieux riz *jolof* accompagné de poulet ou le classique et roboratif fufu !

ABURI CRAFTS VILLAGE

✆ +233 24 151 1424

Ouvert tous les jours de 8h à 17h.

De nombreux rastas installés à Aburi travaillent le bois. Ils ont installé leurs ateliers peu avant l'entrée de la ville. Tous les magasins ne sont pas ouverts en même temps, mais de nombreux le sont toute la semaine et les prix sont en général plus intéressants qu'à Accra. Nous vous recommandons donc de vous rendre au Aburi Crafts Village, où vous trouverez de nombreuses créations réparties dans les échoppes de ce centre commercial à ciel ouvert. Notons aussi que Nana Rita Marley a aussi son magasin de produits dérivés de Bob Marley et des Wailers.

LARTEH

Une vingtaine de minutes après l'Aburi Botanical Gardens, vous tomberez sur cette cité qui abrite The Akonedi Shrine, où des rites animistes sont pratiqués. L'endroit est ouvert aux visiteurs. De là, on jouit par ailleurs d'un joli point de vue sur les plaines d'Accra. Bien que situées dans la région orientale, les villes de Larteh, Akropong, Mampong et Aburi, toutes situées sur la chaîne de l'Akwapim, sont proches d'Accra et peuvent être visitées dans la journée depuis la capitale. Pour y aller, deux routes possibles : la plus rapide, qui va d'Accra à Dodowa, et la plus intéressante, celle qui passe par Aburi et Mampong, avec de jolis paysages.

THE AKONEDI SHRINE

Les voyageurs intéressés par les rites animistes pourront se rendre à l'Akonedi Shrine. Vous y ferez la rencontre des prêtres féticheurs célébrant la tradition vaudoue. Sur ce lieu saint, vous rencontrerez notamment un prêtre féticheur blanc qui prend son travail à cœur. L'actuelle prêtresse est Nana Okomfohene Oparebea, princesse de l'Akonedi Shrine de Larteh. Il est possible de prendre rendez-vous pour une consultation, même si le plus simple est d'y aller librement. Des guides sont également à la disposition des personnes intéressées.

SHAI HILLS RESOURCE RESERVE ★★

Ce petit parc naturel est le plus proche d'Accra (environ 50 km de la capitale sur la route qui mène de Tema à Akosombo). Dans cette réserve, vous trouverez la faune qui s'épanouit dans les régions de savanes : des singes (babouins et cercopithèques), des antilopes royales et pas loin de 100 espèces d'oiseaux, dont le calao. La réserve peut se visiter soit en 4x4, soit à pied. Les visites en saison des pluies sont déconseillées, car la hauteur des herbes ne permet pas de bien distinguer les animaux. Notons que pour passer la nuit ici, vous pourrez crécher au Shai Hill Resort. Parc ouvert tous les jours de 8h à 17h. Entrée : GHC 40 (+ GHC 10/h).

Shai Hills resource reserve.

KOFORIDUA

Capitale de la région orientale, Koforidua peut s'enorgueillir d'abriter l'un des marchés aux colliers de perles les plus connus d'Afrique de l'Ouest. Il est recommandé d'arriver dès 6h pour voir un échantillonnage complet de ces bijoux. Les perles ne sont pas forcément d'origine ghanéenne. De nombreux colliers de perles du Kenya sont notamment présentés. Outre le marché de perles, Koforidua est une ville très agréable. Bien arborée, elle représente, malgré le chaos de son centre-ville, une destination bien calme en comparaison des autres grandes métropoles du Ghana. Les fins de journée sont toujours animées et il est commun de s'attabler au comptoir d'un bar ou d'une échoppe pour prendre des nouvelles de proches ou d'amis qui se sont éloignés. Les rues du centre-ville sont relativement propres et, plus qu'ailleurs au Ghana, les habitants laissent le voyageur avancer sans trop venir l'importuner. La ville fut fondée à la fin du XIXe siècle par les Juabens, tout juste chassés de leur territoire par les Ashanti.

Transports

La gare routière est comme dans toutes les villes moyennes du Ghana juste à côté du marché. Elle est communément appelée Gailway Station. Il existe en fait trois stations (chacune étant affectée à une destination différente) mais elles se suivent toutes les trois. De Koforidua, la majorité des grandes villes du pays sont accessibles en tro-tro.

BEADS MARKET [MARCHÉ AUX PERLES] ★

Le jeudi.

La ville de Koforidua est connue depuis toujours pour son marché aux perles. Initialement ouvert une fois par semaine (le vendredi) dans un terrain à ciel ouvert, il a été relocalisé en 2012 dans un endroit dédié permettant d'abriter les échoppes des commerçants et de faciliter le marchandage même lors d'intempéries. Cette nouvelle localisation, proche du CNC (*Center for National Culture*) était également un moyen de dynamiser l'activité, puisque les commerçants peuvent désormais être présents dans leur boutique tous les jours. Il est cependant difficile de changer les habitudes, mais également de faire le déplacement quotidien pour certains commerçants habitant dans des endroits plus reculés : le jeudi – et parfois le vendredi – reste donc le jour d'activité principal. Au sein de ce marché, vous serez éblouis par la quantité de perles étalées là. Des tailles, des couleurs et des formes à n'en plus finir. Ici comme dans n'importe quel marché, n'hésitez pas à négocier les prix. L'idée n'est certes pas de sous-évaluer les productions locales et d'acheter les marchandises à des sommes dérisoires, mais soyez sûrs que de leur côté, les commerçants n'hésitent pas à gonfler les prix. Apprenez par ailleurs qu'il est possible de faire réaliser vos propres compositions, chez certains commerçants, à partir des perles que vous aurez choisies. Bref, une halte qui en met plein les yeux et qui permet de rentrer avec des souvenirs scintillants, uniques et sur-mesure.

KES HOTEL €

A environ 1 km du centre-ville, au sud

✆ +233 342 023 326

Compter à partir de GHC 100 la nuitée.

Ouvert depuis presque trente ans, le Kes Hotel demeure une valeur sûre à Koforidua. Rien d'exceptionnel, mais les chambres sont très bien entretenues, et seule la faible luminosité dans les pièces et les couloirs de l'établissement est à reprocher. La bâtisse de deux étages est un peu vieillotte et sans charme mais l'accueil est plutôt chaleureux et le service se veut plutôt professionnel. Le service de restauration est quant à lui tout ce qu'il y a de plus simple mais les plats servis – locaux pour l'essentiel – sont copieux et bien faits.

CAPITAL VIEW HOTEL €€

✆ + 233 342 026 820

www.capitalviewhotelgh.com

Compter 50 à 80 US$. Piscine, night-club et restaurant.

Capital View Hotel est le 3 étoiles de la ville. Ses chambres assez spacieuses comportent salle de bains, climatisation et réfrigérateur, tout le nécessaire pour un bon séjour. Les chambres côté piscine sont à éviter car plutôt bruyantes. Pour les activités et les loisirs, l'établissement offre piscine, centre de gym et discothèque pour les noctambules. Côté restauration, la maison s'investit également dans la qualité de la cuisine. Mais pour ceux souhaitant s'essayer à la cuisine de rue, à moindre coût, le quartier le permet amplement.

© FELIX LIPOV - SHUTTERSTOCK.COM

Les chutes de Boti.

CHUTES DE BOTI

Meilleure saison entre juin et août.

Les chutes de Boti se trouvent à l'est de Koforidua, près de Huhunya, sur la route qui mène à Burkuso, puis à Agomanya. Depuis la station principale de Koforidua, il est possible de s'y rendre en trotro ou en taxi collectif. Un panneau indique où tourner sur cette ancienne route, rendant l'accès facile à cette chute d'eau de 20 mètres de haut ! Combinée à un pique-nique, l'excursion tombe à pic et constitue une agréable sortie pour les habitants d'Accra. Depuis Akosombo, comptez 1h de route.

Une fois l'entrée du parc franchie, une petite dizaine de minutes de marche suffit pour rejoindre la cascade. Inutile de s'y rendre en saison sèche, le fil d'eau qui coule est alors infiniment mince, voire inexistant. Lors de la bonne saison, la baignade, dans la piscine naturelle qui se forme en contrebas est en revanche un véritable régal ! A vos risques et périls cependant : il arrive que des serpents sillonnent les eaux. Renseignez-vous auprès des locaux avant de vous baigner donc !

Depuis la chute, il est possible d'effectuer une autre balade de 30 minutes permettant de rejoindre l'Umbrella Rock (la pierre parapluie). Depuis les hauteurs, la vue sur la vallée est superbe. Essayez de visiter le parc le matin, pour faire la rencontre des centaines de papillons qui semblent se réveiller en même temps. A noter que d'autres chutes d'eau peuvent être visitées si vous vous trouvez dans la région d'Akosombo. Les Agumatsa Falls, à Wli (à 2 h de route de là), sont les plus grandes du Ghana. L'excursion nécessite une bonne condition physique.

LINDA DOR €

Oguea Street

7h-23h tous les jours.

Une fois la porte franchie, vous aurez probablement l'impression que vous ne recevrez aucun traitement de faveur. Toutes les serveuses ont les yeux rivés sur la télévision qui diffuse la dernière série B ghanéenne à la mode. Mais, une fois assis, vous serez bichonné. Côté menu, rien de spécial, sauf si vous ne vous êtes pas encore essayé à la cuisine locale. Le Linda Dor est une bonne adresse pour goûter au délicieux *fufu*, qui est ici très bon. Par ailleurs, ne marchez pas trop lourdement sur le plancher, au risque de passer à travers !

SOMANYA

Somanya est située 10 km au sud-ouest de Kpong. La ville est célèbre pour ses perles, celles du peuple Krobo. Si vous passez par là, ne manquez pas le marché du mercredi et du samedi : les plus belles pièces sont alors mises en vente. Des vêtements et des objets en terre cuite sont également en vente. Avec un peu de chance, il est possible de s'arranger sur le marché avec un producteur de perles pour organiser une visite de sa fabrique. C'est également ici que le Ghana forme ses professeurs de français. Le centre de formation Saint Mary School est encadré par des enseignants français. L'école est située sur une montagne.

KPONG ★

Les amoureux de la pêche ou les simples amateurs de balades en pirogue se plairont probablement à Kpong, au sud d'Atimpoku. Les villageois ont des pirogues et vous les prêteront contre une modique somme. Kpong se trouve sur la route liant Accra à Akosombo, à une vingtaine de kilomètres de cette dernière. On prendra également plaisir à flâner entre les étals du marché et à faire connaissance avec les locaux au gré des rencontres. Les habitants de Kpong et de toute la région alentour sont de manière générale plutôt accueillants !

AKOSOMBO

Le barrage d'Akosombo, à une centaine de kilomètres au nord-est d'Accra, est à l'origine du lac Volta, l'un des plus grands lacs artificiels du monde. C'est aussi le point de départ de bateaux pouvant transporter voitures, marchandises et passagers vers le nord avec des escales à Kpandu et à Kete-Krachi (Volta), à Yeji (Brong-Ahafo), et même jusqu'à Buipe, le port de Tamal (capitale de la région du Nord).
La ville d'Akosombo, 2 km avant le barrage et 6 km avant le port, a été construite pour loger les travailleurs qui construisaient cette édification qui fait aujourd'hui la fierté de tout un peuple. Les ingénieurs résidents et les employés de la Volta River Authority (VRA) sont toujours là. C'est une petite agglomération moderne au sommet de l'une des collines qui dominent le barrage. Pour visiter le barrage, vous devez obtenir l'autorisation des autorités de la VRA dans l'immeuble près de la Ghana Commercial Bank, au Publicity Department. La visite dure 15 minutes, mais le guide est gourmand. L'immeuble administratif est le meilleur endroit pour trouver un employé qui vous y conduira, mais seulement les fins de semaine. En général, il est interdit de photographier les barrages au Ghana qui sont considérés comme des sites stratégiques. Toutefois, au Volta Hotel, les touristes prennent des clichés sans trop s'en soucier et surtout sans être importunés. Partout ailleurs autour du barrage, vous risquez des ennuis avec les militaires. La visite du marché aux ignames au port d'Akosombo le vendredi est également un moment à ne pas rater.

Transports

▶ **Bus et tro-tro.** Les bus ou taxi-brousse pour Akosombo quittent la gare Tudu à Accra, près du marché Makola. Les meilleurs bus sont ceux de la STC. Vous pouvez aussi trouver des bus privés (2 heures) et des taxi-brousse au même endroit. Les bus qui vont à Ho et à Kpandu s'arrêtent aussi à Akosombo, mais on les trouve près de la gare de Tema.

▶ **A la gare d'Atimpoku**, vous trouverez beaucoup de taxis allant à Akosombo. Si vous empruntez un taxi collectif. Cela dit, la principale gare de la région se trouve à une dizaine de kilomètres au sud d'Atimpoku. Il s'agit de Kpong.

▶ **Si vous souhaitez vous rendre à Ho** depuis Akosombo, un tro-tro part toutes les 15 minutes depuis la station routière qui se situe juste avant le rond-point qui débouche sur le pont traversant la Volta. Impossible de le manquer, il n'y en a qu'un.

▶ **Le moyen le plus économique pour vous rendre au barrage** (6 km) est de monter dans un autobus à Akosombo transportant des travailleurs. Dans la journée, ils partent toutes les 30 minutes depuis la gare routière et s'arrêtent en face de l'immeuble administratif, en dessous du Volta Hotel. Sinon il faut emprunter un bateau.

▶ **Le bateau représente une alternative au trajet par la route.** Quelques voyageurs ont trouvé cette aventure merveilleuse. Dériver entre de vertes collines et de minuscules villages de pêcheurs accolés aux rives, avec de nombreuses barques venant à votre rencontre peut constituer une expérience poétique. D'autres ont trouvé que le voyage relevait du cauchemar (la plupart ne le referont jamais). Cependant, c'est une excellente occasion de sortir des sentiers battus et de rencontrer les Ghanéens.
Actuellement, les seuls bateaux qui font la navette sur le lac Volta sont des bateaux de marchandises, ce qui veut dire que vous serez amené à dormir sur le bateau. La plupart des passagers dorment sur des nattes qu'ils achètent à l'entrée du port à Akosombo. Soyez prêts à dormir sur des sacs d'engrais et à partager des toilettes nauséabondes (plus la journée avance et plus les toilettes sentent mauvais !). Il faut également prévoir de se lever tôt et d'apporter des produits anti-moustiques (l'aube et le crépuscule sont des périodes de grande activité pour les moustiques). Les escales permettent aux passagers de refaire le plein de provisions. Si cette aventure vous tente, renseignez-vous auprès des habitants d'Akosombo pour trouver la meilleure option possible. Avec un peu de temps et d'ouverture d'esprit, vous vivrez à coup sûr des moments mémorables.

© ROYAL SENCHI

THE ROYAL SENCHI €€€

Senchi Ferry Road
✆ +233 303 409 170
www.theroyalsenchi.com

Compter à partir de 250 U$ la chambre standard. Au restaurant, compter 25/30 US$ le repas par personne.

Véritable complexe de luxe, le Royal Senchi, avec ses 84 chambres et suites, est situé dans un cadre idyllique, sur la rive ouest de la Volta. Tout est propre, bien tenu, et soigné. Les chambres sont magnifiques, modernes et climatisées, avec une multitude de détails et de beaux matériaux. Dans les salles de bains, les baignoires sont une véritable invitation à la relaxation. Différentes activités sont proposées au Royal Senchi pour ravir les petits et les grands : bars, piscine, centre de fitness, spa, golf et tennis (sur place, un practice de golf et deux terrains de tennis). Les clients peuvent également s'offrir une jolie croisière en bateau, d'une durée de quarante minutes ou une heure et demie. Cette activité est très appréciée de tous, c'est un vrai moment de détente, au vert, qui permet de profiter des jolies berges de la Volta : palmiers et jolies pirogues sont au rendez-vous. Le restaurant du Royal Senchi Hôtel & Resort, à l'atmosphère à la fois authentique et élégante, offre des plats savoureux et raffinés. Enfin, l'accueil chaleureux et le professionnalisme du personnel sont encore des atouts incontestables de cet hôtel. A noter que ce bel établissement est dirigé par Gérard Schraven, un Français ayant une longue expérience internationale derrière lui.

BARRAGE

En 1915, un ingénieur perspicace, Albert Kitson, réalisa que le plateau de Kwahu était riche en dépôt de bauxite. Si l'on pouvait construire un barrage sur la rivière Volta, il produirait suffisamment d'électricité pour faire fonctionner une importante fonderie, et Tema pourrait être transformée en port en eau profonde pour l'exportation de l'aluminium. Il remit son rapport au gouverneur britannique, Guggisberg, qui trouva le projet trop coûteux.

Quarante ans plus tard, Nkrumah reprit l'idée. Obsédé par l'idée d'industrialiser le pays, il pensa qu'il était nécessaire de réaliser ce projet à tout prix. Cependant, à cette époque, le pays n'exportait que de l'or, du manganèse, de la bauxite et des diamants. Les recettes étaient trop faibles pour aller plus loin dans ce projet.

Aussi, il dut accepter les conditions restrictives de la firme américaine Valco. Les termes du contrat proposé étaient la rétrocession des deux tiers de l'électricité produite et que ce contrat avantageux serait établi sur une longue durée. Le projet avait un coût si élevé que les plans pour extraire la bauxite du plateau de Kwahu durent être ajournés. Les matières premières durent être importées. Les travaux débutèrent en 1961 et le coût allait grandissant. Les jeunes Ghanéens appelés à travailler sur le chantier suivirent une formation à l'étranger. 84 000 personnes expropriées durent être relogées, pour la plupart d'entre elles dans la région de Kete-Krachi mais aussi à Tema où allaient être construits une ville et un nouveau port.

Au même moment, le prix du cacao s'effondra brusquement à plusieurs reprises. Un mois après avoir inauguré le barrage en 1966, l'armée chassa Nkrumah du pouvoir. Pendant les 17 années qui suivirent, l'économie connut une croissance inégale, et les termes du contrat signé avec Valco n'accordaient que peu de recettes à l'Etat ghanéen. Le gouvernement était obligé de vendre l'électricité pour se procurer des devises.

Le barrage mesure 124 m de haut et 368 m de profondeur. Sauf exception, comme les périodes de sécheresse de 1983-1984, il fournit suffisamment d'électricité pour faire face aux besoins des industries et des foyers du Ghana et couvre une bonne partie du territoire togolais et béninois. A cause de la probabilité de tremblements de terre, le barrage n'est pas construit en béton solidifié, mais, comme les centrales nucléaires, avec un revêtement de grosses pierres. Le lac Volta est un des plus grands lacs artificiels du monde. Il inonde à présent 850 000 hectares de terre, soit 7 % de la surface du Ghana.

ILOT DE DODI ★

www.dodiworld.com.gh

Le voyage dure 6h et coûte GHC 400. Les départs ont normalement lieu le samedi à 9h.

Cette belle balade est à faire à bord du paquebot *M.-V. Dodi Princess* qui vous mènera jusqu'à l'île proche de Dodi. Si le moteur du bateau le veut bien… Un orchestre se trouve sur le bateau. Les passagers y dansent, et vous pouvez aussi y pratiquer des jeux d'intérieur. Un bar est également disponible sur le bateau. Vous passerez 2 heures sur l'île. Le plus simple pour organiser cette petite sortie est de se renseigner auprès de la réception du Volta Hotel. Pour rejoindre le port depuis le Volta Hotel, il suffit de poursuivre tout droit.

VOLTA LAKE TRANSPORT COMPANY

✆ +233 30 227 8540

www.vltcgh.com

Le ferry *MV Yapei Queen* traverse le lac d'Akosombo à Yeji, c'est-à-dire la Volta sur toute sa longueur. Une balade merveilleuse à faire en saison sèche (comptez 35 h). Depuis qu'il y a des escales sur le trajet, il n'est plus nécessaire de faire l'itinéraire complet. A Kete-Krachi et à Yeji, par exemple, vous pouvez prendre un ferry qui traverse le lac d'est en ouest. Entre Kete-Krachi et Kwadiokrom il y a un bateau qui part chaque matin également, dans les deux sens.

ADI LAKE RESORT €€

Atimpoku Roundabout
✆ +233 342 192 422
www.adilakeresort.com
A partir de GHC 650 la nuit en chalet. Table d'hôtes.

L'emplacement géographique fait le succès d'Adi Lake Resort, car il permet aux enfants comme aux grands de nager et de pêcher à loisir. Les chalets, bien équipés – avec accès wifi et petit frigo d'appoint – se présentent correctement et le service de l'équipe gérante reçoit régulièrement les félicitations de ses clients. Pour couronner le tout, la table d'hôtes, avec son influence française, jouit d'une bonne réputation. On ne se lasse pas de la vue sur la ligne tranquille du lac. Une parfaite adresse pour déconnecter et reprendre des forces.

AYLO'S BAY €€

✆ 233 243 374 443
www.aylosbaylodge.com
GHC 80 en dortoir, GHC 290-350 en chambre, petit déjeuner inclus. Au restaurant, compter GHC 50/70 le plat.

Des chambres vastes et bien tenues, certaines avec vue directe sur le lac, et le silence ! Le restaurant, l'une des meilleures adresses alentour, étale ses tables sous les arbres et sur des plateformes montées sur pilotis, posées sur l'eau. Le jardin est fort bien aménagé, profitant incontestablement du lac pour faire verdir toutes ses plantes. Les allées tracées par des coquillages traduisent le soin et l'application mis par la famille qui tient cette adresse pour en faire un endroit charmant. Le pari est réussi. Un vrai petit bout de paradis.

MARITIME CLUB HOUSE €

Comptez GHC 60/80 l'assiette garnie.

Le VRA Maritime Club (pour Volta River Authority) se situe à 4 km environ d'Akosombo, sur la route Asuogyaman-Atimpoku qui enjambe le barrage. Le principal atout de ce restaurant est sa jetée, qui permet de le rejoindre en bateau, et un joli espace vert garni de plantes et fleurs. On apprécie en outre la vue panoramique sur le lac et la déco plutôt bien sentie de la salle de service. Côté assiette, les poissons du lac sont à l'honneur : passé au grill, le célèbre tilapia (accompagné d'une abondante garniture) est un vrai régal.

AFRIKIKO RIVER FRONT RESORT €€

Mangoase
✆ +233 242 625 624
www.afrikikoresort.com
Autour de 100 US$ la chambre double.

A une heure et demie d'Accra, Afrikiko River Front Resort est un havre de paix pour venir se ressourcer après une semaine dans la tumultueuse capitale. Ce complexe est conçu pour se déstresser complètement de la vie urbaine : environnement calme et verdoyant, piscine, restaurant et belles chambres avec vue sur la rivière – détente garantie dans un écrin de verdure. Le resort est bien tenu et le personnel est accueillant. Possibilité de faire de jolies sorties en bateau sur la Volta.

© AFRIKIKO

© AFRIKIKO

ADA FOAH ★★

Cette petite bourgade regroupe en fait trois petites communes : Ada Kasseh à l'intérieur des terres et qui est la ville posée sur la route entre Accra et Aflao, Big Ada, et Ada Foah, là même où se trouvent les principaux points d'hébergement de la zone, au bord du golfe de Guinée.

Vous trouverez sur le territoire de cette dernière une belle plage dans l'estuaire du fleuve Volta. Cet endroit est réputé non pas pour son front de mer, mais pour la beauté des berges du lac Volta. Il est possible d'y pratiquer les sports nautiques, et de nombreuses espèces d'oiseaux y sont facilement observables lors d'une simple balade le long du littoral, notamment à Keta Lagoon, un endroit protégé à l'est d'Ada, où le bord de mer est très beau. La baignade n'est toutefois pas recommandée (bilharziose). Préférez plutôt le golfe de Guinée.

Histoire

La tradition orale raconte que les habitants d'Ada arrivèrent par l'est au cours du XVIIe siècle, pour s'installer au niveau de Big Ada. Très vite, Ada gagna en importance et devint influente dans la région Volta grâce à son positionnement stratégique à l'embouchure du fleuve. Le trafic maritime atteignait dès le XVIIIe siècle la localité de Yeji. Le territoire fut alors occupé par le Danemark, jusqu'en 1872 et l'arrivée des Anglais qui bouleversa l'organisation politique d'Ada, à tel point que le territoire n'eut plus de chef, le Matse, pendant de longues années. Il fallut attendre 1927 pour voir Dake II monter sur le trône.

Sports nautiques à Ada.

EXCURSION EN BATEAU

Suivez les panneaux d'indication de Tsarley-Korpey. Dans le prolongement du chemin juste après Manet Paradise, se trouve le petit embarcadère des pêcheurs. Là, attendent des bateaux pour un tour sur l'estuaire ou en direction de l'île des Crocodiles. Les embarcations prennent jusqu'à 10 passagers. Lors de la croisière, le capitaine explique (avec passion) la faune et la flore de l'estuaire. Il est également possible de leur demander de se faire déposer au Maranatha Estuary Beach Club et au New Estuary Beach Club. Pour les tarifs, la négociation est de mise.

GREEN HEIGHT HOTEL €

Sur la route d'Aflao, proche du carrefour de Ada.
✆ +233 505 844 790
www.greenheighthotel.com
De 20 à 50 US$ la chambre.

Un bon rapport qualité-prix pour cet hôtel simple mais efficace. L'établissement donne directement sur la route d'Aflao, ce qui est pratique pour les personnes souhaitant s'arrêter en chemin, et à 15 minutes du lac Volta. Les chambres sont sobres, très propres, avec climatisation et télévision. Les salles d'eau sont également très correctes. La cuisine du restau est savoureuse et le personnel courtois, avec room service et accueil H24. Piscine, parking sécurisé. Si la vue sur le lac n'est pas une priorité, vous pouvez retenir cette adresse.

MARANATHA CULTURAL €

✆ +233 24 352 8248
www.maranathabeachcampghana.com
De GHC 40 à 200 selon le type de logement.

L'endroit est idéal pour les étudiants ou les jeunes expatriés qui veulent profiter de la plage le temps d'un week-end, dans des petites cabanes. Outre sa vingtaine de bungalows, le site dispose même de son propre restaurant qui pour quelques GHC sert des plantains avec du poulet. Il est indispensable de commander au moins 2 heures avant de se faire servir. Côté activité, la rivière se propose au nord, alors qu'au sud c'est l'océan qui fait la loi. Les habitants du petit village voisin d'Azizenya se feront un plaisir d'apprendre à pêcher aux visiteurs.

© DIETMAR TEMPS - SHUTTERSTOCK.COM

Le village de Ada Foah.

AQUA SAFARI RESORT €€

✆ +233 540 110 193
www.aquasafariresort.com
De 150 à 350 US$.

En arrivant, ne soyez pas surpris de voir un poney ou un pélican passer devant vous : ici les animaux circulent librement. Les bungalows aux murs couleur brique, au beau milieu des plantes grimpantes et des palmiers sont à la fois spacieux et soigneusement décorés. Côté jardin, les activités sont nombreuses : ping-pong, piscines ou balade à cheval ; jet sky et flyboard pour les plus intrépides, voire même sorties bateau. Le petit plus ? La maison propose de vous organiser un dîner sur l'île voisine ! Restau-buffet ou à la carte (cuisine locale et européenne).

TSARLEY KORPEY BEACH RESORT €€

Volta Estuary Road
✆ +233 246 857 015
Nuit autour de 50 US$. Restaurant-bar : plat GHC 50.

L'espace bar-restaurant (poissons et fruits de mer en portions copieuses !) du Tsarley Korpey monté sur pilotis, donne l'impression de naviguer sur la Volta ! Et si vous souhaitez y naviguer vraiment, vous avez frappé à la bonne porte : l'établissement fournit bateau et jet-ski. Si vous cherchez un hébergement pour la nuit, le resort propose des chambres confortables équipées de grands miroirs et de salles de bains impeccables. Possibilité de passer la journée ici sans y dormir.

PEACE HOLIDAY RESORT €€

✆ +233 241 267 450
www.peaceholidayhotel.com
45 à 75 US$ la chambre, petit déjeuner inclus. Piscine, activités nautiques. Restaurant.

Les chambres standards se présentent bien, les Deluxe aussi : toutes disposent de télévision, frigo, coffre-fort, téléphone et accès wi-fi. Les chalets offrent quant à eux des espaces plus vastes composés de trois chambres, parfaits pour les familles ou les groupes. En guise de loisirs, le Peace Holiday Resort propose des sorties en jet-ski et/ou en bateau sur la rivière. Pour qui préfère flâner à l'hôtel, direction la piscine ! Le restaurant s'occupe de satisfaire votre appétit tout en vous invitant à contempler calmement la rivière Volta.

SOGAKOPE

Sogakope est le chef-lieu du district de South Tongu. Cette ville attire notamment les voyageurs faisant la route Togo-Ghana souhaitant faire une pause détente. La ville longe le lac Volta étant ainsi la dernière destination avant la traversée du pont. C'est à cet endroit que les voyageurs s'arrêtent pour acheter quelques spécialités locales, dont leur pain très apprécié dans la sous-région, que vous verrez en grandes quantités vendu au bord de la route. La vue sur le lac et la verdure environnante sont reposantes et vous pourrez profiter de votre séjour pour faire une balade en bateau.

SOMEWHERE IN SOGAKOPE €

Cisneros road, adjacent SPA
✆ +233 200 246 201
Trois chambres à 20/25 US$. Compter autour de GHC 40 pour un plat.

Des paillotes avec un jardin bien entretenu pour ce restaurant dans un joli cadre. À la carte du Somewhere in Sogakope, de la cuisine occidentale aussi bien que locale. Ce lieu a également trois chambres propres et aux finitions impeccables munies de télévision mais pas de wifi. Seul bémol : pas d'accès ni vue directe sur le lac. Pour en profiter il faudra faire un saut chez le voisin. Pour vous y rendre, visez la Villa Cisneros, en suivant les indications pour Sogakope Beach Resort, et demandez votre chemin aux locaux. L'adresse est connue.

SOGAKOPE BEACH RESORT €€

Suivre les panneaux de Sogakope Beach Resort.
✆ +233 362 196 320
www.sogakopebeach.com
Dès GHC 750 la chambre. Daypass GHC 250 (avec lunch) / GHC 350 (breakfast + lunch). Jaccuzzi GHC 100.

Une structure assez récente mettant à l'honneur des matériaux locaux et bruts : terre cuite, paille, bambou, bois et pierre. Les cabanes – une trentaine en tout – affichent de magnifiques finitions de style ethnique. Pourtant il s'agit bien de cabanes modernes avec réfrigérateur, climatisation, téléviseur, wifi et, petite cerise sur le gâteau pour les chambres avec vue sur le lac : une vasque hydromassage extérieure encastrée dans le sol ! Au restaurant on mange aussi bien au buffet qu'à la carte. Excursion à cheval, sorties bateau, piscine et activités sportives.

VILLA CISNEROS €€

Hotel Road, 5
✆ + 233 244 330 624
villacisnerosresort.com
Chambres de GHC 200 à GHC 600, petit déjeuner inclus.

Au bord du lac Volta se trouve un petit complexe hôtelier qui peut surprendre au prime abord par son entrée un peu théâtrale. Une fois franchie l'entrée en allant en direction du lac, vous découvrirez un agréable jardin, bien entretenu, avec des paons, des perroquets et des paillotes, le tout donnant sur une belle vue sur le Volta. Plusieurs types de chambres sont disponibles, elles sont propres et bien entretenues. Le lieu dispose de trois restaurants, d'un spa avec salle de gym, salle de massage, coiffeuse et esthéticienne. Personnel accueillant et sérieux.

KETA ★

Sur une langue de sable minée par l'océan, la ville est implantée sur un site splendide qui plaira aux amoureux de la mer et des sports nautiques. Ce village de pêcheurs éwé se situe entre le golfe de Guinée et la lagune de Keta. La petite cité côtière, ville natale de l'ex-président Rawlings, est malheureusement menacée, comme beaucoup d'autres, le long du golfe de Guinée, par l'érosion côtière due à la construction du barrage d'Akosombo. La côte qui va de l'estuaire du lac Volta à la frontière avec le Togo s'étend sur plus de 100 km et propose un circuit encore peu exploré par les voyageurs au Ghana. Et Keta se trouve en plein milieu. Avec son château danois.

Transports

Pour se rendre d'Accra à Keta (213 km à l'est), il faut emprunter l'autoroute de Tema, puis continuer tout droit en traversant Dawheny, Sege et Kasseh Ada. Se diriger ensuite vers le nord par Sogakope, pour passer le fleuve Volta, avant d'emprunter à droite une petite route conduisant à la côte. Après Sogakope, il faut traverser Anloga et le cap Saint-Paul avant d'atteindre Keta. Il est possible de rejoindre le Togo par Denu et Aflao (à 38 km à l'est de Keta).

- **Tro-tro** : Depuis Accra, il faut parier sur une correspondance à Tudu pour trouver un tro-tro qui part vers Keta. Depuis Ho, il faut demander à aller à Akatsi, puis prendre un autre van en direction de Keta.

A & Y WILD CAMP GHANA €

Emancipation road, Aflasco village
✆ +233 541 574 954
www.wildcampghana.com
Autour de 25 US$.

Ce campement ouvert en 2013 est constitué de plusieurs chambres les pieds dans le sable. Le très accueillant couple italo-ghanéen, propriétaire des lieux, propose de découvrir une autre façon de vivre, dans un village de pêcheurs entre océan et lagune, le tout dans un cadre décoré avec simplicité et amour. Vu le nombre limité de chambres, il est vivement conseillé de réserver à l'avance. Le campement propose des plats locaux ou italiens, des cours de djembé et de kpanlogo. Une adresse idéale pour se couper du monde quelques jours.

FORT PRINZENSTEIN

En voiture, proche de Keta market road.

GHC 20 par personne.

Moins imposant et en nettement moins bon état que les célèbres forts de Cape Coast et Elmina, le Fort Prinzenstein est l'un des rares témoignages du commerce d'esclave dans la zone. Prinzenstein, littéralement « la pierre du Prince » a été bâti par les Hollandais en 1734 (alors nommé Fort Singelenburgh) avant d'être repris par les Danois, ces derniers ayant largement accru leur influence dans la région en 1784. Initialement conçu comme une prison, le fort est ensuite devenu le lieu où étaient rassemblés les esclaves venant du Ghana, du Togo et du Bénin (ancien royaume du Dahomey) avant d'être envoyés vers le nouveau monde. Le fort remplit cette fonction jusqu'au début du XIXe siècle. Puis, en 1850, la Gold Coast danoise est vendue aux Britanniques et le fort Prinzenstein redevient un pénitencier. Suite à la constante érosion et à un violent orage en 1980, le fort a été considérablement endommagé, englouti en bonne partie par l'océan qui lui fait face. Cela reste cependant un lieu intéressant si vous êtes de passage dans la région ou si vous avez décidé de faire un parcours à thème sur « la route des esclaves » en longeant la côte ghanéenne d'Est en Ouest. Sur place, un guide propose une visite de ce qu'il reste du fort et répond avec enthousiasme aux questions des visiteurs. Prévoyez des espèces pour payer l'accès au fort et pour les services du guide. Le fort Prinzenstein, comme les autres forteresses du littoral ghanéen, est un « World Heritage Site », témoignage de la Traite transatlantique des esclaves.

KETA BEACH HOTEL €

Dzelupoke

✆ +233 362 621 288

Dès 15 US$ la nuit. Piscine, restaurant, bar.

Le Keta Beach Hotel a l'avantage de proposer un vaste choix de chambres très variées et à bon tarif. On trouve en effet ici toutes sortes de logement : de la pièce toute simple dotée d'un lit, à la chambre tout confort, avec une salle de bains, une télévision et la climatisation. L'environnement général est plutôt plaisant, idéal pour une escale repos entre lagon et océan. Quant au restaurant, il assure le service minimum (les plats locaux sont simples et bien faits), et la piscine est un lieu propice à la rencontre plutôt agréable, en soirée notamment.

ABORIGINES BEACH RESORT €€

Keta Beach Hotel Road ✆ +233 540 272 600

www.aboriginesbeachresort.com

De GHC 500 à 1 500 selon le standing.

Un charmant emplacement en bordure d'océan, composé de divers bungalows et paillotes, voilà ce que propose le Aborigines Beach Resort. L'aménagement intérieur est sobre mais plutôt confortable. Les chambres, réparties en quatre catégories (+ chambres familiales et suites) sont propres et spacieuses. Outre les bonnes prestations des chambres, ce lieu est aussi plébiscité par les clients pour la courtoisie des employés et surtout pour la qualité des plats locaux servis au restaurant. Des excursions sont proposées (cheval, camping sur la plage). Piscine, gymnase.

MEET ME THERE €€

Dzita

✆ +233 541 838 387

www.ghanameetmethere.com

De GHC 500 à 800 pour une chambre double.

Des bungalows aux couleurs locales proposés par l'ONG Dream Big Ghana. Ce lieu se situe dans le village de Dzita, entre Keta et Ada. Outre proposer de dormir dans de jolies cabanes en bord de mer, on vous proposera de nombreuses activités telles que des balades à pied ou en canoë dans la mangrove pour découvrir les environs, du shopping au marché, la visite d'habitants dans leur quotidien ou la participation en tant que volontaire à la réalisation de l'un de leurs projets. Une vraie pépite. Pensez à réserver un bon mois à l'avance, le lieu est toujours plein !

KETA LAGOON

En voiture prendre la route qui mène vers Keta.

Dès GHC 10 la boisson. Chambres dès GHC 180.

Un charmant bar sur pilotis à l'entrée de Keta entouré de bungalows, sur pilotis également. Il sera difficile de résister à l'envie de garer un instant sa voiture pour aller découvrir ce petit coin paisible et en profiter pour se désaltérer. Il faudra par contre changer d'adresse pour manger car le bar ne propose pas de nourriture. Dans les chambres et les salles d'eau, le confort est limité et il n'est pas conseillé d'y passer la nuit à cause de parasites vivant dans ces eaux. C'est un lieu idéal pour un bref passage et quelques jolies photos souvenir.

KILKOR-AGBOZUME

C'est un village de tisserands de kente bien connu, situé à 90 km au sud de Ho, près de la frontière togolaise. C'est le village natal de Bobbo Ahiagble (1944-2012), un maître tisserand dont la réputation a franchi l'Atlantique. Klikor-Agbozume est par ailleurs perçue par le peuple Ewe comme une ville importante car on trouve à Klikor l'un des sanctuaires vaudou réputés les plus puissants du Ghana. Les Ewe croient que les dieux de Klikor les protègent du mal. Il n'y a toutefois rien ici qui puisse réellement justifier une escale dans le programme du visiteur.

VOLTA REGION MUSEUM

Proche du District Hospital (ouest de la ville)
✆ +233 362 025 849
www.ghanamuseums.org/volta-museum.php
Ouvert de 8h à 17h tous les jours et l'entrée est de GHC 10.

Le Volta Region Museum ravira ceux qui souhaitent en apprendre davantage sur l'histoire et la culture ghanéennes. Il présente en effet une jolie collection de pièces anciennes notamment des tissus Kente, des bâtons de griots, des peignes ou encore des tabourets de chefs. Les guides connaissent bien leur affaire et vous livreront quelques histoires fort instructives. S'ils ne sont pas toujours faciles à comprendre, c'est avec une joie communicative et une véritable envie de transmettre qu'ils vous emmèneront à la rencontre de tous ces objets précieux.

AFLAO

Quelle atmosphère étrange que celle d'Aflao ! Ville frontière par excellence, elle semble comme sortie de l'univers ghanéen. Ce n'est pas la ville la plus rassurante pour un étranger. Il est donc fortement déconseillé de s'y balader seul une fois la nuit tombée. Vous serez forcément la cible d'invectives, de demande d'échanges de dollars, de troc en tout genre. Le mieux est probablement de ne pas répondre, pour éviter d'être ralenti en chemin. A Aflao, il n'y a pas grand-chose à faire ou à voir. Si vous vous trouvez là-bas pour vous diriger au Togo, il vaut mieux franchir la frontière. Si vous devez dormir là, optez pour l'Atlantic Breeze Hotel.

GNAT €

✆ +233 362 026 362
www.ghanateachers.org
Autour de GHC 50. Moins cher en dortoir.

The Ghana National Association of Teachers (GNAT) propose ici des chambres de très bon rapport qualité-prix. Idéal pour se loger à tarif très économique, à condition de prévoir ses affaires de toilette : une serviette, un drap et une taie d'oreiller ne seront pas de trop. Au niveau du carrefour, juste à côté, vous trouverez des petites échoppes pour acheter une boisson. Il y également des vendeuses de nourriture proposant quelques rations simples. Un établissement sans grand charme mais qui a l'avantage de n'être pas cher. Un établissement GNAT à Accra aussi.

HO

Ho et ses quelque 300 000 habitants est située à 80 km d'Akosombo et à 184 km au nord-est d'Accra. Elle constitue une étape intéressante pour ceux qui se rendent à Kpalimé (Togo). Vous aurez un joli point de vue sur la ville et ses environs depuis le relais de la station de télévision. Les deux choses à voir sont le marché du centre-ville et le Volta Regional Museum situé derrière l'hôpital, dans la partie ouest de la ville. Beaucoup de visiteurs pensent que la région de Ho est l'une des plus intéressantes du Ghana et que les villages environnants valent le détour. Ho constitue une bonne base arrière pour effectuer des excursions dans toute la région.

TARSO HOTEL €

Amedzofe Road
✆ +233 362 026 732
GHC 100/150 la chambre.

Parmi les établissements hôteliers pionniers de la ville, le Tarso Hotel est, avec ses airs de motel à la ghanéenne, l'œuvre d'un personnage bien connu à Ho. Il a vu évoluer la ville et la région dans son ensemble. Les chambres sont correctes, simples et plutôt bien tenues. Le lieu a l'avantage d'être central sans être bruyant. Le Tarso Chop Bar satisfera les amateurs de cuisine locale. Bref, une adresse que l'on privilégiera plus pour sa localisation et pour son côté local que pour chercher un confort optimal. Une bonne manière de faire connaissance avec Ho !

CHANCES HOTEL €€

✆ +233 362 028 344
www.chanceshotel.com
A partir de GHC 250.

Une centaine de chambres spacieuses et propres, deux bars, un restaurant, une galerie commerciale, une piscine, une salle de gym... Le Chances Hotel met toutes les chances de son côté ! La qualité de l'hébergement est bonne et le service plutôt chaleureux. Côté chambre, la literie est plutôt confortable et les équipements sont au rendez-vous (TV Satellite, réfrigérateur, climatisation et ventilateur). L'un des bars, installé juste à côté de la piscine, organise parfois des concerts durant le week-end. Une bonne adresse intermédiaire. Qualité-prix au top !

ROCKLYNE HOTEL €€

✆ +233 234 148 805
www.rocklyne.com
A partir de GHC 250, petit déjeuner inclus. Restaurant. Bar.

Rocklyne est un petit hôtel très bien tenu – tout récemment rénové en 2022 – et offrant six charmantes chambres climatisées et parfaitement équipées. La suite inclut même un bain bouillonnant. Le copieux petit déjeuner, les plats proposés au restaurant, les cocktails servis au bar : partout un soin particulier est notable. La connexion wifi est par ailleurs très fluide. Ceux qui disposent d'une voiture pourront laisser leur véhicule dans le parking surveillé. Bref, le Rocklyne Hotel est une adresse à laquelle rien ne manque pour un séjour calme et cosy.

FREEDOM HOTEL €€

✆ +233 24 776 6998
www.freedomhotel.com.gh
A partir de GHC 270.

Avec son grand portail marron et les tuiles orange qui recouvrent sa toiture, cet hôtel a des airs d'ambassade. Situé à une dizaine de minutes à pied du centre-ville, le Freedom Hotel est une valeur sûre de Ho. Pas de mauvaises surprises dans les chambres (plusieurs standings), mais un service qui laisse parfois à désirer. Les pièces sont spacieuses, lumineuses et décorées avec un certain goût. A l'extérieur, la décoration n'est pas mal non plus. La piscine est ouverte aux non-résidents en échange de quelques cedis. Restaurant très à la hauteur.

SKYPLUS HOTEL €€

Weta Hills
✆ +233 289 000 900
www.skyplushotel.com
Autour de 35/40 US$. Piscine et restaurant.

Skyplus Hotel, de par sa situation (l'établissement est installé sur les hauteurs de Weta), jouit d'une très belle vue sur la ville de Ho, notamment depuis l'espace solarium flanqué d'une grande piscine. Le restaurant de spécialités internationales (quelques recettes plus locales sont également au menu) est plutôt bon. On pourra toutefois être un peu déçu par les chambres, un peu en dessous du standing que promet le reste des installations du Skyplus. Le tout reste quand même recommandable. Tarifs honnêtes et panorama spectaculaire.

HOTEL STEVENS €€

Off Main SSNIT Flat Road
✆ +233 362 027 130
www.hotelstevens.com
Autour de GHC 200/250 la chambre double. Bar-restaurant.

Bien que pas vraiment situé dans le centre-ville, l'Hotel Stevens demeure une assez bonne option pour loger à Ho. Si le charme n'est pas son fort (la bâtisse principale manque un peu de fantaisie), il compte une vingtaine de chambres climatisées et ventilées (avec un ou deux lits selon la catégorie) plutôt confortables. La suite est très bien équipée, en plus du bain bouillonnant et d'un micro-ondes. Le restaurant et le bar animent les lieux et nourrissent les clients. Notons également la présence d'une piscine, parfaite pour un petit plouf rafraîchissant !

IN-N-OUT CHILLIES €

Trafalgar
✆ +233 36 219 4586
www.facebook.com/INnOUTChillies
Ouvert tous les jours de 9h à 21h. Comptez GHC 80 le repas complet.

Une longue salle couverte, une cuisine, des tables alignées et la bonne ambiance, voilà pour le décor de ce restaurant typique ghanéen version années 2020 ! Côté assiette, le In-N-Out Chillies nous régale d'assiettes on ne peut plus roboratives. Les grandes spécialités de la maison ? Le tilapia grillé (bassin de la Volta oblige), mais aussi de délicieuses et fondantes préparations de poulet. Le tout accompagné de riz jollof, de pâtes, de frites et/ou de légumes. Bref, la bonne adresse pas chère pour se faire plaisir à Ho. Adresse futée !

WHITE HOUSE

Housing Street

Horaires d'ouverture irréguliers. GHC 50 le repas complet.

Ce sont deux frères qui tiennent ce petit bar situé au nord de la ville. Certes, le White House n'a pas la majesté de son homonyme de Washington et ressemble plus à une cabane où se retrouvent de bons copains plutôt qu'à une enceinte ouverte au public, mais c'est probablement ce qui fait tout son charme ! Une petite télévision cachée dans le fond diffuse des clips vidéo de chanteurs africains. Bronx, l'un des deux frères, est lui-même artiste et vous pourrez vous entretenir avec lui s'il est dans le coin. Grillades et plats copieux à bons prix !

KALAPKA GAME RESERVE

Située à seulement 10 km au sud de Ho, cette réserve s'étend sur près de 325 km². Le parc doit son nom à la rivière Kalapka qui le traverse. Le territoire y est relativement sec, et il est logiquement difficile d'y trouver des animaux en véritables troupeaux, même si des antilopes et des singes peuvent facilement être observés autour des zones les plus vertes de la réserve. Reptiles et oiseaux sont nombreux également. Pour quelques cédis, des balades guidées peuvent être arrangées avec l'une des personnes en charge de la sécurité, au niveau des bureaux à l'entrée. Plus d'informations sur la page facebook : kalakparesourcereserveghana. Une excursion qui se fait aisément depuis Ho.

AGOTIME KPETOE

Agotime Kpetoe, petite agglomération située à 25 km au sud-est de Ho, à un jet de pierre de la frontière avec le Togo, est dit-on à l'origine du tissage des fameux tissus kente typiques du Ghana. Le nom même du kente serait dérivé du mouvement du métier à tisser, décrit dans la langue locale comme le Ke (ouvert) et le Te (fermé). Ces magnifiques pièces de tissu sont splendides et bien moins chères ici à Agotime Kpetoe que dans la région Ashanti. Si vous êtes tenté de faire du shopping, une embardée depuis Ho est tout à fait envisageable (40 minutes en taxi).

AMEDZOFE ★

Pour fuir la guerre contre les Ashanti, les Ewé (ou Avante), qui venaient d'un petit village poussiéreux du Nord, se dirigèrent vers les monts Gewi. Malheureusement pour eux, des Géants (ou Baya en éwé) habitaient déjà les lieux. Aussi, plutôt que de faire la guerre à nouveau, les Ewé proposèrent la paix aux Géants. Afin de célébrer la bonne nouvelle, les Ewé décidèrent que le jour des accords de paix deviendrait désormais jour de fête. A chaque célébration, Ewé et Géants s'échangeaient du vin de palme, que chacun goûtait au préalable pour s'assurer de sa qualité. Un soir, les sages Ewé se réunirent sous l'arbre à palabres du village, et discutèrent toute la nuit. Au petit matin, le conseil expliqua à la population qu'il était temps de se débarrasser des Géants. Leur plan consistait à empoisonner le vin de palme destiné aux Baya. Pour le goûter et duper l'ennemi, un vieillard malade fut choisi. Le jour de la fête, le vieux Ewé s'éclipsa juste après avoir goûté le vin empoisonné. Les Géants burent le vin, convaincus de l'honnêteté de leur allié. Puis, ils tombèrent rapidement dans un sommeil sans fin… Faisant, depuis, les Ewé seuls maîtres des lieux.

Aujourd'hui, le village d'Amedzofe, qui est situé à 36 km au nord de Ho, est le plus haut village du Ghana (750 m). Il jouit d'une vue imprenable sur la vallée et permet aux amoureux de la nature de rayonner tout autour. De nombreuses activités sont possibles : trekking dans les montagnes, baignades dans les chutes ou encore visite au sanctuaire des singes.

© NICOLASDECORTE - SHUTTERSTOCK.COM

Amedzofe.

AKPOM WATERFALLS

Pour atteindre la cascade d'Akpom, il faudra d'abord vous rendre dans le petit village de Logba-Tota, puis effectuer une marche de 40 minutes environ, entre cultures vivrières et nature sauvage. Une fois arrivé sur le site, vous serez surpris de trouver une cascade au débit léger, vous invitant à une petite douche de circonstance ! Non loin, vous trouverez une grotte calcaire abritant une formation étonnante née de la rencontre entre stalagmites et stalactites ! Une très belle balade au cœur de la puissante nature du Ghana !

ABRAERICA €

✆ +233 547 752 361

GHC 250 la chambre double.

On se rend au Abraerica davantage pour jouir de l'impressionnant panorama sur les paysages environnants que pour les prestations assurées par l'établissement. Le confort est en effet plutôt rudimentaire : matelas durs, salle de bain pas totalement fonctionnelle, service de restauration assez moyen... Bref, ce n'est pas la panacée, mais vu le peu de choix qu'offre la bourgade d'Amedzofe, cela reste la meilleure option pour se loger en ville. En se concentrant sur la beauté du paysage et sur le service souriant, on passe tout de même un bon moment !

TAFI ATOME MONKEY SANCTUARY ★

A l'entrée du village, un petit bureau ouvert 7j/7 de 6h à 18h accueille les visiteurs. Entrée : GHC 20 par adulte, guide inclus. Pour voir les singes très nombreux aux alentours du village et visiter les pans de forêt du jardin botanique, il faut se rendre dans la partie dite du « sanctuaire ». Dans la forêt, il y a quatre groupes d'un peu plus de 50 singes, et chaque groupe est dirigé par huit chefs qui luttent pour le pouvoir et les femelles. Créé en 1993, le parc attire chaque année plus de visiteurs.

La coutume veut que que les singes qui y sont préservés sont sacrés. On raconte d'ailleurs que les habitants de Tofi, lorsqu'ils se sont installés à cet endroit de la région Volta (il étaient alors en provenance du Brong-Ahafo), ont apporté tout un tas d'objets et d'offrandes pour s'attirer la protection des singes. La stratégie semble avoir fonctionné puisqu'ils ont pu s'installer à Tofi. Aujourd'hui ce sont les nouvelles générations, les descendants de cette première population de pionniers qui prennent soin des singes. Selon l'un des guides, le meilleur moment pour venir à leur rencontre est soit tôt le matin entre 7h et 10h, soit après 16h. Ce sont sur ces moments de la journée qu'ils sont les plus actifs.

D'autres activités sont également envisageables à Tofi. Il est possible d'y faire du vélo, d'organiser des balades plus longues dans le village, de prendre des cours de musique... Toutes les informations sont à obtenir auprès du bureau et sur le site internet du parc : www.visitghana.com

HOHOE

Hohoe est située à une soixantaine de kilomètres au nord d'Amedzofe. C'est un centre agricole important, particulièrement pour le cacao. La ville est le point de départ idéal pour rejoindre les chutes d'eau de Wli (prenez un taxi collectif pour vous y rendre), plus à l'est. Une fois l'activité commerciale arrêtée en fin d'après-midi, Hohoe semble s'éteindre petit à petit. Pourtant, les endroits pour se retrouver et discuter avec les habitants ne manquent pas. La gare routière se trouve à la sortie de la ville, sur la route d'Accra. Elle est communément appelée Lorry Station. Seuls les tro-tro s'aventurent jusqu'ici.

KIKIS COURT RESORT €€

Off Fodome Road
www.kikiscourt.com
A partir de GH 280.
Impossible de passer à côté de cet étonnant édifice, moderne et on ne peut plus coloré ! Le Kikis est un resort à la ghanéenne plutôt accueillant et bien équipé. La grande paillote du restaurant (de spécialités ghanéennes), où l'on sert le petit déjeuner en buffet, est aussi le lieu de rencontre principal du lieu, où des animations et autres concerts sont parfois organisés. La piscine est agréable, entourée de quelques transats, et les chambres sont décorées avec bon goût. Parking privé et bonne connexion wifi. Une adresse au bon rapport qualité-prix.

WLI ★★

Wli est une destination incontournable pour ceux qui disposent d'un peu de temps au Ghana. Il s'agit de ces fameuses chutes d'eau localisées près de la frontière togolaise, dont tout le monde a entendu parler dans le pays ! Elles sont généralement considérées comme les plus belles chutes visibles du Ghana. Depuis Hohoe, vous devrez prendre la direction de Likpe, puis bifurquer vers le sud. En tout, depuis Hohoe, vous en aurez pour 25 km et 40 minutes de route. A noter que les chutes d'eau ne sont pas accessibles directement en voiture : il faudra crapahuter un peu pour les mériter ! En raison de l'état des routes et du sentier qui mène aux chutes, il est déconseillé d'entreprendre ce voyage seul. Après avoir payé le droit d'entrée, vous serez accompagné par un guide jusqu'à ces chutes. Wli est par ailleurs un petit village d'autant plus intéressant qu'il est facile d'entrer en contact avec la population, habituée à voir passer un grand nombre de touristes et qui, en conséquence, ne vous sautera pas nécessairement à la gorge.

Tourisme

Des balades sur deux jours peuvent être arrangées auprès du bureau du parc. Cette randonnée permet alors de visiter trois communautés différentes et de rejoindre la frontière avec le Togo. L'immersion est totale. Penser à donner un pourboire au guide ! Rendez-vous au Bureau, près de Waterfall Lodge (+233 209 242 863 / +233 206 782 929).

TASTSADU WATERFALLS

Les chutes de Tsatsadu méritent le détour. Mais, attention, avant d'entreprendre toute visite une fois arrivé, il faudra rencontrer le chef du village, ou son représentant, pour payer un droit d'accès. Les chutes se trouvent à une vingtaine de kilomètres à l'ouest de Hohoe. Arrêtez-vous au village de Alavanyo Abehenase et demandez à un guide de vous y conduire. C'est ici qu'il faudra vous acquitter de la taxe. Les chutes se trouvent à 10-15 minutes à pied. Il est conseillé de les visiter pendant la période des pluies, à défaut de ne rien voir du tout pendant la saison sèche. Des tro-tro font régulièrement le trajet entre Hohoe et Alavanyo Abehenase.

AFADJATO

Le Mont Afadja, nommé Mont Afadjato par les habitants ewé de la région, est l'une des principales attractions touristiques de la zone : il s'agit de l'un des points culminants du Ghana. Faisant partie de la sous-chaîne montagneuse Agumatsa, il atteint les 885 mètres et est voisin du Mont Aduadu (746 mètres). Le départ de la balade se fait à quelques kilomètres à l'est de Hohoe. De nombreuses grottes et ruisseaux ainsi que plus de 300 espèces de papillons constituent le paysage de cette région fertile de l'ouest ghanéen. Plus d'infos au Visitor Center de Wli.

CHUTES DE WLI ★★

Accessible toute l'année. Entrée GHC 20 pour les cascades proches, GHC 40 pour celles plus éloignées.

© WOLFGANG BÜRKLE - FOTOLIA

Les chutes de Wli sont également connues sous le nom d'Agumatsa Falls. Deux cascades sont accessibles pour les visiteurs. La première au bout de 45 minutes de marche, la seconde après 2 heures. La balade est magnifique. Le simple fait de plonger au cœur de cette végétation dense et impressionnante vaut le détour. Encore une fois, il est conseillé de venir vers midi pour profiter du spectacle hallucinant des milliers de papillons qui batifolent. Il est possible de se baigner dans la piscine naturelle qui se forme au pied de la chute d'environ 30 mètres de haut.

WLI WATER HEIGHTS HOTEL €

✆ +233 209 387 176
www.wliwaterheightshotel.com
A partir de 10 US$ la chambre.

Il n'est pas compliqué de trouver ce petit hôtel : il se situe tout au bout de la rue principale du petit village de Wli, celle sur laquelle vous vous trouvez en arrivant de Hohoe. Les chambres sont très bien aménagées, tout en simplicité et propreté, et la qualité de l'accueil est très appréciable. Surtout, le Water Heights semble particulièrement bien connecté avec la communauté des habitants du village. On appréciera en outre le somptueux jardin tropical tout autant que les préparations simples et bien faites du restaurant de l'hôtel.

WLI WATERFALL INN €

Bakua Road
✆ +233 55 492 5050
Dès 15 US$ la chambre.

Le Wli Waterfall Inn est une parfaite adresse pour les backpackers cherchant plutôt l'aventure et les rencontres que le confort et le repos. Aussi, les chambres sont tout ce qu'il y a de plus simple, offrant un confort raisonnable et une propreté indiscutable. Les points forts de cette adresse sont plutôt l'accueil chaleureux des tenanciers, la proximité des chutes et des sentiers de randonnée et les copieuses assiettes proposées par la cuisine du lieu. Bref, un spot parfait pour passer quelques nuits reposantes après de belles marches.

WATERFALL LODGE AT WLI €

✆ +233 205 115 388
www.ghanacamping.de
A partir de GHC 130 la chambre double. L'établissement est fermé le mardi, donc pas d'arrivée ce jour-là. Vélos.

Cet établissement tire logiquement son nom des chutes d'eau de Wli qu'il est possible d'apercevoir depuis le jardin. Celles-ci sont encore plus visibles lors de la saison des pluies. Tenu par un couple d'Allemands depuis 2003, le lodge sait recevoir ses invités. Anciens *backpackers*, les hôtes accueillent à bras ouverts ceux qui souhaitent planter leur tente dans le jardin. Les chambres sont très confortables et parfaitement entretenues. Une réussite. Le restaurant sert probablement la meilleure viande du coin. Les germanophones apprécieront la bibliothèque !

KYABOBO NATIONAL PARK

Le parc de Kyabobo est l'un des nouveaux lieux de l'écotourisme au Ghana. Les 220 km^2 du parc procurent de jolis panoramas, avec des paysages variés et vallonnés. Kyabobo est surtout favorable à la randonnée et à la rencontre avec les habitants. Il est conseillé de s'y rendre après la saison des pluies, entre septembre et décembre donc, où les chutes de la rivière Koué sont impressionnantes. Les villages proches du parc, eux, sont à visiter tout au long de l'année (avec un guide), après avoir discuté avec le chef du village. On peut d'ailleurs se renseigner sur les itinéraires à effectuer à pied ou à vélo au bureau du parc (3h à 8h selon l'itinéraire).

PASSPORT

GHANA-INTÉRIEUR

Le territoire couvert par ce chapitre «Ghana Intérieur» est divisé en deux régions. La première est la région Ashanti, celle de l'ethnie majoritaire du pays, considérée comme le berceau du patrimoine culturel ghanéen. C'est aussi la région la plus peuplée du Ghana. Kumasi est sa capitale et vaut une visite pour son marché, le plus grand d'Afrique de l'Ouest, mais aussi pour en apprendre davantage sur l'histoire et les traditions de ce peuple mythique. Une visite du musée de Kumasi est à cet égard indispensable. Un tour du côté du lac Bosomtwe est recommandé aussi, ainsi qu'un passage par Obuasi et ses mines d'or. L'autre région ici traitée est celle de Brong-Ahafo, faisait avec Nkrumah partie de la région Ashanti. Grande productrice de cacao mais aussi de maïs, on la visite pour le Boabeng-Fiema Monkey Sanctuary, à quelques kilomètres de Techiman, le parc national de Bui et les chutes d'eau de Kinptampo et de Fuller.

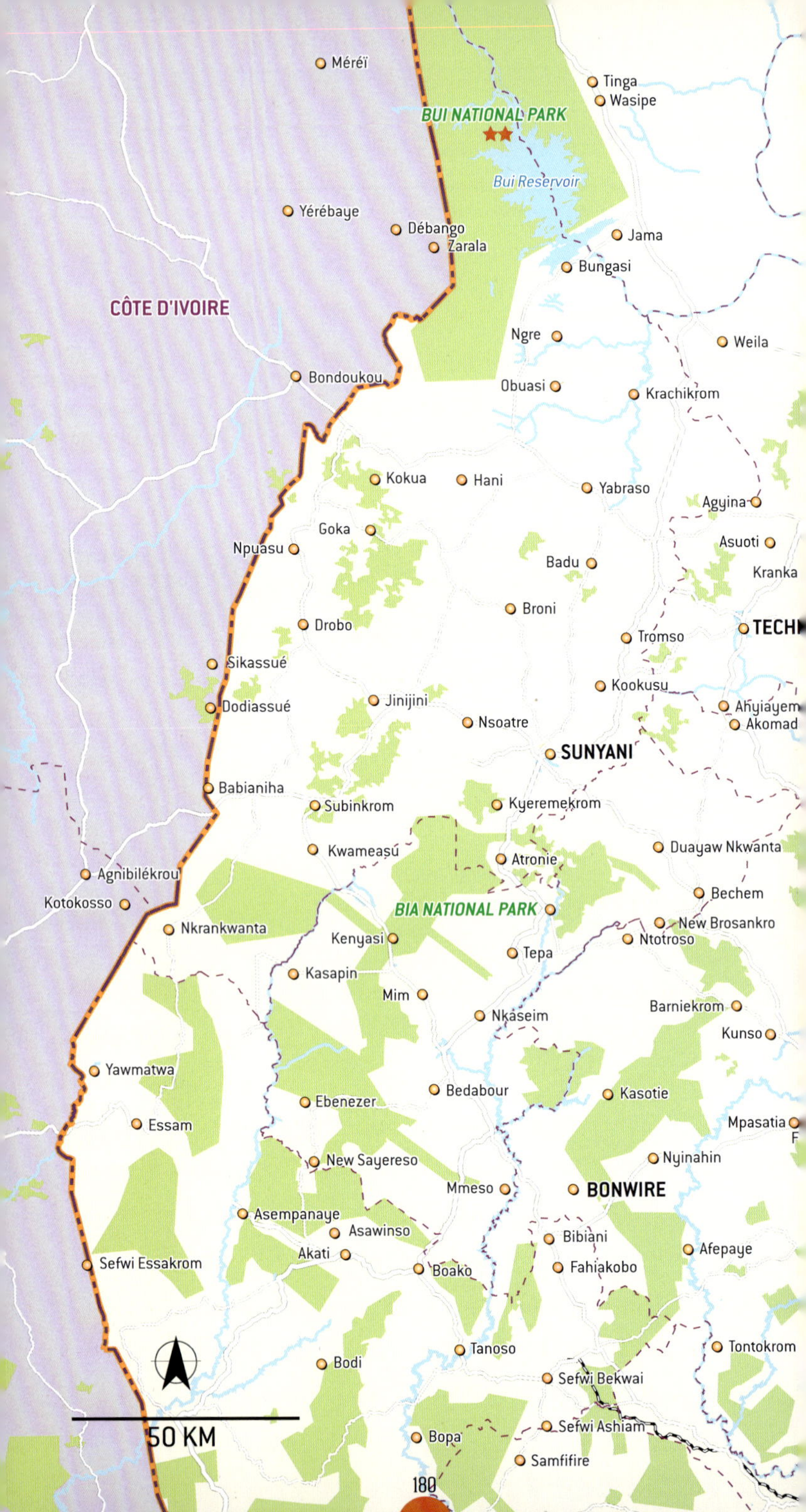
Méréï
Tinga
Wasipe
BUI NATIONAL PARK
Bui Reservoir
Yérébaye
Débango
Zarala
Jama
Bungasi
CÔTE D'IVOIRE
Ngre
Weila
Bondoukou
Obuasi
Krachikrom
Kokua
Hani
Yabraso
Agyina
Goka
Npuasu
Asuoti
Badu
Kranka
Broni
Drobo
Tromso
TECH
Sikassué
Kookusu
Jinijini
Dodiassué
Nsoatre
Ahyiayem
Akomad
SUNYANI
Babianiha
Subinkrom
Kyeremekrom
Kwameasú
Duayaw Nkwanta
Atronie
Agnibilékrou
Bechem
Kotokosso
BIA NATIONAL PARK
New Brosankro
Nkrankwanta
Kenyasi
Ntotroso
Tepa
Kasapin
Mim
Barniekrom
Nkaseim
Kunso
Yawmatwa
Bedabour
Kasotie
Ebenezer
Mpasatia
Essam
Nyinahin
New Sayereso
Mmeso
BONWIRE
Asempanaye
Asawinso
Bibiani
Akati
Afepaye
Sefwi Essakrom
Boako
Fahiakobo
Tanoso
Tontokrom
Bodi
Sefwi Bekwai
50 KM
Sefwi Ashiam
Bopa
Samfifire

Ghana-Intérieur
Tingga Kombu
Salaga
Gulumpe
Dawadawa Number 2
Kataba
Dawadawa
Loloto
Kapua
Gulubi
Yeji
Krukruba
Adomano
Kunso
Swaba
'AMPO
Kamompa
Adaprase
Dama Nkwanta
di
Seidu Akura
Dinkra
Kumfia
Atebubu
Kwame Danso
Dromankese
Mem
Logico
Abour
Hye Woanhye Mosque
ORANZA
Yaw Tuffour
Donkro Nkwanta
DIGYA NATIONAL PARK
Ejura
Kobreti
Anyinasu
Chichibon
Asem
ridua
Drobonso
Kwasi Fante
Jamasi
Sekyere Kwamang
Bonkrom
Maame Krobo
ffinso
NTONSO
Abon
Juaben
Kwawufoso
Agogo
MASI
Kwahu Kotoso
Juansa
KUBEASE
Bokuruwa
Akamakope
Dompoase
Odumasi
Nkawkaw
LAC BOSUMTWI
Pankese
Timesu Sisi
Bekwai
Yapesa
Abakoase
Begoro
Afosu
cobu
Abomosu
Akrokerri
Ohiamiasi
Saponso
Amanfrom
New Tafo Akim
BUASI
Kotokuom
Okyerekurom
dumase
Subi
KOFORIDUA
New Edubiase
Gyewani
Akwatia
Suhum

PAGES

Cette région, celle de l'ethnie majoritaire du pays, les Ashanti, est considérée comme le berceau du patrimoine culturel ghanéen. C'est aussi la région la plus peuplée du Ghana. La région de Kumasi est censée détenir les traditions toujours vivantes du pays, face à Accra la moderne, acculturée. Ici, les rois Ashanti n'ont certes pas de statut institutionnel, mais ce sont eux les maîtres des lieux, avec lesquels le pouvoir central doit compter. Des centaines de traditions rythment la vie du pays, gravitant autour du système royal. Par exemple, une des coutumes les plus connues de cette région est celle des funérailles qui, chaque samedi, sont l'occasion d'admirer les cortèges funéraires et ses gens habillés de rouge et de noir, qui chantent et boivent. Kumasi est la deuxième ville du pays, elle possède le plus grand marché d'Afrique de l'Ouest, et, rien que pour ça, vaut le déplacement.

La région Ashanti est aussi un centre prospère d'exploitation du bois et de l'or. Obuasi est le principal centre d'extraction du précieux métal au Ghana. C'est une région préservée, elle abrite la Bobiri Forest Reserve, l'Owabi Bird Sanctuary (nord-ouest de Kumasi) et le Bomfobiri Wildlife Sanctuary (nord-est de Kumasi, après Kumawu). C'est enfin le berceau de trois villages artisanaux à visiter : Ahwia, Bonwire et Ntonso.

Capitale administrative, Kumasi est aussi la résidence de l'Asantehene, le roi des Ashanti. Sa résidence officielle est le palais de Manhyia où le roi vit dans le même décor que ses prédécesseurs depuis des siècles. Kumasi mérite d'être visitée pour son statut de capitale culturelle (musée de Kumasi) et commerçante : elle abrite le plus vaste marché d'Afrique de l'Ouest !

Cette région a été créée par le premier gouvernement de Nkrumah, après l'indépendance du Ghana, en avril 1959. Auparavant, ce district faisait partie de la région Ashanti et était appelé Ashanti occidental. La création de cette région devait mettre fin aux dissensions anciennes et sérieuses qui opposaient les chefs brong à leurs collègues ashanti. Mis à part Sunyani, la capitale, les principales villes sont Berekum, Atebubu, Nkoranza, Dormaa, Wenchi et Techiman, ville d'où sont originaires les Akan. Brong-Ahafo est le principal producteur de maïs du pays et dispose d'un domaine forestier important et de plantations de cacao. Des fermes traditionnelles cohabitent avec de grandes fermes modernes.

KUMASI ★★★

Cette capitale a été fondée en 1695 par l'Asantehene Osei Tutu. Après la victoire de l'armée ashanti sur un autre groupe akan, le grand prêtre traditionnel ordonna que deux arbres de Kuma soient plantés à deux endroits différents sur les nouvelles terres. Le lieu où l'arbre grandirait deviendrait, selon les souhaits du chef mystique, la capitale du royaume. Ainsi l'arbre grandit à Kumasi (qui signifie littéralement « sous l'arbre de Kuma »). A Kumawu, 53 km plus loin, il ne survécut pas. Ainsi le nom de cette ville désigne en akan « la place où est mort l'arbre de Kuma ».
Aujourd'hui, Kumasi abrite toujours la résidence de l'Asantehene, le roi des Ashanti : le palais de Manhyia. La présence de bâtiments coloniaux témoigne de cinquante ans de colonisation britannique. La ville abrite aussi un centre culturel national, où des objets fabriqués dans les villages voisins sont exposés. Elle possède d'autres attractions : musées, fort, églises et festivals. Son marché en plein air est le plus important d'Afrique de l'Ouest. Autour de Kumasi, vous trouverez des villages spécialisés dans l'artisanat, essentiellement ceux de la sculpture (Ahwia), de la poterie (Pankrono) et du tissage (adinkra à Ntonso et kente à Bonwire). La ville compte maintenant près de deux millions d'habitants. Aujourd'hui, de nombreux Ghanéens quittent Accra pour la capitale ashanti où la vie est moins chère et le climat plus clément.

Quartiers

Le centre-ville de Kumasi s'étend sur les pentes douces de la colline au sud du Kejetia Circle et au nord de l'Ahodwo Circle, entre les Fuller Road, Guggisburg Road, et la Harper Road / Stewart avenue. La place la plus centrale est celle qui contient la célèbre statue de l'Asantehene et du Lion, au bout de Palm Walk Avenue, avec la Wesley Methodist Cathedral. Plus au sud se trouve la statue de Prempeh II sur le Prempeh II Circle. La plupart des banques et des bureaux Forex se trouvent sur cette place et sur Harper Road et Prempreh II Street, de même que la plupart des bâtiments administratifs. Le marché central, Kejetia Market, se trouve au pied du centre-ville, au sud-est du Kejetia Circle, le long de Fuller Road, ainsi que la gare ferroviaire. Au sud du centre, se trouvent les grands axes du Southern By-Pass, avec l'Ahodwo Circle. C'est au sud de ce dernier, dans le faubourg d'Adiebra sur l'Old Bekwai Road, que se trouve le quartier le plus moderne de la ville, où il est le plus facile de sortir le soir ; ainsi que sur l'Hudson Road, à l'est, où se trouve le stade. Au nord du centre et du marché se trouve le Suame Circle ; au nord, le quartier de Suame est une immense zone industrielle.

Transports

- **Avion**. Il est possible de se rendre d'Accra à Kumasi en avion (40 minutes de vol). La compagnie Africa World Airlines propose des billets autour de GHC 850 aller.
- **Bus**. Pour vous rendre en bus à Kumasi, optez pour la compagnie nationale State Transport Corporation (STC), ou bien VIP Jeoun Transports, qui proposent toutes deux des autocars certes moins rapides que les tro-tro, mais plus confortables pour de longs trajets, et fiables ! La gare STC est située sur Pempreh I avenue, au sud du centre-ville. Des bus vers la capitale partent plusieurs fois par jour (avec la climatisation).
- **Tro-tro** : Il existe deux stations pour les tro-tro. L'une s'appelle « Kejetia » et elle se situe dans la partie nord du centre-ville, juste au-dessus du marché du même nom. Elle dessert les destinations au nord et à l'ouest de Kumasi comme Sunyani, Agona, Ejisu, Techiman, Mampong... L'autre station se trouve au sud-est du centre-ville sur Fuller Street. Elle dessert toutes les destinations vers le sud comme Cape-Coast, Obuasi, le lac Bosumtwi.
- **Pour rejoindre la côte depuis Kumasi**, il vaut mieux emprunter la route qui va à Cape-Coast en bien meilleur état que celle qui va à Takoradi (qui est vraiment dans un état critique), et ce même si la destination finale est Takoradi.

ARMED FORCES MUSEUM 🏛

Stewart avenue
Ouvert du mardi au samedi de 8h à 17h.
GHC 5 l'entrée.

On imagine y trouver un témoignage des guerres qu'ont livré les Ashanti aux Britanniques, mais curieusement ce musée – littéralement le Musée des Forces Armées – est essentiellement consacré à la participation des Ghanéens à la Deuxième Guerre mondiale au sein des troupes impériales britanniques en Afrique de l'Est et contre les Japonais. On y trouve beaucoup de cartes, de vieilles photos et une importante collection d'armes et de véhicules de guerre. Une visite qui éclaire un pan bien spécifique de l'histoire militaire du Ghana.

KEJETIA CENTRAL MARKET ★★

Dans le périmètre entre Fuller Road, Antoa Road et Zongo Road

Ouvert de l'aube jusqu'à 18h.

Au cœur du cœur de Kumasi, dont il est l'essence même, le Kejetia Market est l'un des plus grands marchés du continent africain. Il s'étend sur 10 hectares et regroupe plus de 10 000 exposants. Des incendies l'ont pratiquement ravagé en 1995, en 2000 également, puis à nouveau en 2010. Mais à chaque fois, le marché a rapidement retrouvé son niveau d'activité antérieur. Le site est très animé, sauf les dimanches, et il est pratiquement impossible de circuler et de se garer autour. C'est un des endroits les plus caractéristiques de la ville. L'impression que donne cette immensité et le fourmillement de la foule sans cesse en mouvement peut être, pour qui n'en a pas l'habitude, tout simplement incroyable. Des marchands de toute l'Afrique de l'Ouest s'y rendent pour vendre une diversité de produits assez impressionnante. Y passer du temps, c'est plonger en plein cœur de la culture urbaine ghanéenne. Pour s'orienter, sachez que la partie nord du marché est entrecoupée d'une ligne de chemin de fer qui correspond à la zone des textiles. Au sud, on trouve plutôt la partie alimentaire. A l'une des extrémités du marché, au niveau du rez-de-chaussée, on trouve une enfilade de restaurants et espaces avec tables et chaises pour faire le plein d'énergie. Attention aux agoraphobes, y compris ceux qui ne pensent pas l'être : au bout d'un moment, cette marée humaine peut bien donner le mal de mer aux non habitués. Notons au passage que le marché a dû essuyer six inondations (canalisations défaillantes) pour la seule année 2022 !

MAGAZINE DE SUAME ★★

Magazine New road, Suame, au nord du Suame Circle

En plus du plus grand marché d'Afrique de l'Ouest, Kumasi abrite la plus grande zone industrielle du Ghana : Suame, au nord de la ville. On trouve là un site plutôt hallucinant : le *Magazine*, une sorte d'immense atelier de construction mécanique de 20 hectares, employant quelque 60 000 personnes (dit-on). Montagnes de moteurs, pièces détachées en tout genre et un bruit incessant de ferraille martelée ponctué d'odeurs d'huile et de peinture. C'est que 1 500 peintres travaillent notamment sur les décorations des tro-tro, une bénédiction indispensable !

MANHYIA PALACE MUSEUM ★

Manhyia Road

✆ +233 322 023 680

Ouvert tous les jours de 9h à 17h, Entrée GHC 10 par personne. Visite guidée obligatoire.

La demeure historique des Asantehene, les rois des Ashanti, a été transformée en un musée de la royauté ashanti. Cette maison fut donnée par le pouvoir colonial britannique à Prempeh Ier en 1925, au retour de son exil aux Seychelles. Le palais de l'actuel Asantehene, Otumfuo Nana Osei Tutu II, se trouve dans l'enceinte du même grand complexe, qui trône sur la vaste place qui domine le Central Market. La visite guidée de ce petit palais vaut vraiment la peine pour comprendre le rôle particulier de la royauté ashanti au Ghana. Le jardin du musée est agréable.

Les rues animées de Kumasi.

NATIONAL CULTURAL CENTER

Bantama Road

✆ +233 32 208 9401

Entrée gratuite.

Le site vaut le déplacement si l'on souhaite avoir un rapide aperçu de l'artisanat local et des orchestres locaux. S'y trouvent également le musée de Prempeh, la bibliothèque et l'office de tourisme (Ghana Tourist Authority). Si l'on pouvait jadis accéder à des ateliers de céramique, de fabrication de tam-tams, de sculpture, de fabrication d'objets en cuivre et de tissage de kente ou d'adinkra, l'activité est moins dynamique à présent. Des orchestres y donnent des concerts certains après-midi sous la grande paillote du Ike's Cafe. L'hôtel Ike's est recommandable.

PREMPEH II JUBILEE MUSEUM OF ASHANTI HISTORY ★

Situé à l'intérieur du centre culturel national. Ouvert le lundi de 14h à 17h, du mardi au samedi de 9h à 17h.

Ce musée contient une collection intéressante d'objets ashanti. Noter la présence d'armures royales et d'objets en or. Bien que la plupart des objets soient des copies, on trouve, dans ce petit musée, des photos, des objets personnels et des guides qui donnent des informations détaillées sur le royaume ashanti. La présence d'un accompagnateur n'est pas vraiment nécessaire. L'Asantehene, le roi des Ashanti, reçoit dans ces murs ses invités, lors des plus importantes festivités.

CRYSTAL ROSE AMBASSADOR HOTEL €€

✆ +233 544 802 543

www.crystalroseambassadorhotel.com

A partir de 95 US$ la chambre double.

L'hôtel, ouvert en fin 2014, abrite une quarantaine de chambres spacieuses et très propres. Bénéficiant de tout le confort moderne, c'est l'un des hôtels les plus agréables de la zone. Il. En plus des chambres, la structure propose également de beaux appartements avec deux chambres, salon, cuisine et salle de bain, qui vous feront vous sentir comme à la maison, avec les petits plus de l'hôtel. Piscine, salle de gym, parking. Le restaurant sert aussi bien des plats locaux qu'européens.

FOUR VILLAGES INN €€

412 Melcom road

✆ +233 322 022 682

www.fourvillages.com

Compter 70-110 US$ la chambre, petit déjeuner inclus.

Cette adresse est sans nul doute la plus expérimentée de Kumasi. Elle donne priorité à un réel bien-être de ses clients. Dans cette chambre d'hôtes entourée d'un agréable jardin, on se sent vite comme à la maison. La décoration est chargée d'histoire et les indications qu'on peut vous fournir sur la région sont précieuses. A l'écart du centre-ville, le Four Villages Inn est situé à Adiebra, à deux pas de toutes les commodités. Espace parking surveillé et service pressing. Des repas à base de spécialités européennes et locales peuvent être préparés sur demande.

HOTEL GEORGIA €€

Southern By-Pass, Adiebra

✆ +233 322 023 915

Chambre double dès GHC 500.

Ouvert depuis plus de 20 ans, le Georgia reste une adresse de référence à Kumasi, d'autant qu'il a été restauré en 2007. Avec sa cinquantaine de chambres, il fait partie des hôtels qui comptent la plus grande capacité d'accueil. Les installations et la piscine sont correctes, et la qualité de la literie est bien au rendez-vous. Côté rue, les chambres sont plus lumineuses ; les balcons peuvent être mentionnés, mais côté cour, ils sont très très sombres. Le Georgia dispose d'un restaurant au bord de la piscine. Accueil tout en douceur.

HOTEL TEXAS €€

Hudson Road

✆ +233 32 202 3239

Chambre à partir de 50 US$.

L'établissement est très facile à trouver puisqu'il est très central : il fait en effet face au centre commercial Kumasi City Mall. Hôtel de gamme moyenne, le Texas ne réserve aucune surprise majeure ; les chambres sont propres, mais l'ensemble manque grandement de luminosité. Les chambres Executive disposent d'une kitchenette avec four micro-ondes. L'établissement dispose d'un restaurant qui a fait se rencontrer la cuisine italienne et libanaise. A noter que l'hôtel possède sa propre agence de location de voiture. Accueil sympathique.

IKES CULTURAL VILLAGE €€

Kumasi cultural Centre ✆ +233 50 162 3263
www.ikesvillage.com
Dès 70 US$ la chambre. Comptez 10 US$ le repas complet au Ike's Cafe & Grill.

Sans doute la meilleure option confort pour se loger à Kumasi. L'hôtel se trouve au cœur de la petite enclave du Kumasi Cultural Centre, à deux pas du fameux marché de Kumasi et du zoo (dont s'échappe chaque soir des milliers de chauves-souris !). Les chambres sont immenses, autant que les lits et salles de bain ! La déco d'inspiration afro se veut élégante et bien sentie. Juste en face, la très grande paillote abrite un vaste restaurant ouvert à tous où sont parfois organisés des concerts. Petite boutique de produits locaux également.

MIKLIN HOTEL €€

15 Cedar Avenue
✆ +233 322 039 121
A partir de GHC 570 la chambre double.

Dans le quartier de Danyame, le bâtiment du Miklin est impressionnant. A l'intérieur se trouve des chambres ordinaires : lit double ou deux lits jumeaux, c'est au choix. Les lieux sont simples mais propres et bien entretenus. L'accueil est fait avec sérieux et professionnalisme. A signaler également, une piscine en forme d'haricot, deux salles de conférence et un restaurant, servant des plats chinois, européens et ghanéens. Bref, une adresse sans fantaisie particulière mais une valeur sûre en termes de confort et de propreté.

NOBLE HOUSE HOTEL AND RESTAURANT €€

George K. Kusi avenue
✆ +233 322 035 091
www.noblehouseghana.com
Autour de 60 US$ la chambre.

Un hôtel qui ne paye pas de mine vu de l'extérieur, mais qui est finalement très correct. Déco de mobilier sobre et moderne mâtinée de touches ethniques, chambres spacieuses et confortables (wifi, climatiseur et télévision), restaurant – c'est le point fort de l'hôtel – proposant de très bons plats asiatiques (chinois, indiens) dans un cadre agréable... Bref, le Noble House ne déçoit pas ! Il est possible de réserver une navette qui vous mènera de l'aéroport vers l'hôtel et vice-versa.

REXMAR HOTEL €€

24 Bekwai Rd
✆ +233 55 350 7471
Dès GHC 350 la chambre.

L'hôtel Rexmar a plutôt belle allure. Situé sur la route d'Obuasi, à seulement un quart d'heure de l'aéroport et à une dizaine de minutes du centre-ville, il est réputé pour sa tranquillité. Et il faut le reconnaître, à peine entre-t-on dans le jardin de l'hôtel que le calme se fait. La salle de restaurant est très agréable – on y déguste les spécialités du chef, un fin cordon-bleu – et la piscine en forme de cœur invite de se relaxer quand les après-midi se font un peu trop chaudes pour sortir en ville. Très bon rapport qualité-prix.

ROYAL LAMERTA HOTEL €€

Melcom road
✆ +233 322 041 200
www.royallamertahotel.com
A partir de GHC 400. Petit déjeuner inclus.

Le Royal Lamerta Hotel est un petit établissement tout confort ouvert en 2009. Le lieu est plutôt bien entretenu et traverse les années avec succès. les chambres sont spacieuses propres et agréables, avec wifi, eau chaude, climatisation et télévision. La salle de gym est équipée avec des machines modernes. Le tout est distribué autour d'un grand espace pavé avec piscine et bar. La carte du restaurant propose des spécialités locales et européennes. Une option recommandable pour une escale à Kumasi.

ROYAL PARK HOTEL €€

Ahodwo Road
✆ +233 322 039 353
Dès 100 US$ la chambre double.

Le Royal Park Hotel est un établissement 2-étoiles très bien tenu proposant de belles chambres avec minibar, climatisation, et TV satellite. Les salles de bains sont quant à elles toutes équipées de baignoire (avec eau chaude). Le petit déjeuner est compris dans le prix de la chambre et est servi dans une vaste salle spécialement dédiée. Les patrons sont particulièrement exigeants, ce qui fait de cette adresse l'une des plus professionnelles de la ville. A noter au passage qu'il est possible d'y louer une voiture, pratique pour sillonner les environs !

SIR MAX HOTEL €€

Ahodwo

✆ +233 322 025 278

Dès GHC 350 la chambre double.

Ouvert depuis 1991, cet hôtel d'une vingtaine de chambres situé dans le quartier d'Ahodwo bénéficie de tout le confort moderne : télévision, wifi, climatisation, eau chaude. Les chambres sont propres mais plutôt simples, sans fioritures. À l'extérieur de l'hôtel, on profite de la piscine et d'une agréable terrasse avec bar restaurant (le point fort de l'hôtel en comparaison à un intérieur un peu austère) où l'on peut commander des plats locaux ou européens, des grillades et pizzas ainsi que des spécialités libanaises. Le personnel est professionnel et à l'écoute.

SPORTS HOTEL €€€

En face du stade

✆ +233 322 029 066

Dès 350 GHC la chambre.

Cet hôtel dédié au sport a ouvert ses portes en 2008, lors de la Coupe d'Afrique des Nations. Une trentaine de chambres, une piscine, une salle de gym constituent l'essentiel de ses infrastructures. Deux restaurants s'ajoutent à la liste, l'un proposant des menus locaux à bon tarif, l'autre plus haut de gamme et accessible uniquement sur réservation. Si les espaces intérieurs manquent un peu d'ouvertures sur l'extérieur, l'ensemble reste très bien tenu. Impossible de le manquer, avec sa façade d'un bleu passé haute de cinq étages.

GOLDEN BEAN HOTEL €€€

19 Harper Road

✆ +233 322 086 000

www.goldenbeanhotel.com

Autour de 100 US$.

Le Golden Bean se positionne en boutique-hôtel, qui combine modernité, qualité et service personnalisé. Les chambres *superior* sont très certainement les plus recommandables (en même temps que les plus économiques) de cet établissement. On se sent vite comme dans un petit cocon agréable au Golden Bean. Il ne manque rien : un restaurant (cuisine locale et occidentale à la carte ou au buffet), un bar, une piscine, une salle de gym et surtout une équipe de service tout à fait à la hauteur des lieux. Évidemment, le confort qui se paie !

JOFEL €

Airport Roundabout

✆ +233 322 390 865

www.jofelcateringservices.com

Ouvert toute la semaine de 8h à 23h, il est préférable de réserver le week-end. Dès GHC 50 le plat.

Tout le monde connaît ce restaurant en ville. L'adresse est très appréciée par de nombreux habitants. Les Occidentaux l'apprécient aussi pour la rapidité du service et le sérieux du personnel. Ses plats sont copieux. Le meilleur moment pour y aller : le samedi soir (et mieux vaut réserver alors, il y a souvent foule) ! La maison propose par ailleurs une programmation de concerts qui vaut le détour ! Les tables installées à l'ombre de grands arbres, le jardin de cette vaste ville, sont un must le midi. Un endroit emblématique de Kumasi.

GOLDEN TULIP KUMASI €€€

Rain Tree Street

✆ +233 24 434 0220

www.goldentulipkumasicity.com

Minimum 150 US$ la chambre double.

Le Golden Tulip de Kumasi a été inauguré au début de l'année 2008 et compte toujours parmi les hôtels les plus confortables de la ville, même si son style moderne confère inéluctablement un côté très impersonnel. Des efforts ont cependant été fournis pour que l'art africain soit à l'honneur. Les chambres sont parfaitement équipées, si bien que l'on se sent rapidement à son aise. Des instants agréables à prolonger au bord de la piscine, dans les différents salons, au casino ou au restaurant de l'hôtel. Possibilité de réserver une navette pour l'aéroport.

NICK PIZZA KING €

Il faut emprunter la Old Bekwai Road depuis le rond-point de Ahodwo, au sud de la ville. Un panneau signalant la présence de Nick apparaît alors sur la droite. ✆ +233 243 222 006

Ouvert tous les jours midi et soir. Dès GHC 40 la pizza.

Pas besoin d'aller chercher plus loin, ici se trouve l'une des meilleures pizzerias de la ville. Toutes les recettes classiques sont au rendez-vous (nombreuses recettes de viande). Sa cour permet de se garer facilement et à l'ombre des arbres. Une bonne adresse, d'autant que l'environnement calme et vert invite à la simplicité. Et pour satisfaire à la fois les palais occidentaux et les goûts du pays, Nik partage les lieux avec une cantine locale au service accueillant mais parfois un peu lent, où riz jolof, banku et fufu bien réalisés se partagent la vedette.

MOTI MAHAL €€

✆ +233 322 029 698

motimahalgh.com

Ouvert tous les jours sauf le lundi 12h-16h et 18h à 22h. Dès GHC 70 le plat principal.

Le meilleur indien de la ville... et probablement de tout le Ghana ! La salle de restaurant se trouve à la jonction du Southern By-Pass avec Lake Road, au sud de la ville. C'est le rendez-vous des expatriés de Kumasi. L'endroit est bien tenu, et la nourriture est succulente. Le cadre est correct, quoique un peu froid à cause d'une climatisation parfois mal ajustée et d'une décoration un peu monotone dans les deux grandes pièces carrées. Des billards ont été installés près du bar, et attirent de nombreux consommateurs. Bref, une adresse bien connue en ville.

ROYAL GARDENS CHINESE RESTAURANT €€

Ahodwo Road

✆ +233 322 039 353

Ouvert tous les jours midi et soir. Compter GHC 150 pour 2 personnes.

Ce restaurant situé dans l'enceinte du Royal Park Hotel est tenu par des Coréens très sérieux. Le personnel étant bien formé, sa cuisine chinoise compte parmi les meilleures de la ville. Le menu varié ravira tous les types d'appétit. L'immense salle parée de jolis paravents donne du charme à l'ensemble. De plus, le restaurant dispose d'une petite cave à vins plutôt bien achalandée : chianti, bordeaux et vins chinois habillent les clayettes. Bon rapport qualité-prix.

THE VIEW BAR AND GRILL €€€

39 Melcom road

✆ +233 244 668 880

Fermé le lundi. Dès GHC 80 pour un plat principal.

The View Bar & Grill a initialement conquis le cœur des amateurs de la cuisine fusion entremêlant les tendances américaines, britanniques et françaises dans un cadre design, avec une vue sur la ville de Kumasi et des cocktails incroyables. Ce lieu branché qui n'a pas peur de se réinventer et propose à l'occasion des spécialités d'inspiration chinoise, une cuisine très appréciée par les habitants de Kumasi. Le service est jeune et sympathique. D'aucuns diront qu'il s'agit là de la meilleure table de la ville, ou tout du moins la plus populaire.

S BAR

Off Okomfo Anokye Road

✆ +233 242 788 370

Impossible de le louper dans la nuit, avec son grand « S » de néon bleu : le S Bar (pour Souls Bar) est un jazz bar installé dans un cadre intimiste aux lumières tamisées. On y vient pour boire un verre, grignoter quelques plats à partager ou même pour manger solidement tout en écoutant de la musique soul, du jazz, du blues ou des musiques plus contemporaines, parfois même en *live*. Le mobilier est simple, un peu rustique mais l'atmosphère y est ! La terrasse et ses quelques plantes tropicales est plutôt accueillante en journée.

THE PITCH

Melcom Road

✆ +233 202 111 222

Ouvert tous les jours. Le prix moyen d'un plat est de GHC 50.

Un spacieux Sports Bar / Pub ouvert en 2017, idéal pour boire une bière entre amis, lors d'un match de football. Plusieurs écrans plats sont disposés dans l'ensemble du local et la décoration évoque l'univers sportif. On y trouve la cuisine typique de ce genre d'endroit : pizza, burger, wings, frites et quelques rares spécialités locales. Les serveurs sont sympathiques et efficaces. Le week-end après avoir profité du repas, on peut faire durer le plaisir. Le pub se transforme en boîte de nuit et la grande salle fait office de piste de danse.

ALMIGHTY ART WORK

Suame Roundabout

A côté du rond-point de Suame, la boutique en plein air de ce peintre ghanéen est la plus grande du pays. Les tableaux sont en vrac, disséminés à droite, à gauche, sous une table, à l'arrière d'une case, sur le trottoir… Leur message est empreint d'une puissante foi envers le tout-puissant. Pinceau à la main, Almigthy God donne ses consignes aux apprentis. Son charisme est impressionnant, et tout le monde boit ses paroles. S'il est parti donner un cours à l'université, sa femme Faustina, saura vous recevoir. Comptez minimum 150/200 US$ le tableau.

BONWIRE

Le village de Bonwire se consacre au *kente*, un complexe et magnifique tissage, dont un spécimen se trouve au siège des Nations unies à New York. Le village est censé compter parmi sa population les meilleurs tisserands du pays. Ceci a également fait sa réputation touristique et, depuis quelques temps, le village, pas forcément pour le mieux, s'est entièrement transformé en une étape très fréquentée par les touristes. Cela ne rend pas la visite très agréable : les vendeurs qui haranguent les visiteurs, de manière pas toujours détendue, pour qu'ils leur achètent quelque chose sont nombreux. L'accueil est donc souvent mauvais ; le détour vaut cependant le coup si l'on veut s'approcher d'un peu plus près de l'univers du kente. Mais on aura peut-être plus de plaisir dans un autre village moins attrape-touriste et où le harcèlement est moins la règle. En dehors du tissage, qui est la principale source de revenu de la ville, vous y trouverez d'intéressantes habitations dans un style propre à cette région.

Transports

Pour arriver en voiture à Bonwire, depuis Kumasi, le plus simple est de rejoindre le rond-point de l'aéroport, « Airport Circle », à l'est de la ville. La direction de Bonwire est alors indiquée. Compter 18 kilomètres.

Transports

Pour arriver en voiture à Bonwire, depuis Kumasi, le plus simple est de rejoindre le rond-point de l'aéroport, « Airport Circle », à l'est de la ville. La direction de Bonwire est alors indiquée. Compter 18 kilomètres.

OBUASI ★★

Obuasi est connu parmi les voyageurs pour être le point d'accès le plus facile aux célèbres mines d'or qui font la réputation du Ghana à l'étranger, même si le site de Tarkwa est également un bon point de départ pour en savoir plus sur l'extraction du précieux métal. Anglogold Ashanti Mining Co. gère le territoire et propose des visites guidées aux visiteurs. Les plus intrépides n'hésiteront pas à se retrouver sous terre, pendant que les autres resteront à la surface. Le prix des visites commence à 20 cedis. En ville, plusieurs échoppes vendent des bijoux à des prix très intéressants.

COCONUT GROVE MINERS LODGE €

Gausu Extension

✆ +233 322 540 550

www.coconutgrovehotels.com.gh

Dès 100 US$ la nuit.

A l'image de Coconut Grove d'Accra, sa version à Obuasi est très bien tenue ! C'est très certainement l'établissement le plus confortable à des kilomètres à la ronde. Comme son nom le laisse supposer, des visites à la mine peuvent être organisées à la réception pour les clients, mais aussi pour les non-résidents de l'hôtel. Le restaurant de l'établissement est aussi le meilleur endroit pour manger à Obuasi, d'autant que les prix sont corrects. On y sert une délicieuse cuisine locale.

Village spécialisé dans la production de tissus de kente.

LAC BOSUMTWI

« Bosumtwi » signifie littéralement en Ashanti « l'antilope de Dieu ». Le lac est situé à une trentaine de kilomètres au sud de Kumasi. D'après la légende, il fut autrefois une vaste forêt. Un jour, un brave chasseur de la région tira sur une antilope, qui sauta dans une mare, juste avant le coup fatal. Le chasseur ne put donc récupérer sa proie et fit demi-tour. Dès lors, l'eau se mit à envahir la forêt à une vitesse hallucinante. Longtemps après la mort de l'antilope, un prêtre traditionnel expliqua que l'animal décédé était habité par l'esprit du Tout-Puissant et ne pouvait donc être capturé. L'esprit de l'antilope est encore présent dans les abîmes du lac, et interdit à quiconque de tailler du bois. D'un point de vue rationnel, les scientifiques ont démontré que le niveau du lac a augmenté il y a bien longtemps, ce qui explique la présence de troncs d'arbres à l'intérieur du Bosumtwi. Côté tourisme, la principale raison de vous rendre sur les rives du lac Bosumtwi est de l'ordre du repos et de la contemplation. On trouve quelques adresses plutôt charmantes installées à deux pas du lac.

Transports

Le meilleur moyen de rejoindre les rives de lac Bosumtwi est encore de recourir aux services d'un taxi privé, ou depuis Kumasi, ou depuis le village le plus proche du lac, Kuntanse, que vous pourrez rallier en tro-tro pour faire des économies.

Lac Bosumtwi.

THE GREEN RANCH €

Entre Abrodwum et Abaase
✆ +233 202 917 058
www.greenranchlakebosomtwe.com
Dès GHC 100 le lit en dortoir (8 pax), GHC 200/300 la cabane 2/4 pax, 200 simple, 250 double, 300 triple, 400 familiale.

Passer un séjour sur le ranch d'Elodie et Kwadwo, construit au plus près de la nature, c'est offrir au corps et à l'esprit une authentique déconnexion. Optez pour l'expérience « table d'hôtes » et découvrez une cuisine végétarienne ghanéenne de qualité. Au menu : légumes bio du jardin ou du marché habilement préparés, des glaces artisanales et des sorbets, sans oublier le chocolat maison sans lait absolument délicieux. Une adresse futée qui plaira aux amoureux de la nature. A noter qu'il est possible de monter des excursions à cheval !

WILDWIN RESORT €

✆ +233 540 988 613
www.wildwinresort.com
Dès 60 US$. Au restaurant, compter GHC 30 le plat.

Idéal pour un séjour familial, le WildWin Resort est en réalité une très grande villa composée de 9 chambres spacieuses, toutes équipée de leur propre salle de bains. Elles disposent par ailleurs de la climatisation, de ventilateurs et de la télévision et du wi-fi. Du côté du lac, un ravissant jardin permet de passer un bel après-midi détente. Le restaurant, à mi-chemin entre le jardin et la maison, propose une cuisine simple à des prix raisonnables. Une adresse au bon rapport qualité-prix, même si les pièces communes ont toutefois été quelque peu négligées.

COCOA VILLAGE GUESTHOUSE €€

2 km après The Green Rnahc ✆ +233 54 906 0195
www.cocoa-village.com
Dès 70 US$ la chambre.

Ce petit éco-lodge entouré de plantations de cacao déploie son gazon planté d'arbres jusqu'à la lisière du lac. Quelques bungalows traditionnels simples et confortables accueillent chacun 1 à 4/5 personnes, tous avec un petit porche donnant sur le jardin. Un restaurant-bar excellent, un accueil chaleureux et des possibilités d'activités variées : stand-up paddle, natation, équitation mais aussi randonnées guidées jusqu'au sommet du cratère. Autre option : la sereine contemplation des lumières changeantes et du passage matinal des pêcheurs sur le lac... On aime !

PARADISE RESORT €€

L'hôtel est tout proche du village.
✆ + 233 322 394 241
Dès 70 US$ la chambre double. Petit déjeuner inclus.

Le Paradise Resort est certainement l'option qui offre l'expérience hôtelière la plus classique et la plus locale au bord du lac Bosumtwi. Les chambres sont très bien tenues et équipées de TV satellite, de climatisation et d'un minibar, tandis que le restaurant de l'hôtel dispose d'une jolie vue sur le lac. De manière générale, l'ensemble de l'établissement, avec son grand jardin, est grand ouvert sur cette vaste étendue d'eau dont la rive est plantée de palmiers. C'est le choix le plus « luxe », ou en tout cas le moins « éco-resort » des environs.

THE GREEN RANCH

Entre Abrodwum et Abaase
✆ +233 202 917 058
www.greenranchlakebosomtwe.com
12 €/h (ou l'équivalent en cédi). Rando de 1 h à une demi-journée. Location de pirogue 4 places GHC 100/h.

Elodie, une Française établie autour du lac depuis 15 ans, propose avec son mari, enfant du pays, des balades équestres allant d'une heure à une journée. Les chevaux du ranch sont parfaitement préparés et peuvent être montés par des cavaliers de tout niveau. Casques et système d'harnachement homologués fournis, et les consignes de sécurité sont dispensés en anglais ou en français avant le signal départ. Une aventure vraiment originale et à ne surtout pas manquer si vous passez par là, avec la découverte de la beauté du lac assurée !

KUBEASE ★★

Kubease, que l'on trouve à une trentaine de kilomètres à l'est du centre-ville de Kumasi, abrite une attraction réputée au Ghana : le sanctuaire des Papillons. Dans le petit village de Kubease se trouve le bureau d'information du sanctuaire.

Transports

Sans véhicule personnel, le mieux est de prendre un tro-tro le matin, à la gare routière de Kumasi (dans le centre). Le tro-tro vous déposera au village. Après, il ne reste plus que 3 km de marche, à moins de négocier un véhicule au village.

BOBIRI BUTTERFLY SANCTUARY

Accessible tous les jours de 6h à 18h (dernière entrée à 16h).

Cet espace se trouve en plein cœur de la forêt vierge de Bobiri. Une forêt préservée depuis 1939, après que l'empire colonial britannique eut décidé de garder intacte une partie de la région. Le sanctuaire accueille plus de 40 espèces de papillons attirés par le nectar des fleurs. Aux abords du centre, ils sont faciles à observer pendant les mois de mars, avril et mai. De nombreux sentiers ont été aménagés dans la forêt et il n'est pas rare de rencontrer des animaux sur le chemin.

NTONSO

Le berceau du tissu adinkra est situé à 18 km au nord de Kumasi sur la route de Mampong. Ce tissu est obtenu par une méthode spéciale de « nouer-lier-teindre », assez unique. Il compose souvent les vêtements portés le jour des funérailles, le rouge et le noir en étant les couleurs principales. Pour s'y rendre depuis Kumasi, il suffit juste de monter à bord d'un tro-tro qui a pour destination finale Mampong. Il vous déposera à Ntonso, village assez calme où le harcèlement envers les visiteurs est (encore) assez peu développé. De Ntonso, on peut aussi aller à deux villages de tisserands de kente, Adanwomase et Wonoo.

DIGYA NATIONAL PARK

S'étendant sur 3 500 km², le parc de Digya, parsemé de lacs, est la plus vieille des aires protégées du Ghana. S'il est officiellement parc national depuis 1971, il est surtout protégé depuis 1900 ! La faune observée est diverse, ce qui en fait l'un de ses points forts : éléphants, buffles, léopards, singes et babouins sillonnent en effet les herbes comme les cimes du parc. Ce qui ne signifie pas qu'ils sont faciles à voir pour autant. Enfin, avec la proximité du lac Volta, l'endroit est riche en espèces d'oiseaux (plus de 230 espèces répertoriées) dont certaines sont endémiques au parc.

GHANA-INTÉRIEUR

SUNYANI

Bien avant d'être une cité, le lieu fut un campement de chasse puis une réserve d'ivoire. Ainsi, l'origine du nom de la ville viendrait de l'expression Akan « *Ason Ndwae* », signifiant « l'endroit où les éléphants sont dépouillés de leurs défenses ». En 1909, les colons décidèrent d'y installer leur administration, puis d'y stocker les richesses de la région (kola, cacao), ce qui fit venir de nombreux travailleurs de part et d'autre du pays ashanti. Cette ville compte près de 100 000 habitants. Elle est située à 127 km au nord de Kumasi, sur la route principale qui va à Abidjan. Il n'y a strictement rien à y voir de particulier, si ce n'est qu'elle est la capitale de la région et le point de départ de nombreuses excursions pour la Côte-d'Ivoire.

Se restaurer

Les meilleurs restaurants de Sunyani sont généralement ceux des hôtels (notamment celui du Eusbett Hotel). Sur la route Kumasi–Sunyani vous trouverez une multitudes de maquis pour découvrir la cuisine locale (le Jakosa près du Tropical Hotel est très bon).

Transports

La gare routière est située dans le centre-ville, sur High Street. Elle propose des départs quotidiens pour Kumasi (2 heures de trajet). Pour Accra, des bus assurent la liaison, partant en général le matin. Pour Wenchi ou Techiman, des tro-tros partent en permanence, dès qu'ils sont pleins.

EUSBETT HOTEL €€

Berekum Rd

✆ +233 352 027 116

www.eusbetthotel.com

Dès 80 US$ la chambre double. Petit déjeuner inclus. Wifi.

C'est le meilleur hôtel de la ville, et aussi le plus cher. Les chambres sont propres et toutes équipées (climatisation, ventilateur, TV satellite, mini-bar). Le restaurant est très agréable, proposant des spécialités chinoises et européennes (délicieux poulet ou homard au curry notamment). L'hôtel dispose par ailleurs d'un business center, d'une grande salle de conférence, d'une petite épicerie, d'une piscine, d'un espace café-internet, d'un centre de gym et d'un salon de coiffure. La modernité du lieu contraste singulièrement avec le cadre de Sunyani.

TECHIMAN

C'est le centre du Ghana et son grenier. Cette ville présente un intérêt limité, sauf pour ceux qui voudraient s'arrêter pour la nuit sur la route entre Kumasi et Tamale. Elle se trouve à 116 km au nord de Kumasi et à 60 km au nord-est de Sunyani. La gare routière est située près du marché, en plein centre-ville. Départs quotidiens pour Kumasi en tro-tro et en bus. Deux adresses recommandées pour faire une halte : les paillotes du jardin tropical du Dymns (Off Kumasi Rd - +233 261 217 733) et le très correct Premier Palace (Techiman – Sunyani Rd - +233 352 091 299).

KINTAMPO

Cette petite commune est un excellent point de chute sur la route du sud vers le nord. Kintampo est célèbre pour être exactement à mi-distance entre Kumasi et Tamale. Rien de bien enivrant en soi, mais tous les bus venant du sud du pays y marquent une pause. Notons q'à Kintampo ont été découverts des artefacts anciens, dans la grotte de Boyase Hills, datant de 1 500 avant notre ère (exposés au Musée national d'Accra). Le marché aux ignames vaut le coup d'oeil, tout comme les deux chutes d'eau de la ville. Deux options logements, toutes deux économiques : Cooperation Guesthouse (Nwoase - +233 248 973 829) et Falls Executive Lodge (+233 242 663 150).

CASCADE DE FULER

Elle n'est qu'à 8 km de Kintampo et pourtant, elle est bien moins connue que Kintampo Water Falls. Pour s'y rendre, il faut rejoindre le village de Yabraso, qui touche la rivière Yoko. Hors des sentiers battus, cette cascade d'eau aménagée dessine un lieu empreint de religiosité. La chute ne fait que 10 m de haut, mais le cadre est magnifique et la mare qui s'y forme très agréable pour s'y baigner. Plus en amont, le cours d'eau disparaît sous la terre pendant une cinquantaine de mètres avant de réapparaître peu avant le point de chute.

KINTAMPO WATER FALLS ★

Entrée : GHC 30.

Ces chutes d'eau se trouvent au nord de Kintampo. On y accède par les marches d'un escalier. Sur 3 niveaux, l'eau tombe de 25 mètres de haut (ce qui en fait parmi les plus hautes cascades du Ghana) et forme une vaste piscine naturelle autorisant la baignade. Les lieux sont équipés d'un petit bureau au niveau de l'entrée du site (c'est là que se règlent les frais d'accès), et d'un bar aux horaires d'ouverture très variables installé à l'intérieur du site. On regrettera peut-être la présence de détritus plastiques ici et là. Le lieu est tout de même somptueux.

MIDWAY HOTEL €

Nuitée à partir de GHC 80.

Très bien placé, juste en face de la gare routière et à deux pas des principaux services de la ville, le Midway n'est certes pas le plus fringant des hôtels de la zone et mériterait un bon coup de rafraichissement, mais l'accueil y est très chaleureux. Le fils du propriétaire, Kodjo, a étudié en Côte d'Ivoire et parle donc très bien français. La chambre double est équipée d'un ventilateur et de sanitaires. Les prix sont raisonnables, dommage seulement que l'hôtel manque un peu d'entretien. Bref, une option plutôt low-budget.

© ATOSAN - SHUTTERSTOCK.COM

Kintampo Water Falls.

GHANA-INTÉRIEUR

KPO TOURS GHANA

High Grade Graphics and Trading Shop
✆ +233 55 146 9666
www.explore-kintampo.com

De passage à Kintampo ? Contactez Richard, enseignant et guide touristique certifié, véritable passionné d'histoire et en particulier de la culture de sa région natale. Il vous fera ainsi découvrir, en une visite à pied d'environ deux heures, le patrimoine architectural de la ville, notamment le quartier des villas coloniales, l'ancien poste de police (qui fut utilisé comme prison durant la colonisation) et le cimetière britannique. Richard propose également de vous emmener jusqu'aux chutes d'eau Fuller Faller et au sanctuaire des singes de Boageng Fiema.

KINTAMPO FALLS REST STOP €

✆ +233 243 081 373
Compter GHC 30 le plat.

Kintampo Falls Rest Stop se divise en partie restaurant et en partie cantine. Côté cantine, la cuisine du pays est à l'honneur (riz jolof, banky et fufu en tête), tandis que le côté restaurant explore avec plus de curiosité et d'audace d'autres cultures culinaires. Étant installé sur une esplanade publique, on trouve tout autour du restaurant une multitude d'échoppes de vendeurs de fruits et légumes, faisant de la place à un marché intéressant. Très certainement l'adresse la plus recommandable de la ville, et à tarif défiant toute concurrence.

NKORANZA ★

En voyage dans la région, la visite du sanctuaire des singes est le détour obligatoire. Les singes sacrés du village de Nkoranza vivent en parfaite harmonie avec les habitants. Pour les prêtres traditionnels, ils gouvernent les mauvais esprits. Quiconque ose les tuer connaîtra le malheur. Personne dans le village ne touche donc aux singes. Ceux qui ont commis l'erreur ont connu des malédictions que les villageois n'ont pas oubliées. Si vous ne possédez pas votre propre véhicule, un tro-tro au départ de Techiman peut vous emmener jusqu'à Nkoranza. Une fois au village, demandez à quelqu'un de vous emmener au Visitor Information Center.

MIKESAP HOTEL €

✆ +233 203 898 907

Dès GHC 70 la chambre.

Certes, l'établissement n'est pas flambant neuf, loin de là, mais chez Mike, on est accueilli avec le sourire et les chambres, simples et confortables, laissent allégrement rentrer la lumière, ce qui est très agréable. Et dès le premier prix, très accessibles, on est très bien logé (les salles de bains sont peut être un peu étroites, mais l'eau chaude est au rendez-vous). Dès que l'on monte un peu dans le standing des chambres, les salles de bains s'avèrent plus vastes. Joli jardin bien entretenu, restaurant local très bon et salle de gym.

BOABENG-FIEMA MONKEY SANCTUARY ★

✆ +233 246 403 478

www.boabengfms.org

Entrée : GHC 50.

© ANTON_IVANOV - SHUTTERSTOCK.COM

Un endroit unique dans une belle forêt préservée, le seul endroit au monde où vous pourrez observer aisément les colobus noir et blanc en voie de disparition. Des guides connaissant très bien les singes et leur habitat vous rendront la visite encore plus passionnante. A noter qu'il est possible de prendre une petite chambre dans le centre, ou de planter sa tente. Les sanitaires en commun sont bien tenus ainsi que les chambres. Une visite mémorable !

BUI NATIONAL PARK ★★

Le parc se trouve à environ 160 km au nord-ouest de Kumasi, et longe la frontière ivoirienne. Ce parc national s'étend sur près de 2 000 km² (1 821 km² pour être précis), ce qui en fait la troisième plus grande réserve naturelle du pays. Il se trouve dans une zone forestière bénéficiant des nombreux affluents de la Volta noire. Hélas, pour tout dire, le parc de Bui n'est pas tellement glorieux, et serait plutôt représentatif du manque d'investissement de l'Etat ghanéen dans le secteur du tourisme, de la mise en valeur du territoire et des ressources naturelles, et de la protection de l'environnement. Si avec un peu de chance, on peut y observer des hippopotames, des antilopes, des biches, des singes, des babouins, des buffles et même quelques éléphants, le braconnage demeure un réel problème. De même, le parc manque cruellement d'entretien et de surveillance. Malgré cela, d'après un recensement (non officiel), la population d'hippopotames s'élèverait à 230 bêtes, soit la plus importante du Ghana. On peut également y observer de nombreux oiseaux. Les infrastructures touristiques du parc sont assez limitées et en assez piteux état. Elles se limitent en réalité à deux chalets, où il est possible de passer la nuit.

Pour pouvoir accéder au parc, il vous faudra passer par le bureau du parc de Bui (infos : www.fcghana.org - info.hq@fcghana.org), situé à l'entrée du parc, et vous acquitter du droit d'entrée (autour de GHC 50). Ajoutez quelques cedis par heure passée avec le guide accompagnateur.

GRAND NORD

Ce chapitre regroupe les trois régions les plus nordistes du pays, à savoir la Northern Region (la plus vaste du pays), la Upper West Region et la East Region. Bien qu'assez reculé, ce territoire ne manque pas d'attraits touristiques. Citons pour commencer le parc national de Mole, peut-être le plus recommandable du pays, où il est possible de s'approcher des éléphants comme il est probablement impossible de le faire ailleurs. L'architecture atypique des villages du Nord vaut le détour également, à l'image de lieux de culte comme la mosquée de Larabanga ou les habitations aux murs recouverts de symboles peints et au toit plat comme à Sirigu. Visiter au moins un palais de chef est une chose absolument immanquable à faire dans la région, comme par exemple celui de Wa-Na à Wa. Un moyen formidable pour comprendre l'organisation politique traditionnelle du pays et se rendre compte de son fort ancrage dans la société contemporaine.

Boura
Outoulou
Don
Prata
Hamile
BU
Kayoro
TUMU
Pina
N 13
Chiana
Nandom
Zini
Ko
Jeffisi
Lilikse
Sandema
Nwanduano
Hian
Wiaga
LAWRA
Gbele
Bugubelle
Bachembeli
Gbedema
Doggo
Jirapa
N 12
Wogu
Hellembelle
Fumbisi
Nadowli
Doung
Funsi
Isiasi
Yagaba
Tampour
Tutu
Kaleo
Wuntori
Nasa
Yala
Kubori
Charia
WA
Bopiel
Pase
Monkaringa
Katua
Boli
Vieri
Loggu
Batié
Tamipar
WECHIAU
Chasea
Kpangiri
N 12
Bawina
Kpuéré
Saru
Yazori
Glinkula
Murugu
MOGNORI
MOLE NATIONAL PARK
LARABANGA
Jantilla
Vonkoro
Sumpini
Senyon
Damongo
Mandara
Bole
Mpaha Junction
Dokrupe
Sakpa
Ntereso
Wagawaga
Buipe
Boakipe
Maluwe
Le Mouhoun
Kadelso
Wasipe
Tinga
Gulumpe
CÔTE D'IVOIRE
BUI NATIONAL PARK
Dawadawa
Bui Reservoir
Débango
Jama
196

Grand nord
50 KM
TOGO
PAGA
SIRIGU
WIDENABA
Bawku
Zebilla
Bongo
NAVRONGO
Garu
BOLGATANGA
Kusanaba
TONGO
Yinduri
Biung
Nakpanduri
Gambaga
Kulunga
Wulugu
Bunkpurugu
Yunyoo
Gbimsi
Langbensi
Walewale
Kukua
Kaparigu
Gbintiri
Ando
Mango
Katani
Fiu
Nakpaya
Gbintiri
Chereponi
N 10
Karaga
Gushiegu
Diari
Bagurugu
Batani
Tunaayili
Kpong
Benja
Saboba
Debla
Duko
Sekpe
N 2
Sambuli
Kpatchile
Labaringa
Salwelsi
YENDI
TAMALÉ
N 9
Tugu
Zaazee
Zabzugu
Mbatinga
Kalanga
Chanbulugu
Bogoyili
Lamja
Kpalbe
Digma
Kpalbusi
Nianta
Chichari
Wangasi Turu
Kpabi
Bimbilla
Kidengi
Yala
Binjai
N 2
Chamba
Damanko
Lampol
Lungni
Legede
Tingga Kombu
Sibi
Salaga
Wulensi
Kpandai
Kpassa
Kataba
Bonakye
Loloto
Buya
Bladjal
Kapua
KYABOBO NATIONAL PARK
197

PAGES

200 ●● RÉGION DU NORD

Avec 70 384 km², la Nothern Region est la plus étendue du Ghana. Espace plat de plus en plus sec à mesure que l'on va au nord, c'est une région agricole où l'on cultive un peu le maïs, le sorgho, le riz, et d'autres produits de culture vivrière. On y cultive aussi des produits destinés à l'exportation, tels que le karité, le coton et l'arachide. Mais c'est surtout une terre d'élevage. Le bétail constitue un apport de revenus très important.

200 TAMALE

Capitale de la région, Tamale se trouve à plus de 600 km au nord d'Accra. Si elle abrite pas loin de 400 000 âmes, est plutôt active et possède un charme bien à elle, la ville ne mérite pas un voyage pour elle même : elle offre en effet peu d'intérêt touristique. C'est en revanche une étape recommandée sur la route du nord, pour ses bonnes adresses et son caractère.

202 LARABANGA ★

203 MOLE NATIONAL PARK ★★★

C'est à presque 700 km au nord de la capitale que l'on trouve les 5 000 km² de plus vaste et plus célèbres des parcs naturels ghanéens. Si on y vient tout spécialement pour faire la rencontre des pachydermes, la parc Mole abrite une faune sauvage bien plus vaste : crocodiles, chacals, hyènes, daims et léopards se montrent aux plus patients.

205 MOGNORI

205 YENDI

206 ●● RÉGION SUPÉRIEURE DE L'OUEST

Créée par le gouvernement issu du conseil provisoire de Défense nationale en 1983, la Upper West Region ne fut inaugurée officiellement qu'en 1987. Elle a rapidement rattrapé son retard en matière de développement par rapport aux neuf autres régions. Son économie, basée sur l'agriculture, offre un bon potentiel dans l'élevage, la culture du coton, le karité (arbre à partir duquel on fabrique le beurre du même nom) et les céréales. En dehors de Wa, les autres villes importantes sont Lawra, Nandom, Tumu et Jirapa. La région est renommée pour son Pito (bière de mil), ses vêtements traditionnels et ses joueurs de xylophone, les meilleurs du Ghana. S'asseoir et prendre une bière est le meilleur moyen de rencontrer les gens. Les nombreux ouvriers agricoles qui travaillent dans la région sont accueillants et pourront vous servir de guides. La campagne y est très belle, et vous y trouverez un habitat très clairsemé qui offre un contraste éclatant au voyageur venant de Kumasi. C'est une zone qui a conservé une culture très traditionnelle. Le dépaysement devrait être au rendez-vous.

206 WA ★

Chef-lieu de la Upper West Region, Wa distille une atmosphère de village sahélien. La principale raison de se rendre dans des contrées aussi reculées est d'admirer le palais de Wa-Na, mosquée de style traditionnel soudanais faite en terre.

208 WECHIAU

208 LAWRA

208 TUMU

● ● RÉGION SUPÉRIEURE DE L'EST

Comme la Région Supérieure de l'Ouest, celle de l'Est (East Region) résulte d'un découpage administratif effectué depuis l'indépendance. Précédemment, elle faisait partie de la Région du Nord, qui couvrait la moitié nord du Ghana. Afin de faciliter son administration, elle fut détachée de cet ensemble, le 1er juillet 1960 (date de la proclamation de la République). Puis, en 1983, cette nouvelle région fut à son tour divisée en deux. C'est l'une des plus petites régions du pays, après celle d'Accra. Le chef-lieu est Bolgatanga, et les villes principales sont Bawku, Navrongo et Zuarungu. La région, qui développe depuis des siècles des activités pastorales, comprend deux importants bassins agricoles surnommés les « bols de riz » de la zone. Ces vallées se prêtent aussi bien à la culture du coton qu'à celles des arachides et des légumes. Outre la chèvre et le mouton, le bétail bovin y est également très important.

TAMALE

Tamale, 370 000 âmes, est située à 611 km au nord d'Accra. C'est le chef-lieu de la Northern Region. La « grande ville musulmane du Nord », comme on se plaît à l'appeler à Accra. Les deux grandes mosquées donnent le ton et confèrent à la ville cette ambiance propre aux zones du Sahel. Une influence qui se manifeste, pour peu qu'on ait un oeil attentif, un peu partout : dans la structure des maisons, dans la cuisine locale, mais aussi à la quantité de bicyclettes qui circulent ici et là. Tamale, ville étendue avec des avenues bordées d'arbres, est par ailleurs le point névralgique de la plus grande région du pays, celle qui produit la majeure partie du riz et du coton ghanéen. Le centre-ville, facile à repérer, avec son émetteur radio visible de très loin, abrite notamment le marché et la gare routière STC. D'un point de vue touristique, le Cultural Center vaut bien un détour, ne serait-ce que pour glaner quelques infos sur la région à l'office de tourisme qu'il abrite. On y trouve par ailleurs une petite boutique d'artisanat et un restaurant plutôt animé et arty où sont parfois programmés des musiciens locaux. Mis à part cela, quelques bonnes affaires au marché (vêtements en coton et articles en cuir) et des soirées arrosées à la bière de mil locale Pito, Tamale ne justifie pas un voyage d'un jour et demi depuis Accra. On se rend à Tamale pour une raison précise, ou on y fait escale sur la route du Grand Nord.

Transports

- **Avion** : des vols quotidiens pour Accra sont assurés.
- **Bus** : impossible de manquer la gare routière, située en plein centre-ville. Les principaux services de transports ghanéens s'y trouvent. Si vous souhaitez être sûr de monter à bord d'un bus, les billets n'étant mis en vente que le jour du départ, pensez à passer tôt les chercher à la gare routière. Quelques indications de temps de trajet : Kumasi 7h, Tichima 4h, Yendi 1h30, Bolgatanga 3h30, Bole 3h, Wa 7h, Mole 2h30.
- **Tro-tro** : Pour vous rendre à Bolgatanga, le trajet peut se faire en tro-tro. D'autres vans desservent tous les petits villages du nord du pays.
- **Le vélo** est un moyen agréable de visiter Tamale et ses environs. Beaucoup de gens pourront vous louer leur bicyclette, renseignez-vous au grand marché.

ALHASSAN HOTEL €

✆ +233 372 023 638

A partir GHC 80 la nuit.

C'est ici que vous devriez trouver les prix les plus bas de la ville. Alhassan est le premier hôtel à avoir été créé à Tamale et abrite aujourd'hui une bonne cinquantaine de chambres. Sa principale qualité est sa situation, en plein centre-ville. Certes, la gestion pourrait être plus optimale, les murs repeints et certains éléments du mobilier échangés, mais l'Alhassan perdrait alors tout son charme sahélien. Ce côté « motel du désert » a définitivement quelque chose de séduisant en même temps qu'il est une option très économique pour se loger en ville.

CATHOLIC GUESTHOUSE €

Agric Zone

✆ +233 372 022 265

Dès 10 US$ la chambre, petit déjeuner inclus.

Facile à trouver, au nord du centre-ville, sur la route de Bolgatanga, cette *guesthouse* gérée par la communauté catholique de Tamale profite d'un petit parc bien aménagé. On y trouve une quarantaine de chambres, toutes propres et équipées d'un lit double ou de deux lits simples au matelas pas toujours très confortable. La salle de bains également peut montrer des faiblesses. Bref, certaines chambres sont au-dessus du lot. L'établissement a des avantages dont celui d'offrir un restaurant et un service de laverie assez efficace.

HOTEL PICORNA €

Kaladan Park

✆ +233 372 022 672

Dès GHC 180 la chambre simple, GHC 220 la double. Minibar, climatisation, TV, Internet.

L'établissement a connu des heures agitées lorsqu'il faisait ses armes en tant que boîte de nuit à ses débuts. Peu à peu, des chambres sont venues se greffer autour. L'hôtel en compte une vingtaine aujourd'hui, ainsi qu'un restaurant où l'on sert l'une des meilleures cuisines de la ville. Tant mieux, car il est également ouvert aux non-résidents. La décoration des pièces est totalement passée de mode et paraît un peu chargée. Mais les pièces sont propres et le volet discothèque ne fonctionne plus, pour favoriser le bien-être des résidents.

LAS HOTEL €

Hospital Road

✆ +233 372 026 097

Dès GHC 160 la chambre double.

Les chambres de Las Hotel sont équipées de la ventilation ou de la climatisation. Elles sont par ailleurs spacieuses, propres, et disposent d'un coin bureau et d'une salle de bain. La décoration est en revanche quelque peu discutable. A savoir également que les chambres du rez-de-chaussée ont tendance à être un peu bruyantes : si vous tenez à votre sommeil, préférez celles de l'étage ! Las Hotel compte parmi les établissements proposant l'un des meilleurs rapports qualité-prix en ville. A noter qu'il possède un très bon restaurant chinois à l'étage.

HOTEL MARIAM €€

Mariam Rd

✆ +233 37 202 3548

Dès 50 US$ pour une chambre standard. Service de lavage et repassage, parking.

Voici l'une des valeurs sûres de Tamale en matière d'hôtellerie. Les chambres sont parmi les plus agréables de la ville avec notamment une jolie faïence dans les salles de bains. Plusieurs équipes de football y ont résidé pendant la coupe d'Afrique des Nations 2008. Le Mariam dispose de son propre restaurant, qui est très correct même si la viande est loin d'être la plus tendre dans les environs. Quant à la rapidité du service, nous sommes assez loin des standards européens. Si vous avez faim, passez commande à l'avance, 45 minutes minimum.

TICCS €

Au nord de la ville, au niveau de l'hôtel Mariam. Pour rejoindre le lieu depuis le centre-ville, il faut suivre la route de Bolgatanga sur près de 2 km depuis la station la gare routière, puis prendre à gauche sur environ 150 m. ✆ +233 372 022 826

Dès GHC 50 la chambre.

Le Ticcs est le siège social du Tamale Institute of Cross Cultural Studies. Il possède une *guesthouse* qui offre plusieurs chambres bien tenues et parfaitement propres. Toutes les chambres sont fraîches et disposent de deux lits simples, de leurs propres sanitaires, d'un frigo et de la ventilation. Le petit parc dans lequel est situé l'établissement est agréable. Cette adresse compte également un bar à l'animation aléatoire. On appréciera en outre la belle végétation tropicale du jardin, un lieu enchanteur où l'on prend plaisir à flâner.

RELAX LODGE €€

First Rd

✆ +233 372 024 981

Dès 20/25 US$ la chambre.

Si le jardin de cet hôtel est très relax, les chambres (avec climatisation, télévision et réfrigérateur) restent plutôt quelconques. Situé en plein centre-ville de Tamale, le Relax Hotel est en revanche mieux placé que la plupart de ses concurrents. La véritable plue-value de l'endroit est sans aucun doute son restaurant qui propose notamment d'excellentes spécialités chinoises et indiennes (les currys sont particulièrement appréciés). A la carte, on trouve également de gourmandes pizzas généreusement garnies. Tarifs ok pour la prestation.

GARIBA LODGE €€

Bolgatanga Road

✆ +233 50 166 5312

garibalodge.business.site

Dès 50 US$ la chambre double, petit déjeuner compris. Piscine.

Le Gariba Lodge est le meilleur hôtel de la ville ! Les prestations offertes sont vraiment à la hauteur, les chambres sont toutes bien équipées (climatisation silencieuse, minibar, téléphone international et TV satellite) et le personnel est bien formé. L'hôtel dispose aussi d'un restaurant réservé à ses clients, dont la carte, restreinte, propose des spécialités ghanéennes et occidentales très réussies. Egalement disponible : une belle salle de conférence, un service de laverie et un minibus pour les clients qui viennent de l'aérodrome. *Fancy* façon Tamale.

CHUCK'S RESTAURANT €€

Mariam Road, Agreek Ridge

✆ +233 54 446 6008

www.facebook.com/ChucksTamale

Compter GHC 50 pour un plat. Fermé le lundi et le mardi, ouvert les autres jours à partir de 17h.

Le Chuck's est un endroit sympa et charmant qui a littéralement été pris d'assaut par les expatriés et volontaires de la zone. Si vous recherchez une ambiance purement locale, passez votre chemin. En revanche, si vous voulez faire des rencontres plus internationales – mais pas que ! – vous êtes à la bonne adresse. Pizzas au feu de bois, burgers et sandwichs accompagnés d'une bonne bière dans une ambiance conviviale. Le lieu organise régulièrement des soirées et propose un brunch le dimanche. Vraiment une bonne adresse à Tamale !

WOODEN RESTAURANT AND COFFEE SHOP €€

Airport road
✆ +233 206 774 422
Ouvert tous les jours de 7h30 à minuit. Plat autour dès GHC 40.

Boulangerie, pâtisserie et coffee shop, voilà une adresse qui tombe à pic pour prendre un bon petit déjeuner ou une collation à n'importe quelle heure ! Mais Wooden Restaurant And Coffee Shop, lieu polymorphe et accueillant, propose également des plats salés : cuisine libanaise et indienne, copieux plats de pâtes, savoureuses pizzas et sandwichs plutôt costauds. La grande terrasse donnant sur le jardin est très agréable. Une adresse particulièrement fréquentée par les expatriés.

CREST RESTAURANT €

Giddipass, en face du Point 7, en centre-ville.
✆ +233 244 207 608
Ouvert tous les jours midi et soir. Comptez GHC 60/70 le repas complet.

Le succès du Crest vient de ses terrasses aux 1er et 2e étages, qui toutes deux offrent une vue panoramique assez spectaculaire sur la cité et sur la rue principale. Le menu affiche volaille, viande rouge et poisson. Pas de mauvais choix ici, tout est cuisiné avec savoir-faire et les accompagnements sont servis en copieuses portions. Un endroit recommandé aussi bien pour boire un verre au coucher du soleil que pour déguster une bonne pintade aux frites d'igname au déjeuner ou au dîner. Le Crest est plébiscité par les locaux !

OASIS RESTAURANT €€

846 Rice city
Comptez GHC 50/60 le plat.

L'Oasis est un restaurant agréable qui a commencé petit et s'est aujourd'hui hissé au rang des meilleures tables de Tamale. Il ne disposait à l'origine que d'une petite paillote entourée de végétation tropicale. Aujourd'hui, il possède une salle de service et de vastes espaces extérieurs bien tenus. Côté cuisine, on a le choix entre une très bonne cuisine locale ou des assiettes plus européennes, à la fois très bien préparées et copieuses. En plus d'être un bon restaurant, le Oasis accueille parfois des musiciens qui viennent égayer le repas.

SWAD €€

Au nord de la ville, dans la même rue que la Catholic Guesthouse
✆ +233 372 023 588
Ouvert tous les jours de 10h30 à 22h. Compter GHC 50 pour un plat.

Il faut aimer dîner en extérieur, surtout quand quelques moustiques viennent vous tourner autour de la tête. Mais un bon coup de répulsif, et il ne vous reste plus qu'à profiter du meilleur restaurant de la ville. Et pour ceux qui ne veulent vraiment pas participer à l'ambiance énergisante à l'extérieur, une salle a été aménagée « à l'abri ». Côté menu, la carte cherche l'équilibre entre la cuisine indienne, chinoise, italienne, libanaise et quelques classiques du pays. Mais quelle que soit la direction prise, tout est bon. Les pizzas au fromage sont une réussite.

LARABANGA ★

L'axe qui relie Tamale à Wa traverse le village en deux. A seulement 6 km du parc, Larabanga, petit bourg de 4 000 habitants, constitue une halte intéressante pour les touristes désireux de se plonger dans la vie d'un petit village du Ghana. Son nom vient du fondateur d'origine arabe, Larabanga qui serait la déformation de Larabawa signifiant « les Arabes » en langue hausa.

Larabanga n'est à offrir qu'aux touristes à l'esprit un peu aventurier. Les chambres que la destination propose ne sont guère d'un grand confort, loin de là. Mais ces adresses demeurent bien plus accueillantes que l'hôtel. Plusieurs projets de développement écotouristiques sont à l'étude pour que l'argent de cette industrie profite aux habitants du village. Depuis 1992, de nombreuses actions ont été menées par la population locale auprès des ambassades étrangères présentes au Ghana pour demander des aides et faire connaître Larabanga. Dès 1995, des volontaires des Peace Corps sont venus donner un coup de main pour bâtir une école. L'objectif est aujourd'hui de monter « des chambres chez l'habitant » pour que les touristes puissent s'y installer quelques jours et ainsi échanger facilement avec la population. Les frères Salia sont pionniers dans ce domaine. D'un point de vue strictement touristique, outre la « pierre mystique » (Larabanga Mystic stone), que l'on trouve à la sortie du village et à laquelle on prête des pouvoirs surnaturels, on ira jeter un œil à la mosquée du village.

Mosquée de Larabanga.

LARABANGA MOSQUE ★

Ayez quelques cédis en poche pour qu'on vous laisse vous approcher de la bâtisse.

Vous admirerez ici l'une des plus anciennes mosquées d'Afrique de l'Ouest ! Elle est située à la sortie du village, sur le côté droit, derrière des habitations. C'est une construction traditionnelle en terre, peinte en blanc, inspirée de l'architecture soudanaise, longue d'environ 8 mètres et possédant quatre portes. Le minaret se trouve dans l'angle nord-ouest. Construite en 1421, à l'époque du commerce transsaharien, elle est connue pour posséder un Coran, datant de la même époque. Les femmes ne sont pas admises à l'intérieur de la mosquée.

SAVANNAH LODGE €

Sur la route du parc

✆ +233 27 554 4453

www.facebook.com/bamdese

GHC 60 la nuitée en hutte. Des structures plus modernes prévues en dortoir.

La dernière création en date des frères Salia. Quelques huttes dont les murs sont peints de toutes les couleurs ont été bâties dans le fond d'un jardin. Il y a un ventilateur sur pied dans les cases, les sanitaires en commun. Et chaque pièce est équipée d'une moustiquaire et d'une petite table pour poser son sac. Un cadenas fait office de serrure. Il est facile de se faire cuire une assiette de riz ou de spaghettis accompagnée de poulet (s'il a été commandé en avance). Il est possible de se faire accompagner par eux jusqu'au Mole National Park.

MOLE NATIONAL PARK ★★★

Situé à 692 km au nord d'Accra, à 146 km à l'ouest de Tamale, c'est le plus grand (5 000 km²) et le plus connu des parcs naturels ghanéens. On y trouve un hôtel et des pistes permettant de le visiter en voiture. Trois fois plus petit que son homologue ivoirien, le parc national de Comoë, c'est l'un des deux parcs au Ghana à avoir été conçu pour l'accueil des touristes. On vient principalement à Mole pour les éléphants, très faciles à apercevoir. Les guides estiment leur population dans le parc à 600, mais aucun recensement récent n'existe. Il est également possible d'observer certaines espèces d'antilopes, des sangliers, des singes. Pour les autres animaux tels que les buffles, les daims, les léopards, les hyènes, les chacals, les babouins et les crocodiles, il faut pousser un peu plus loin que la traditionnelle balade de trois heures. Pour ceux ne souhaitant pas prendre leurs repas au motel, pensez à emporter des réserves de nourriture. Vous pourrez également vous rendre à Larabanga, le village le plus proche, à 6 km au sud du parc.

Il est possible de visiter le parc à pied accompagné d'un guide. Les marcheurs partent trois fois par jour : à 7h, 11h et à 15h30 et la marche dure 2 heures. Pour augmenter les chances de voir la faune, la meilleure option consiste à embaucher un garde du parc et à louer une voiture de manière à couvrir un territoire plus large. A noter que la meilleure période pour visiter le parc est la saison sèche, de novembre à mai, quand les hautes herbes ont disparu et que les animaux se regroupent autour des quelques points d'eau.

Mole National Park.

En saison de pluies, les herbes étant hautes et les paysages verts, la chance d'apercevoir des animaux s'amincit mais la balade demeure malgré tout recommandable.

Tourisme

C'est avec l'arche marquant l'entrée du site que l'on fait d'abord connaissance. C'est là que l'on s'acquitte des frais d'entrée et de parking, pour ensuite pénétrer dans le parc, jusqu'au point de départ des randonnées. Les tarifs sont de GHC 40 par adulte et GHC 20 par véhicule. Plus d'infos sur www.molenationalpark.org.

Transports

Pour rejoindre le parc Mole, il vous faudra viser le village de Larabanga. En saison de pluie, il est vivement conseillé d'être équipée d'un 4x4. Des 4x4 sont d'ailleurs en location à l'entrée du parc.

Tro-tro. Si jadis un bus quotidien partait de Tamale et ralliait l'entrée du parc, il n'opère hélas plus aujourd'hui. En revanche, vous pourrez, à Tamale, vous rendre la Sankpala Station et monter à bord d'un tro-tro qui vous mènera jusqu'à l'entrée du parc. D'autres tro-tro peuvent vous déposer dans les villages proches du parc (Damongo et Larabanga), mais vous devrez ensuite emprunter un taxi pour rejoindre le parc. Ou bien marcher.

Sur place. Une fois arrivé au parc, il est possible de louer des véhicules, permettant de rejoindre facilement le village de Larabanga ou de Magnori pour une visite ou pour la nuit. Les engins sont alignés dans le parc, au point de départ des balades. N'hésitez pas à négocier les tarifs de location !

MOLE MOTEL €

✆ +233 244 316 777

www.molemotelgh.com

Selon le standing, la chambre double va de GHC 550 (450 en occupation simple) à GHC 850.

Situé sur une colline qui donne sur un étang, l'hôtel du parc est bien placé pour observer tranquillement la flore et la faune qui l'entourent. Les agréables chambres et chalets sont tout ce qu'il y a de plus propre, même si l'on note quelques robinetteries fatiguées. Le restaurant est de qualité correcte, et il est équipé d'une terrasse proche d'une petite piscine qui surplombe le parc : un point de vue idéal pour observer tous les animaux. Certains éléphants rejoignent parfois même l'entrée de l'hôtel. La seule option abordable dans le parc.

ZAINA LODGE €€

1 Yagbon Loop

✆ +233 54 011 1505

www.zainalodge-ghana.com

Dès 500 US$ le pack complet pour deux personnes (pension complète et safari).

C'est la destination haut de gamme du Mole, avec sa succession de bungalows. Immergé dans la nature, l'hôtel surplombe le parc avec une vue dégagée que l'on peut apprécier au bord de la piscine. Le personnel aux petits soins se chargera de vous organiser le safari ou excursion qui vous convient : à pied pour prendre son temps, en 4x4 pour partir à l'aventure ou en canoë pour se détendre. Les chambres sont de style ethnique et aux tons chauds, tandis que la cuisine du restaurant est un savant mélange d'influences occidentales et africaines. Grand luxe !

MOGNORI

A 15 km à l'est de l'entrée du parc Mole, se trouve le petit bourg de Mognori qui depuis quelques années se veut être l' « éco-village » de la zone, accueillant les visiteurs étrangers pour leur faire découvrir les us et coutumes du coin. L'expérience culturelle est fort intéressante (d'autant que les locaux ne sont pas encore lassés par le tourisme), entre la découverte de l'artisanat local et la préparation des repas. Si vous souhaitez loger sur place, rendez vous à l'école du village, l'instituteur centralise l'offre de l'hébergement chez l'habitant. Vous pourrez aussi faire une petite croisière d'une heure en barque sur la rivière Mole.

YENDI

Avant que les colons ne la nomment Yendi, la ville s'appelait Naa-Ya (la cité « du chef » en dagomba), en raison de son statut de capitale dagomba et de lieu de villégiature du roi. Le territoire dagomba n'a cessé de perdre en influence dans la région depuis le début du XVIIe siècle, jusqu'à devenir un satellite du royaume ashanti à partir de 1750. Puis, pendant la colonisation, Allemands et Anglais se sont partagé le territoire. On pourra ici visiter le palais de Naa-Ya, joli exemple d'architecture maure et soudanaise, contre des noix de kola ou un petit cadeau. Si vous souhaitez loger ici, visez les quatre chambres de l'Extra Lodge, confortables et pas chères.

WA ★

A Wa, chef-lieu de la région occidentale supérieure d'environ 100 000 habitants, vous pourrez admirer la mosquée de style architectural traditionnel soudanais, du genre de celles que l'on trouve habituellement au Burkina Faso et au Mali. Au sud de Wa, sur la route de Kumasi, il y a d'autres mosquées datant du XVIe siècle qui valent le déplacement, notamment à Sawla, à Maluwe, à Bole et à Banda Nkwanta. Cette dernière mosquée a la réputation d'être la plus ancienne de la région.

Comparé aux villes du sud du Ghana, Wa a l'air d'une ville assez pauvre. Et ce malgré la présence d'employés venant d'autres régions du pays. On est ici pris de la sensation d'être bien loin d'Accra et même de Tamale. C'est que Wa est resté un gros village, même si le découpage administratif en a fait une capitale régionale. La ville est le siège de l'ethnie Wala, population venue du Mali qui a chassé les Lobi et converti les Dagarti à l'islam, religion assez prégnante à Wa.

Les touristes sont peu nombreux ici : hormis lors de la fête de Damba (naissance du prophète Mahomet) et pendant la première semaine d'octobre – lorsque Wa célèbre le festival Durbar à l'occasion duquel le roi, richement vêtu, doit enjamber une vache sous peine d'être exécuté –, la ville paraît plutôt calme.

Transports

Wa est situé à 229 km au sud-ouest de Tumu, par la piste, à 368 km au sud-ouest de Bolgatanga par la piste, à 174 km au nord-ouest du Mole National Park et à 318 km au nord de Wenchi (avec 57 km par route goudronnée). Des bus desservent les villes du Nord ainsi que Kumasi.

▶ **Bus et tro-tro**. Les différentes gares routières de Wa ne sont pas forcément aussi aisées à trouver que dans les autres villes, même si globalement elles longent toutes l'axe qui traverse la ville d'ouest en est, en direction de Kumasi. La plus grande et la plus accessible, située au niveau de la station-service du centre-ville (Total), est celle qui emmène les passagers à Kumasi. Les autres gares routières se trouvent toutes le long de la même route.

Il est conseillé de se rendre à la gare pour retirer les titres de transport au moins 2 heures avant l'heure prévue du départ. Les bus STC pour Accra, dont la station se trouve à côté du palais du Wa-Na, partent trois fois par semaine (compter au moins 12 heures de trajet). Il est également possible de partir pour Kumasi tous les jours. D'autres compagnies de transport sont présentes sur place.

MOSQUÉE DONDOLI

Nommée d'après le quartier où elle a été bâtie, la mosquée Dondoli est une somptueuse construction de style soudanais. On estime qu'elle a été construite au XIXe siècle. Sa silhouette – solides contreforts très rapprochés s'affinant vers le haut et formant un pinacle surmonté d'un dôme – est caractéristique du style Djenné, influence des marchands Dioulas ayant fui le Mali. On remarque aussi des bouts de bois en saillie jaillissant des parois : ils servent d'ancrage aux contreforts mais aussi d'échafaudage pour l'entretien. Un toit-terrasse domine l'ensemble.

CATHOLIC GUESTHOUSE €

Dukpong

✆ +233 392 022 375

A partir de GHC 80 la chambre.

Sur la route de Lawra, cet hôtel surnommé Tierbury (« entièrement de la jambe » en Wala) est bien loin du centre-ville et donc réservé aux voyageurs équipés d'un véhicule. C'est un lieu empreint d'une certaine spiritualité (catholique) et tous les employés sont des frères et sœurs. Les chambres sont très bien tenues et disposent de leurs propres sanitaires. Le restaurant prépare des plats bien faits quoiqu'un peu chiche, mais il dépanne bien et propose quelques spécialités continentales. Les plus du lieu ? L'excellent entretien et le calme.

UPLAND HOTEL €€

Kpaguri

✆ +233 392 022 180

Dès GHC 250 la chambre. Situé à une vingtaine de minutes à pied du centre-ville.

Cet hôtel 2 étoiles abrite au total une petite quarantaine de chambres disposant toutes de la climatisation, ce qui n'est pas un luxe par ici ! S'il arrive que l'hôtel soit sujet à des coupures de courant, l'Upland demeure malgré tout l'établissement jouissant de la meilleure réputation dans la région, avec notamment sa grande salle pour les séminaires et une annexe. Il dispose également d'un bar à l'intérieur, d'un autre dans le jardin mais aussi et surtout du meilleur restaurant de la ville. Spécialités locales et internationales au menu.

WA NAA'S PALACE ★

Construit au XIXe siècle dans un style traditionnel d'inspiration soudanaise, c'est l'attraction touristique de la ville. Inspiré par les vieilles mosquées et les tours en forme d'obus, c'est une petite merveille. Les Wa-na appartiennent à l'ethnie manprusi qui a installé son pouvoir à Wa. Leurs ancêtres ont chassé de cette région les Lobi qui aujourd'hui vivent au Burkina Faso. Ils fondèrent la ville et achevèrent d'islamiser la population. Cette influence se sent aisément par la présence des diverses mosquées qui émaillent la ville, mais aussi parce que l'une des plus importantes fêtes de Wa, le Damba, correspond à la commémoration de la naissance du prophète. Aujourd'hui la famille est divisée et le palais, depuis la mort en 1998 de l'avant-dernier roi (le dernier étant décédé en 2006), avait tendance à tomber en ruine à une vitesse inquiétante. Selon certains, le problème venait du fait que le chef n'habitait pas le palais, et qu'il ne cherchait donc pas à l'entretenir pour recevoir ses invités ou les visiteurs. Le sujet a longtemps été au cœur des conflits. En 2009, le World Monuments Fund, une organisation internationale privée dédiée à la préservation du patrimoine culturel mondial, a toutefois mené une campagne de restauration de la façade, qui s'est terminé en 2012. Pour visiter le palais, demandez à un habitant de vous indiquer la maison des fils du roi. Ceux-ci se feront un plaisir de vous montrer les vestiges de la grandeur du palais contre une petite rémunération, ou comme le veut la tradition, une noix de cola.

WECHIAU

Pour se rendre au parc sans véhicule, c'est le parcours du combattant ! Mais si l'on veut vraiment voir les hippos, voici la marche à suivre. Depuis Wa, montez à bord d'un tro-tro en direction de Wechiau, puis louer une bicyclette pour parcourir les 20 km qui séparent le terminus de l'entrée du parc (2h de bicyclette). Les deux roues se louent auprès du centre d'information de Wechiau. Pour les voyageurs véhiculés, quitter Wa en direction de l'Upland Hotel, tournez à droite à l'intersection de Vieri, puis à gauche. Une fois à Tavare, continuer tout droit jusqu'à Wechiau. Jetez au passage un œil sur la façade du palais vieux de plusieurs siècles.

WECHIAU COMMUNITY HIPPO SANCTUARY ★★

www.ghanahippos.com

Entrée GHC 15.

Le Wechiau Community Hippo Sanctuary est une réserve naturelle qui abrite, comme son nom l'indique, des hippopotames, mais aussi de nombreux oiseaux (plus de 200 espèces), des pythons et de nombreux caméléons. La meilleure attraction demeure tout de même ici la balade en pirogue sur la rivière pour observer les hippos de plus près. Des trekkings dans la forêt, bercée par le doux chant des oiseaux, sont également envisageables. Le sanctuaire abrite par ailleurs trois chambres aménagées et trois toits pouvant accueillir des matelas. Ne pas compter sur l'électricité. Les toilettes sont externes et la douche se prend au seau. L'avantage de dormir sur place n'est évidemment pas le confort mais bien plutôt la proximité de la nature ! Qui plus est la somme demandée pour rester sur place est dérisoire. La meilleure période pour visiter le sanctuaires des hippos s'étend de novembre à juin, époque à laquelle il s'avère a priori facile d'apercevoir les gros mammifères. De plus, de très nombreuses espèces d'oiseaux sont observables facilement dans le parc, et il faut bien avouer que c'est précisément dans cette région du Ghana que la savane est la plus belle. La forêt qui longe la rivière est également très attrayante. Sur le site, une plage ombragée, propice au pique-nique, invite au repos. Le Burkina Faso voisin n'est à quelques brasses, de l'autre côté de la rive... Une très belle excursion nature qui ravira les amoureux de faune et de flore, et qui vaut bien le voyage !

LAWRA

Faites en sorte que votre passage à Lawra coïncide avec le Kobine Festival qui a lieu au cours de la première quinzaine d'octobre, généralement la première semaine. A part ce festival, la ville paraît plutôt triste. La résidence du chef vaut, comme partout, le déplacement. La ville se trouve à une centaine de kilomètres au nord de Wa, sur la route de Hamile qui conduit au Burkina Faso. Elle est bien connue dans la région pour ses instruments de musique, notamment les balafons et autres xylophones. Il est possible de négocier un hébergement auprès du District Assembly Guest-House qui dispose quand même de l'eau et de l'électricité de façon épisodique.

TUMU

C'est la principale étape sur la route du nord, menant de Wa à Bolgatanga, au cœur d'une région de savanes. Elle intéressera le voyageur pour son architecture typique. A la différence des kraals de la région orientale supérieure (maisons rondes avec toit en forme de chapeau de paille), celles-ci sont rectangulaires, et le toit plat sert de terrasse. Sinon, rien d'autre à voir, si ce n'est les champs de coton et le marché. Dans cette région, les marchés sont organisés selon un cycle de six jours. Celui de Tumu revenant le premier jour de chaque cycle. A noter également le festival de danse et de musique en janvier et février, le Paragbeile Festival.

BOLGATANGA

En fra-fra, Bolgatanga signifie la « ville des pierres ». La ville a sans doute été ainsi nommée en raison des nombreux rocs qui l'entourent. Chef-lieu de la région de 65 000 âmes environ, Bolgatanga est située à 45 km de la frontière burkinabé et à 165 km de Tamale. La ville est également proche de la frontière avec le Togo. Le meilleur moment pour visiter Bolgatanga correspond très certainement au jour du marché, ce qui n'est pas toujours évident à prévoir puisqu'il a lieu tous les trois jours. Il est l'un des plus réputés au nord du Ghana pour ses produits de cuir, artisanat typique des Fra-Fra.

Transports

- **La gare routière STC** se trouve dans le quartier sud de la ville, à 500 m après le rondpoint principal. Soyez à la gare une heure avant le départ pour avoir une place assise dans le bus. D'autres autocars desservent également Tumu, Wa et Damongo.
- **Tro-tro**. Le parc des minibus de Bolgatanga, souvent surchargés et en mauvais état, se trouve à l'est du rondpoint. Si vous allez à Ouagadougou (ce que nous ne vous recommandions pas début 2023, la situation politique et sécuritaire étant alors plutôt volatile) et si vous ne trouvez pas les bus STC ou un autre moyen de transport, prenez un minibus jusqu'à la frontière à Paga et vous trouverez facilement des bus qui attendent de l'autre côté de la frontière, au Burkina Faso. Bolgatanga est aussi le bon endroit pour rejoindre le Togo car la route nord-est vers Bawku (78 km) est goudronnée et proche de la frontière (30 km) et de Dapaong (Togo).

UPPER EAST REGIONAL MUSEUM

Ouvert tous les jours de 8h30 à 17h30. Entrée : GHC 10.

Ce petit musée ouvert depuis 1991 constitue un complément au musée national, ses collections concernant essentiellement les ethnies du nord. Vous y trouverez des objets rituels, des armes, des insignes de pouvoir et des outils. Les objets, en petit nombre, ont été sélectionnés avec soin. Parmi les plus belles pièces, on trouve un tabouret en bois sombre représentant un homme allongé, un très beau vase akan en bronze ciselé et sculpté et une longue statuette de femme assise.

BLACK STAR HOTEL €

✆ +233 20 833 2210

Dès GHC 80 la nuit. La climatisation n'est pas toujours fonctionnelle. Bar.

Créé en 1961, c'est l'hôtel le plus ancien de la région. Son nom fait référence à l'indépendance du pays, obtenue un peu plus tôt. Les chambres n'ont rien d'extraordinaires, mais elles sont bien tenues et plutôt confortables. L'atout du Black Star (ou sa faiblesse, tout dépend du point de vue) réside dans son bar, particulièrement vivant en soirée et le week-end. Avec de l'animation dans la cour (généralement le samedi soir), il devient quasiment impossible de dormir, faisant en revanche le bonheur de ceux venus pour le show.

AKAYET HOTEL €€

Bolgatanga-Navarongo Rd

✆ +233 382 024 680

www.akayethotel.com

Dès GHC 870.

Le Akayet Hotel est tout simplement le plus bel hôtel de la ville, pour ceux qui cherchent le confort avant tout. Des chambres propres, soigneusement décorées de touches afro et bien équipées (avec télévision, climatiseur, wi-fi et mini-bar). L'hôtel dispose d'une piscine, d'une salle de gym avec des équipements modernes et d'une salle de conférence. La maison propose la location de véhicules avec ou sans chauffeur. On y sert aussi des plats locaux et occidentaux, en version snack ou plus cuisinée, au très recommandable « Bongo Restaurant ».

SWAB €

Sur la route de Navrogo

✆ +233 382 095 677

Ouvert tous les jours. Fermeture à 22h. Comptez GHC 20 à 60 selon le plat choisi.

Le nom rappelle son homonyme à Tamale. Et, comme à Tamale, le Swab est l'une des toutes meilleures adresses de la ville pour manger. Le restaurant est surtout connu pour ses pizzas, non pas qu'elles soient exceptionnelles quoique bonnes, mais il est le seul à en faire dans la ville. En plus des plats chinois et occidentaux, des propositions de mets indiens sont régulièrement ajoutées au menu. Bref, une cuisine qui n'hésite pas à voyager aux quatre coins du monde, pour un résultat toujours à la hauteur, et à tarif très honnête !

MARCHÉ

Le marché a lieu tous les mercredis.

On y trouve dans les boutiques de souvenirs et d'artisanat beaucoup d'articles en cuir (sandales, sacs à main, portefeuilles, attachés-cases, sacs de voyage) essentiellement de couleur bordeaux ou noir avec des motifs traditionnels, des bijoux et des paniers multicolores en raphia, disponibles dans toutes les tailles, des sets de table et des chapeaux de paille… Des tailleurs proposent aussi des chemises en coton, tissées sur place. Si vous voulez savoir comment sont fabriqués les articles en cuir, jetez un œil le long de Bazaar Road.

TONGO

A 15 km au sud-ouest de Bolgatanga, Tongo peut constituer une petite sortie intéressante. Cette ville attire toute l'année des pèlerins venant essentiellement de la région Ashanti. Un oracle, consulté en haut de la montagne dominant Tongo et dont la voix émane d'une caverne, fait l'objet d'un culte. A l'époque de l'expansion des Ashanti vers le nord, leurs guerriers furent dit-on mis en déroute par une nuée d'abeilles sortant de la caverne de l'oracle. Depuis ce jour, les habitants de la région ont pour coutume de venir implorer l'aide de cette puissance mystérieuse. Après cette visite, il devient plus facile de comprendre pourquoi Bolgatanga s'appelle la « ville des pierres » en fra-fra. Le village de Tongo est aussi nommé Tengzug.

Tourisme

Marcher ou faire du vélo dans les collines avoisinantes, là où siffle l'harmattan de décembre à janvier, est une expérience étrange. Avant de visiter la zone, vous devrez vous enregistrer auprès du bureau à l'entrée du village. Une balade permettra de découvrir ce lieu de pèlerinage et de comprendre le sens de ces collines sacrées. En recourant aux services d'un guide, on aura l'occasion de rencontrer des agriculteurs et de discuter avec eux de leurs pratiques ancestrales, de ce qu'ils font et surtout ne font pas pour que les récoltes soient chaque fois meilleures. On sera sans doute surpris pas la nature des pratiques utilisées.

- **Guide**. Pour contracter les services d'un guide, rendez-vous au Tongo Hills Visitors Center (+233 203 835 053 / +233 509 131 678 / tongohills.tengzugshrines@gmail.com). Le tour standard dure 1h30 et permet découvrir les collines et la culture de Tongo. Pour y passer la nuit, vous aurez le choix entre planter une tente ou dormir chez l'habitant.

Transports

Depuis Bolgatanga, le plus commode pour se rendre à Tongo est de prendre un taxi. Le tarif est à négocier. Si vous disposez de votre propre véhicule, vous devrez parcourir 8 km en direction du sud jusqu'à Winkogo sur la route de Tamale. Une fois arrivé au niveau du barrage de police, il vous restera 8 km à parcourir vers l'est pour rallier Tongo. Le trajet se fait également en venant de Tamale. Dans ce cas, on passera d'abord Tongo, pour ensuite découvrir Bolgatanga.

NAVRONGO

Navrongo signifie « terre fertile » dans la langue vernaculaire locale. C'est la ville la plus proche du Burkina Faso (16 km) et elle n'aurait été fondée qu'à la fin du XVIIIe siècle. Dans le centre-ville, les surprenants immeubles à moitié construits sont l'ultime témoignage d'Acheampong, avant que celui-ci ne soit remercié en 1975. Cette architecture confère une ambiance particulière à Navrongo, comme si la ville était bien organisée. Il n'en est rien. Surtout Navrongo se distingue des autres villes du Nord du Ghana par la religion qui y prédomine. Elle est le bastion du christianisme dans cette partie du pays. L'église principale, plus communément appelée Cathedral of the Lady of the Seven Sorrows, se trouve d'ailleurs au sud-est de la ville. Sa visite vaut le détour, avec sa grande façade principale et ses peintures intérieures. Cette tradition chrétienne date du début du XXe siècle et l'envoi d'une mission britannique dans le petit village qu'était Navrongo à l'époque.

A noter qu'à 8 km de Navrongo, le lac Tonto s'étend sur 6 km et permet l'irrigation de toute la vallée, ce qui explique que ce coin soit verdoyant alors que tout est sec ailleurs. Depuis Tonto, les collines de Chiara sont visibles.

Transports

Depuis Bolgatanga, il est aisé de se rendre à Navrongo en tro-tro. Des véhicules partent toute la journée dès qu'ils sont remplis. Si vous souhaitez louer un taxi, c'est également possible, et plus rapide.

© ALANTOBEY - ISTOCKPHOTO.COM

L'oracle de Tongo.

NAVRONGO CATHOLIC CATHEDRAL ✝ ★

Cette cathédrale est le principal lieu de culte catholique de la ville en même temps qu'un point de visite obligé. Si la construction extérieure ne présente aucun intérêt, l'intérieur est très coloré et représentatif de la tradition artistique de la région. Edifiée en 1906 à l'initiative de 13 religieux français, la cathédrale a été rénovée avec une participation de la France. Ses vitraux sont une pure merveille. Ses murs en terre lui valent parfois le surnom de *Mud Cathedral*.

HOTEL MAYAGA €€

Tono Rd

✆ +233 249 853 917

A partir de GHC 100.

A environ 100 m de la station de tro-tro pour Wa et Tumu, l'hôtel Mayaga est un établissement qui a le grand mérite de proposer des chambres même en cas d'arrivée tardive. Sur place, un joli jardin tropical équipé d'une terrasse avec bar et un restaurant de spécialités locales et européennes sont au rendez-vous. L'architecture de l'établissement peut surprendre mais elle a pour avantage de favoriser une ventilation naturelle. Le confort est bien là, et c'est bien l'essentiel. A n'en point douter l'adresse la plus recommandable en ville.

PAGA

Ville à la frontière avec le Burkina Faso, à 10 km de Navrongo et à 50 km au nord-ouest de Bolgatanga.

D'après la tradition orale, un chasseur nommé Nave, qui cherchait un endroit fertile pour s'installer, descendit de l'empire de l'ancien Ghana (l'empire Ashanti) vers les frontières du Burkina Faso. Durant sa marche, son pied s'enfonça dans la terre. L'homme interpréta l'événement comme un signe de fertilité. Il s'écria alors « *Ayi-Paga* » (pour « mon œil »). Même s'il est moins flamboyant que celui de Sirigu, ce village reste un détour intéressant pour le bonheur des yeux. La petite mosquée Masidou Ahmad, toute proche de la frontière, se visite gratuitement avec l'accord de l'imam. Erigée en 1998, elle témoigne du renforcement de la présence de l'islam dans la région.

Transports

Il y a en moyenne deux à trois départs de bus par jour pour Paga depuis la gare routière de Bolgatanga. Le mieux est de prendre le tro-tro le matin vers 6h à Bolgatanga et de repartir le soir vers 15h. Le plus courant et de prendre un tro-tro de Bolgatanga jusqu'à Navrongo, puis un taxi collectif de Navrongo à Paga. Pour ceux qui veulent franchir la frontière avec leur véhicule, aucune taxe particulière n'est appliquée. En revanche, il faut, bien entendu, que votre visa ghanéen et burkinabé soient à jour. Un visa d'urgence peut être délivré à la frontière contre 100 US$.

CAMP D'ESCLAVES DE PIKWORO ★

2 km à l'ouest du centre. Entrée : GHC 10.

S'il ne reste plus que quelques pierres de l'ancien fort de transit des esclaves, ce lieu est un véritable témoignage historique d'une des pages les plus sombres de l'histoire de l'humanité. Pour information, les esclaves, qui étaient envoyés par bateaux entiers aux Etats-Unis venaient principalement du nord-ouest de l'Afrique. Paga, par sa situation géographique, servit de porte d'entrée aux captifs du Ghana, du Niger, du Mali et du Burkina Faso.

PAGA CHIEF'S PALACE

✆ +233 20 018 3586

Entrée : GHC 10. A l'entrée de Paga, sur la route principale qui mène vers le Burkina Faso, à 1 km du poste frontière.

Si vous êtes devant un grand bâtiment à l'entrée ornée par des sculptures de crocodiles, pas de doute, vous êtes au bon endroit. En revanche, il vous faudra impérativement négocier avec l'un des fils du chef pour pouvoir entrer et visiter sa demeure. Vous pourrez ainsi observer les peintures sur les murs, la structure atypique de ces maisons du Nord, où plusieurs familles sont réunies. Une escale vraiment recommandée, ne serait-ce que pour le plaisir de voir se détacher d'aussi jolies couleurs sur le fond monochrome des paysages presque sahéliens.

CROCODILES ★

L'étang aux crocodiles se trouve à 300 m de la route principale sur la droite, en entrant dans Paga. Animal sacré dans ce village, les crocos ont l'habitude de sortir de l'étang pour recevoir comme repas des poulets vivants, offerts par les habitants. Attention, les crocodiles ne sont qu'à moitié apprivoisés. Un accident est vite arrivé. Si ce petit manège sent l'attrape-touriste à plein nez, vous pourrez pousser un peu plus loin, vers le lac, plus propice pour voir des crocodiles (au bout d'une zone résidentielle jonchée de sacs plastiques).

AL HASSAN €

✆ +233 249 485 398

Dès GHC 50.

De petites maisons traditionnelles du nord du Ghana ont été aménagées pour recevoir les touristes. Le confort est minimal, le prix aussi. Il est possible de faire un feu de camp au milieu de la cour. L'une des maisons est réservée à la préservation d'objets anciens retrouvés enfouis dans la terre, comme de petites statuettes dont certaines représentent des comportements équivoques… un petit musée. Et pour ceux qui ne veulent pas passer la nuit dans ces petites maisons poussiéreuses, il est préférable de dormir à la belle étoile, sur le toit.

Crocodiles.

Sirigu.

SIRIGU ★★

Ce petit village est célèbre dans tout le Ghana pour ses poteries et ses décorations murales. Le travail artisanal est entièrement réalisé par des femmes, qui se sont associées depuis 1997 pour lutter contre l'exode rural et faire perdurer la tradition créatrice du lieu. L'association s'appelle Sirigu Woman's Organisation for Pottery and Art (SWOPA). Si vous êtes allé si loin au nord du Ghana, ce serait une grave erreur de ne pas visiter ce village. Le savoir-faire de ces femmes est un bijou à lui tout seul, la décoration de ces maisons typique du Sahel, tout un art. Il est facile de rejoindre Sirigu depuis Bolgatanga en tro-tro (1 heure de trajet).

BALADE DANS LE VILLAGE

Même si le village est petit, les peintures murales des cases traditionnelles sont splendides et magnifient le plongeon dans ce type d'habitat. Le principal magasin d'art propose des produits locaux, notamment des poteries uniques à des prix intéressants. Pour visiter le lieu, une petite participation est demandée. Elle tourne en général autour de 2 cedis, pour payer le guide qui vous accompagnera. L'association a même établi son petit musée (entrée gratuite) retraçant l'histoire de cette tradition artistique si caractéristique de Sirigu.

WIDENABA ★

Il y a bien longtemps, au Burkina Faso, dans un lieu nommé Kusanga, vivait une grande famille, un clan. A la mort du chef, certains enfants décidèrent d'aller voir ailleurs, car la nourriture manquait dans leur village natal. Le plus âgé des fils enfourcha son cheval, parcourut de nombreux kilomètres puis s'arrêta à Zooga. Le cheval mit bas deux petits : un signe indéniable de chance. L'aîné reprit la route avec sa monture, laissant les petits derrière lui. Quand il s'arrêta de nouveau, son cheval eut trois poulains, signe de chance exceptionnelle. Il s'installa donc à cet endroit et le nomma Widnaba (cheval roi).

Le véritable intérêt de ce village est l'immersion dans la culture kusoasi et la rencontre avec ses habitants. Le village est typique et la faune alentour préservée. Une immersion totale dans un univers où la modernité semble être exclue. De plus, pendant la saison sèche, il est possible d'observer les animaux sauvages qui s'abreuvent sur les rives de la Volta Rouge (et, pourquoi pas, apercevoir les éléphants de la savane loin des parcs). Enfin, les collines avoisinantes réservent de très beaux panoramas sur les plaines du Burkina.

Transports

A une quarantaine de kilomètres de Bolgatanga, il faudra louer un taxi à la journée pour prendre la route de Bawku. Tournez à gauche au village de Tilli. Le reste du chemin est indiqué.

PASSPORT

ORGANISER SON SÉJOUR

Préparer un séjour au Ghana n'est pas une affaire bien difficile, mais l'opération vous demandera un peu d'organisation et de temps, notamment pour ce qui est de l'obtention du visa tourisme, indispensable pour entrer sur le territoire. Pour ce qui est d'obtenir des tarifs intéressants sur les billets d'avion, c'est ici comme ailleurs l'anticipation qui prévaut : plus tôt vous achetez vos tickets, moins chers ils seront. Le Ghana n'étant pas une destination saturée par le tourisme, vous n'aurez, une fois sur place, aucun mal à réserver vos nuits ici et là. S'il peut être utile de réserver une ou deux nuits à Accra en début de séjour, vous pourrez sans problème faire des réservations du jour pour le lendemain dans les établissements hôteliers du pays. Pour ce qui est du transport, nous vous recommandons de vous déplacer en bus, mini-van et tro-tro mais aussi de louer les services de taxi pour les courtes et moyennes distances.

ORGANISER SON SÉJOUR

ARGENT

Depuis l'indépendance en 1957, la monnaie ghanéenne est le cedi ghanéen (GHC ou GHS). Cent pesewas (100 p) font un cedi. La valeur de la monnaie ghanéenne a nettement chuté, en raison notamment de l'inflation qui impacte sévèrement l'économie ghanéenne depuis 2022. Aussi le taux de change en juillet 2023 était le suivant 1 € = 12,49 GHC (5,64 GHC en février 2018) – 100 GHC = 8 €.

BUDGET / BONS PLANS

Le coût de la vie au Ghana est relativement élevé, surtout au vu des revenus faibles de la population. Les produits alimentaires achetés sur les marchés seront beaucoup moins chers que les prestations de restaurant ou d'hôtel. Il faut savoir que le prix pour les étrangers et pour les Ghanéens ne sont pas les mêmes. Il faut accepter de payer plus, même si l'on doit veiller à ne pas payer « vraiment trop ».

Une course en taxi en ville coûtera de 2 à 5/7 €, un trajet en tro-tro de 50 centimes à 1,50 €.

Une poignée de bananes sur un marché coûtera 25 centimes, un ananas 1 €.

Une consommation dans un bar doit revenir à 1 ou 2 €, un repas basique autour de 5 €.

Les nuits en hôtel coûteront rarement moins de 15/20 € ; à Accra, ce sera souvent à partir de 50/60 €.

Budget. Pour une journée, prévoir pour un petit budget : 35 € à 70 €. Budget moyen : 90 € (ajouter 100 € pour la location d'une voiture). Gros budget : 300 € (avec voiture et chauffeur).

Banques et change. Les euros, comme les francs CFA, peuvent être facilement échangés dans les banques, les bureaux de change (Forex bureau) qu'on trouve un peu partout dans les grandes villes et aux frontières, ainsi que dans les grands hôtels. Les dollars s'échangent encore plus facilement. Ne changer que dans les bureaux Forex officiels et les grands hôtels ; ne jamais changer en dehors des lieux officiels. Et toujours compter la somme d'argent avant de quitter le bureau.

Carte bancaire. Les cartes de crédit visa sont acceptées dans les distributeurs automatiques et dans les grands magasins et hôtels. Mais attention ! Les Master Card et autres types de cartes le sont très rarement. Il faut savoir que dans les hôtels de gamme moyenne, les euros sont rarement disponibles. Il n'y a aucune restriction concernant le montant des devises que vous pouvez apporter au Ghana à partir du moment où vous les déclarez à l'arrivée. Gardez vos reçus pour le contrôle au départ du pays.

Si vous disposez d'une carte bancaire (Visa, etc.), inutile d'emporter des sommes importantes en espèces. Dans les cas où la carte n'est pas acceptée par le commerçant, rendez-vous simplement à un distributeur automatique de billets. Prenez simplement soin de souscrire à

Cedis ghanéens.

une option internationale pour votre CB auprès de votre banque afin d'éviter les commissions.
En cas de perte ou de vol de votre carte à l'étranger, votre banque vous proposera des solutions adéquates pour que vous poursuiviez votre séjour en toute quiétude. Pour cela, pensez à noter avant de partir le numéro d'assistance indiqué au dos de votre carte bancaire ou disponible sur Internet. Ce service est accessible 7j/7 et 24h/24. En cas d'opposition, celle-ci est immédiate et confirmée dès lors que vous pouvez fournir votre numéro de carte bancaire.

PASSEPORT ET VISAS

Un visa est nécessaire pour se rendre au Ghana, que vous vous y rendiez pour les affaires ou pour les vacances. Il faut l'obtenir avant son départ, on n'en délivre pas à la frontière ni à l'aéroport, sauf pour les ressortissants d'un État membre de l'Union africaine.
Il faut compter au moins cinq jours ouvrables pour l'obtenir auprès de l'ambassade. Son prix dépend de la durée de votre séjour et du délai de délivrance. Un visa d'un mois coûte 50 € (dont les frais consulaires) s'il est délivré en 5 jours ouvrables, 140 € en trois jours ouvrables, 250 € en 24h. Pour compléter votre dossier, il faut envoyer votre passeport, un certificat international de vaccination contre la fièvre jaune (à faire faire dans un centre de vaccination), une copie de votre schéma vaccinal Covid19 (qui doit être complet selon les critères de l'OMS), 2 photos d'identité, donner vos références de billets d'avion, l'adresse de votre lieu de séjour au Ghana que ce soit dans un hôtel ou chez des amis. Si vous allez chez des amis, il est fort probable que l'on vous demande une lettre de leur part indiquant qu'ils vont vous héberger. Votre passeport doit être valable au moins six mois après la date de votre retour.

PERMIS DE CONDUIRE

Lors d'un séjour touristique au Ghana, il est possible de conduire avec un permis international délivré en France.

SANTÉ

Voici les principales maladies présentes au Ghana :

Bilharziose. La bilharziose est la maladie tropicale entraînant le plus haut taux de mortalité après le paludisme (200 millions de personnes atteintes dans le monde). Après une période d'incubation allant de trois semaines à six mois, la maladie se manifeste par de fortes fièvres, du sang dans les urines ou des réactions allergiques cutanées. La meilleure prévention est de limiter tout contact avec les eaux stagnantes non salées. La bilharziose se soigne très bien une fois détectée.

Fièvre jaune. La fièvre jaune est une maladie virale, transmise à l'homme par les moustiques. Elle est surtout présente dans les régions tropicales. Après une semaine d'incubation, la maladie provoque fièvres, frissons et maux de tête. Pour les cas les plus graves, après plusieurs jours apparaît un syndrome hémorragique caractérisé par des vomissements de sang noirâtre, un ictère et des troubles rénaux. Il n'existe aucun traitement spécifique pour soigner la fièvre jaune, si ce n'est le repos au lit accompagné de médicaments permettant de lutter contre les symptômes. Pour entrer au Ghana, la vaccination contre la fièvre jaune est exigée par les autorités du pays. Il faut se faire vacciner dans un centre de vaccination international et obtenir un certificat international à joindre au dossier lors de sa demande de visa. Il vous sera probablement demandé de présenter ce carnet (jaune) de vaccination à votre arrivée à l'aéroport.

Hépatite A. Pour l'hépatite A, l'existence d'une immunité antérieure rend la vaccination inutile. Elle est fréquente lorsque vous avez des antécédents de jaunisse, de séjour prolongé à l'étranger ou êtes âgé de plus de 45 ans. L'hépatite A est le plus souvent bénigne mais elle peut se révéler grave, notamment au-delà de 45 ans et en cas de maladie hépatique préexistante. Elle s'attrape par l'eau ou les aliments mal lavés. Si vous êtes porteur d'une maladie du foie, la vaccination contre l'hépatite A est hautement recommandée avant tout type de voyage où l'hygiène est précaire. Elle doit être effectuée en deux fois mais la première injection, un mois avant le départ, suffit à assurer une protection pour un voyage de courte durée. La deuxième (six mois à un an plus tard) renforce la durée de l'immunité pour des dizaines d'années.

Hépatite B. Risque élevé dans le pays. L'hépatite B est plus grave que l'hépatite A. Elle se contracte lors de rapports sexuels ou par le sang. Le vaccin contre l'hépatite B est à faire en deux fois à un mois d'intervalle (mais il existe des vaccinations accélérées en un mois pour les voyageurs pressés), puis un rappel six mois plus tard pour renforcer la durée de la protection.

Paludisme. Le paludisme est également appelé malaria. Si vous passez par un pays qui est une zone de transmission de paludisme (en Afrique surtout mais aussi dans toutes les zones humides et/ou équatoriales), consultez votre médecin pour connaître le traitement préventif adapté : il diffère selon la région, la période du voyage et la personne concernée. Eviter le traitement est possible si votre séjour est inférieur à sept jours (et sous réserve de pouvoir consulter un médecin en cas de fièvre dans le mois qui suit le retour.) En plus des cachets, réduisez les risques de contraction du palu en évitant les piqûres de moustiques (répulsif et vêtements couvrants). Entre le coucher et le lever du soleil, près des points d'eau stagnante et des espaces ombragés, les risques de se faire piquer sont les plus élevés.

VACCINS OBLIGATOIRES

Sont obligatoires pour se rendre au Ghana une preuve de vaccination contre le fièvre jaune (désormais un vaccin vaut pour toute la durée de la vie) et une preuve schéma vaccinal complet (selon les critères de l'OMS) contre le Covid19. La réglementation concernant le coronavirus étant appelée à évoluer, renseignez vous auprès des services consulaires ghanéens avant de partir.

Trousse à pharmacie. Les médicaments communs sont accessibles dans les pharmacies locales (évitez impérativement les médicaments vendus en dehors des officines, par exemple sur les marchés), mais il vaut mieux préparer sa pharmacie avant le départ. Les incontournables sont le paracétamol (dans ces régions du monde, évitez de consommer de l'aspirine qui, en cas d'infection par la dengue, risquerait de provoquer une fièvre hémorragique mortelle), des antidiarrhéiques, des antibiotiques (contre la diarrhée, les infections pulmonaires, O.R.L. et cutanées), un antiallergique et tout le nécessaire pour se protéger des piqûres d'insectes. Une protection solaire pour lèvres et peau est indispensable. Des pansements adhésifs et un désinfectant peuvent être utiles.

SÉCURITÉ

Le Ghana est un pays relativement sûr, surtout pour un pays africain. Toutefois, la petite criminalité est développée, notamment sous la forme d'un certain nombre d'arnaques à touristes : faux chauffeurs de taxis (choisissez le vôtre et ne vous laissez rien imposer), propositions de change d'argent au noir, faux guides. Soyez donc vigilant. Soyez aussi prudents lorsque vous sentez que vous entrez dans un quartier séparé de type bidonville. Mieux vaut parfois retourner sur ses pas que de tenter le diable. Le soir, mieux vaut prendre un taxi que de marcher dans les rues des villes.

La corruption de la police, notamment sur les routes, est un problème et dans certaines occasions il sera difficile de ne pas payer de bakchich. Ne prenez toutefois jamais les devants avec un policier, et attendez qu'on vous demande expressément de l'argent ; on pourrait vous mettre en plus grand péril encore pour corruption de fonctionnaire.

La conduite des Ghanéens peut être un grand danger, aussi, soyez vigilants et évitez de rouler de nuit. On ne voit pas les nids de poules, certains roulent vite et sans phare...

Les sollicitations diverses pour acheter des babioles ou prendre un guide peuvent être pénibles. Elles deviennent parfois agressives, en tout cas, préparez-vous à rester zen et à refuser poliment sans se fermer à la communication. Parler, c'est toujours mieux que de ne rien dire, on pourrait mal le prendre.

Un ressentiment envers les blancs peut parfois se faire sentir au Ghana. Préparez-vous à ne pas toujours être apprécié a priori, à être patient face à certaines attitudes (et aux cris d' « *Obroni* », « étranger », stigmatisant souvent l'arrivée d'un Blanc quelque part), ainsi qu'à être ouvert à entendre des reproches concernant la colonisation et l'esclavage. Là encore, aller au devant de la communication, parler et ne pas se fermer peut être un plus.

Il y a peu d'animaux sauvages au Ghana, soyez tout de même prudents avec les insectes (notamment en raison de la malaria) et les serpents.

Ne vous baignez jamais dans les lacs et eaux douces à cause de la bilharziose.

Pour connaître les dernières informations sur la sécurité sur place, consultez la rubrique « Conseils aux voyageurs » du site du ministère des Affaires étrangères : www.diplomatie. gouv. fr/voyageurs. Sachez cependant que le site dresse une liste exhaustive des dangers potentiels et que cela donne parfois une image un peu alarmiste de la situation réelle du pays.

DÉCALAGE HORAIRE

Le méridien de Greenwich passe par la cité portuaire de Tema, le Ghana se trouve donc dans le même fuseau horaire que la Grande- Bretagne (GMT). Le décalage horaire est infime entre le Ghana et la France. Pour régler votre montre à votre arrivée à Accra, comptez :

- **- 2 heures** durant l'horaire d'été en France. Exemple : 8h à Accra, 10h à Paris.
- **- 1 heure** durant l'horaire d'hiver en France. Exemple : 7h à Accra, 8h à Paris.

LANGUES PARLÉES

L'anglais, ancienne langue coloniale, est la langue officielle du Ghana. C'est la langue écrite et universitaire ; c'est aussi la langue de communication entre les différents peuples autochtones du Ghana.
La pratique orale du twi, parfois écrit *chwi*, une langue akan (celle des Ashanti, l'ethnie dominante), est presque aussi répandue que celle de l'anglais ; le twi constitue une langue de communication même pour des Ghanéens dont ce n'est pas la langue maternelle. Il existe une version écrite du twi, en caractères latins, mais elle n'est pas très utilisée. L'anglais n'est jamais l'unique langue maternelle des Ghanéens. En tout, une quarantaine de langues autochtones sont recensées au Ghana. Certaines d'entre elles sont subventionnées par l'Etat (donc reconnues et dont l'apprentissage est susceptible d'être financé).
A Accra, on parle ga (une langue kwa), dangbe et twi. Sur la côte, on parle le fante autour de Cape Coast et le nzema à l'ouest (des langues akan comme le twi) ; en pays ashanti, la langue maternelle est le twi. Dans la région du lac Volta, on parle surtout éwé, adangme (une langue kwa) et kwahu (une langue akan). Dans le nord, les Dagaaba parlent dagaare ; les Dagomba parlent dagbani et les Gonja parlent gonja (une langue kwa). Dans le nord-est, on parle le kasem, une langue gur. Il existe en outre une trentaine de dialectes non reconnus officiellement.

COMMUNIQUER

La couverture téléphonique est bonne dans la capitale, de même que dans les principaux centres urbains du pays et sur l'ensemble de la côte. En revanche, dans certaines régions reculées du Ghana, il arrive que les coups de téléphone soient impossibles. La qualité du réseau internet est bonne également dans les zones peuplées, un peu moins que la couverture téléphonique néanmoins.

ELECTRICITÉ ET MESURES

Le système électrique au Ghana est généralement au standard anglais (230 V et 50 MHz), en principe, car des variations sont possibles (de plus, les coupures sont fréquentes). Il est recommandé d'acheter un régulateur de tension (UPS) pour tous les équipements électriques sensibles, en particulier les ordinateurs et les imprimantes. Les prises utilisées sont généralement celles du standard anglais (G) et de l'ancien standard anglais (D). Il faudra avoir un adaptateur aux prises anglaises pour pouvoir brancher des appareils à prises de type européen (C). Parfois, on trouve également le standard européen, qui a cours dans les pays d'Afrique francophone. N'oubliez pas d'acheter et de partir avec une bonne lampe de poche, voire avec des bougies. Les unités de mesure sont celles du système métrique.

BAGAGES

Emportez des vêtements en coton léger à porter le jour. Si vous avez un rendez-vous d'affaires, le costume est de rigueur. Pensez également à des tee-shirts ou à des chemises à manches longues pour éviter les piqûres de moustiques. Les grands hôtels se chargent du nettoyage de vos vêtements. Emportez avec vous les médicaments de base et une bonne lampe de poche pour ne pas être surpris par les coupures de courant qui sont assez fréquentes au Ghana, surtout dans le Nord du pays.

- **Bagages en soute.** Généralement, 23 kg de bagages sont autorisés en soute pour la classe économique (exception sur l'Afrique pour la majorité des compagnies : 2 x 23 kg) et 30 à 40 kg pour la première classe et la classe affaires. Certaines compagnies autorisent deux bagages en soute pour un poids total de 40 kg. Renseignez-vous avant votre départ pour connaître les dispositions de votre billet.
- **Bagages à main.** En classe éco, un bagage à main et un accessoire (sac à main, ordinateur portable) sont autorisés, le tout ne devant pas dépasser les 12 kg ni les 115 cm de dimension. En première et en classe affaires, deux bagages sont autorisés en cabine. Les liquides et gels sont interdits : seuls les tubes et flacons de 100 ml maximum sont tolérés, et ce dans un sac en plastique transparent fermé (20 cm x 20 cm). Seules exceptions à la règle : les aliments pour bébé et médicaments accompagnés de leur ordonnance.

Excédent. Lorsqu'on en vient à parler d'excédent de bagages, les compagnies aériennes sont désormais plutôt strictes. Si elles vous laisseront parfois tranquille pour 1 ou 2 kg de trop sur certaines destinations, vous n'aurez aucune marge sur les destinations africaines, tant la demande des passagers est importante ! Si vous voyagez léger, ne soyez pas étonné d'être plusieurs fois accosté en salle d'enregistrement par d'autres voyageurs afin de prendre, à votre compte, ces kilos que vous n'utilisez pas. Libre à vous de choisir, mais cette pratique est interdite, surtout si vous ne savez pas ce que l'on vous demande de transporter. Car il est vrai que passé le poids autorisé, le couperet tombe, et il tombe sévèrement : 30 € par kilo supplémentaire sur un vol long-courrier chez Air France, 120 € par bagage supplémentaire chez British Airways.

A noter que les compagnies pratiquent parfois des remises de 20 à 30 % si vous réglez votre excédent de bagages sur leur site Web avant de vous rendre à l'aéroport. Si le coût demeure trop important, il vous reste la possibilité d'acheminer une partie de vos biens par voie postale, si la destination le permet.

LES PHRASES CLÉS

Bonjour, je voudrais réserver un billet aller/retour pour…
Hello, I'd like to book a single/return ticket to…

J'ai raté mon avion. Je voudrais échanger mon billet s'il vous plaît.
I missed my plane.I'd like to change my ticket please.

Mon vol est très en retard. Ma correspondance sera bien assurée ?
My flight is very delayed. Will I make my connection?

Mes bagages ont été égarés, à qui dois-je m'adresser ?
My luggage has been lost, who should I talk to?

Louez-vous des voitures avec chauffeur ?
Do you hire cars with a driver?

Je n'ai presque plus d'essence. Où se trouve la station-service la plus proche ?
I'm almost out of petrol. Where is the nearest petrol station?

S'Y RENDRE

Il n'est pas compliqué de voyager au Ghana sans passer par une agence ou un tour-opérateur. Depuis Paris (Roissy-Charles de Gaulle), Air France dessert Accra chaque jour de la semaine. Certains vols sont directs (comptez 6h30 de vol en direct), d'autres marquent une escale, soit à Ouagadougou, soit à Amsterdam (ces derniers vols se font en partenariat avec la compagnie néerlandaise KLM). D'autres compagnies effectuent le trajet (TAP avec escale à Lisbonne ou Turkish Airlines avec escale à Istanbul). Comptez entre 550 et 1 700 € pour un vol Paris-Accra. A noter que la variation de prix dépend de la compagnie empruntée et, surtout, du délai de réservation. Pour obtenir des tarifs intéressants, il est indispensable de s'y prendre à l'avance. Pour entrer au Ghana, vous devrez être en possession d'un visa touristique, délivré par les ambassades ou les consulats du Ghana. A noter que le vaccin contre la fièvre jaune est indispensable.

AIR FRANCE

✆ +33 9 69 39 36 54

wwws.airfrance.fr

Réservez en ligne ou par téléphone.

Air France propose un vol direct quotidien à destination d'Accra (aéroport international de Kotoka) au départ l'aéroport parisien Roissy-Charles de Gaulle. Si trois vols directs sont assurés chaque semaine (le vol dure 6h30), il faudra faire une escale les autres jours : soit à Amsterdam (vols en partenariat avec la compagnie néerlandaise KLM), soit à Ouagadougou. Pour ce qui est du service à bord, rien à dire, la compagnie française fait du bon boulot. Comptez au minimum 550 € (en vous y prenant à l'avance) le billet aller-retour pour le Ghana.

MISTERFLY

www.misterfly.com

Ouvert du lundi au vendredi de 9h à 21h. Le samedi de 10h à 20h.

MisterFly.com est le nouveau-né de la toile pour la réservation de billets d'avion. Son concept innovant repose sur un credo : transparence tarifaire ! Cela se concrétise par un prix affiché dès la première page de la recherche, c'est-à-dire qu'aucun frais de dossier ou frais bancaire ne viendront alourdir la facture finale. Idem pour le prix des bagages ! L'accès à cette information se fait dès l'affichage des vols correspondant à la recherche. La possibilité d'ajouter des bagages en supplément à l'aller, au retour ou aux deux... tout est flexible !

EASY VOLS

✆ 08 99 19 98 79

www.easyvols.fr

Pour voyager malin, il faut faire ses recherches en toute efficacité, sans perdre trop de temps à jongler d'un site à un autre. Pour trouver le bon vol au bon prix, l'idéal est la plateforme comparatrice de vols. Easyvols permet de comparer en temps réel les prix des billets d'avion chez plus de 700 compagnies aériennes et pas seulement des compagnies low-cost. Vous pouvez économiser jusqu'à 70 % du prix si vous êtes prêts à saisir au vol les meilleures offres. Des avis avisés de clients sont aussi consultables sur le site Internet.

OPTION WAY

✆ 04 22 46 05 23

www.optionway.com

Option Way est l'agence de voyages en ligne au service des voyageurs. L'objectif est de rendre la réservation de billets d'avion facile en vous faisant économiser. 3 bonnes raisons de choisir Option Way :

- la transparence comme mot d'ordre. Finies les mauvaises surprises, les prix sont tout compris, sans frais cachés ;
- des solutions exclusives qui vous permettent d'acheter vos vols au meilleur prix ;
- le service client, basé en France, joignable gratuitement, composé de véritables experts de l'aérien. Ils sont là pour vous, n'hésitez pas à les contacter.

SÉJOURS ET CIRCUITS

Si certains aiment organiser leur voyage de A à Z, d'autres préfèrent confier la logistique à une agence spécialiste. On peut choisir de partir en groupe organisé ou alors seul, en couple, entre amis ou en famille, avec un forfait clé en main ou conçu sur mesure. Concernant le Ghana, vous aurez accès, depuis la France métropolitaine à une variété d'offres touristiques pour découvrir le pays. Si les structures françaises sont plus habituées à mettre en avant des pays africains francophones, le Ghana étant entouré de pays où l'on parle français, il n'est par rare que les itinéraires ghanéens soient inclus dans des packs plus vastes type « Bénin-Togo-Ghana ». Vous pourrez également recourir aux services de professionnels du tourisme locaux, les officines dédiées se trouvant généralement dans les grands hôtels. Voici donc quelques pistes et interlocuteurs adaptés pour l'organisation d'un voyage au Ghana.

GO VOYAGES

www.govoyages.com

Site internet proposant des prix avantageux toute l'année.

Go Voyages propose un très grand choix de vols secs, charters et réguliers au meilleur prix au départ et à destination des plus grandes villes. 155 000 itinéraires de vols, 665 compagnies aériennes et plus de 2 millions d'hôtels dans 40 000 destinations... Possibilité également d'acheter des packages sur mesure « vol + hôtel » et des coffrets cadeaux. Sans oublier le grand choix de promotions sur tous les produits et la location de voiture. La réservation est simple et rapide, les choix multiples et les prix très compétitifs.

LASTMINUTE

✆ +39 0892 586 132

lastminute.com

Des vols secs à prix négociés, dégriffés ou publics sont disponibles sur Lastminute, agence de voyage en ligne créée en 1998. On y trouve également des week-ends, des séjours, de la location de voiture... Mais surtout, Lastminute est le spécialiste des offres de dernière minute permettant ainsi aux vacanciers de voyager à petits prix sans avoir à s'y prendre plusieurs semaines à l'avance. Que ce soit pour un week-end ou une semaine, une croisière ou simplement un vol, des promos sont proposées et renouvelées très régulièrement.

ABACAR TOURS

Bobo Street - **ACCRA** ✆ +233 302 223 407

www.abacar-tours.com

Circuits sur mesure, trekkings, réservation d'hôtel et location de véhicule avec chauffeur francophone.

Au Ghana depuis 2007, Fred propose des circuits sur mesure en 4x4 et/ou à pied. En compagnie de Francesca et de guides ghanéens, il vous emmène à la rencontre des Ghanéens, quittant les grands axes et évitant les routes les plus courues. Abacar Tours propose notamment des treks exclusifs dont les itinéraires ont été reconnus avec soin afin de vous faire découvrir « la vraie vie » au Ghana. Balades en bateau, camping ou nuits en guesthouses, circuits dans les parcs nationaux, participation à des festivals... pour une immersion totale dans la culture locale.

ASHANTI AFRICAN TOURS

Building Number A32, Ansapetu Efutu

ACCRA

✆ +233 245 289 736

https://ashantiafricantours.com

Nombreuses formules.

En voyageant avec Ashanti, vous avez la possibilité de faire une réelle différence pour les personnes, les communautés et les écosystèmes du pays, en aidant les populations locales et leurs entreprises, en leur fournissant des revenus durables et en protégeant leur culture, leur patrimoine, la faune et l'habitat grâce à l'écotourisme et aux voyages éthiques. Ce type de voyage responsable offre une expérience authentique ! Ashanti a par exemple construit deux écoles dans des communautés isolées, permettant ainsi à plus de 600 enfants d'accéder à l'éducation.

INTERVIEW

L'ASSURANCE VOYAGE, LE MEILLEUR MOYEN POUR PROTÉGER SA SANTÉ À L'ÉTRANGER

avec le DR CÉDRIC RAMAUT, directeur médical d'Allianz Travel

En cas de souci de santé sur place, que faut-il faire ?

Si l'on se trouve dans une situation urgente (accident grave, morsure d'animaux...), il est conseillé d'appeler les numéros d'urgence locaux. Une fois à l'hôpital, appeler son assisteur pour déclencher les procédures de prise en charge.

Est-il possible d'entrer en contact avec un professionnel de santé en cas de besoin ?

Allianz Travel dispose d'un service de téléconsultation médicale accessible en visio qui permet de s'entretenir avec un médecin 24h/24, 7 jours sur 7. La consultation se fait en français et des conseils sont donnés sur les démarches à effectuer. Une ordonnance peut également être délivrée.

S'agissant des frais médicaux, est-on forcément couvert par son assurance maladie et sa mutuelle à l'étranger ?

La sécurité sociale fonctionne uniquement dans les pays avec lesquels la France a passé des accords. Il faut pour cela demander sa carte européenne d'assurance maladie (CEAM). La sécurité sociale et la mutuelle couvriront alors les frais médicaux à l'étranger à hauteur de leur propre barème sous certaines conditions. Il est malgré tout conseillé de souscrire une assurance voyage, car la prise en charge des frais ne sera pas la même qu'en France.

Quel est le meilleur moyen de voir ses frais médicaux pris en charge ?

Dans les pays hors Europe, il est recommandé de souscrire à un contrat d'assistance avec un bon niveau de couverture des frais médicaux. Il est également important de choisir un assureur disposant d'un important réseau international dans le domaine médical.

En cas de problème médical, le rapatriement est-il prévu dans le contrat d'assurance ?

Oui, la majorité des contrats d'assurance voyage prévoit le rapatriement mais il n'est toutefois pas systématique. L'état de santé du patient peut nécessiter une hospitalisation / une immobilisation sur le lieu de séjour. Si le patient peut être traité sur place, l'assisteur l'orientera vers un médecin ou une structure médicale adaptée localement, et ce jusqu'à ce qu'il puisse à nouveau de voyager et rentrer chez lui.

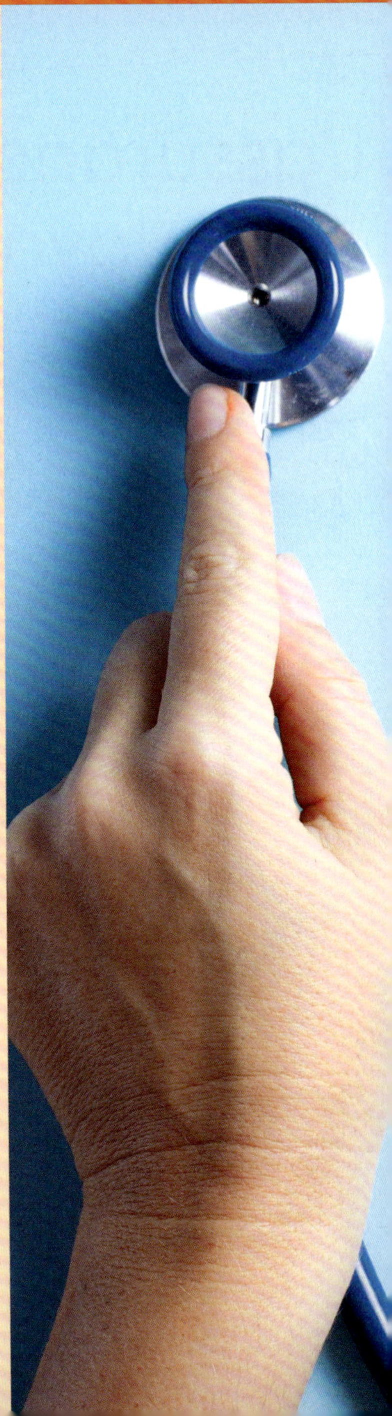

BLASTOURS

245, N°10 Palm Street CFC Estates, Dome
ACCRA
✆ +233 302 404 460
www.blastours.com
Tours sur mesure.

L'agence Blastours, avec à sa tête Madame Mimi, est une agence de tourisme très recommandable. Sérieux, disponibilité et flexibilité la caractérisent. Madame Mimi peut s'occuper de tout ce dont vous avez besoin pour organiser votre séjour, court ou long, que ce soit au Ghana ou dans les pays environnants : réservation d'hôtel, location de voiture, planification de tours. Forte d'un bon carnet d'adresses, cette agence propose à ses clients des prix intéressants. A noter aussi le service de traduction en anglais, en éwé, en akan ou en fanti.

TOUR GUIDES ASSOCIATION OF GHANA

ACCRA
✆ +233 249 22 3319
https://ghguides.com

Tour Guides Association of Ghana est une association qui regroupe l'ensemble des guides touristiques enregistrés et assermentés par le gouvernement au Ghana. Ils peuvent être d'une très grande aide pour organiser votre séjour et peuvent vous proposer des tours organisés. Très enthousiastes et disponibles, il connaissent les moindres recoins du pays et, étant habitués à travailler avec des étrangers, font preuve d'une ouverture d'esprit appréciable dans leurs recommandations.

EXPLORE GHANA TOURS

✆ +233 276 862 983
www.exploreghanatours.com

Cette jeune agence de voyages ghanéenne offre diverses excursions sur l'ensemble du territoire du Ghana, mais aussi à destination du Togo et du Bénin, de la Côte d'Ivoire, du Burkina Faso et du Mali (ces deux dernières destinations n'étaient pas des zones politiquement stables en 2023). L'agence s'occupe aussi de vos réservations d'hôtel et dispose de voitures à la location. L'équipe dynamique propose des services personnalisés et un accueil à l'aéroport. Une adresse locale avec laquelle on se mettra en contact avant le départ.

BILLETSDISCOUNT

✆ 01 40 15 15 12
www.billetsdiscount.com
Promotions toute l'année.

Le site Internet permet de comparer les tarifs de vol de nombreuses compagnies à destination de tous les continents. Outre la page principale avec la recherche générale, des onglets spécifiques (Antilles, océan Indien, Océanie, Afrique, Amérique du Nord et Asie) permettent de cibler davantage les recherches. A noter qu'un bagage supplémentaire en soute de 23 kg est inclus dans le prix du billet. Il est possible de payer son billet d'avion en 4 fois contre une somme modique. Un service pour les enfants non accompagnés (de 4 à 12 ans) est également proposé.

M&J TRAVEL AND TOURS

Opp. U.N.P Office, Ring Road - **ACCRA**
✆ +233 244 514 824
www.mandjtravelghana.com
Location de voitures, accueil à l'aéroport, demandes de visa en urgence, excursions en Afrique de l'Ouest.

M&J Travel And Tours est une agence de voyages partenaire d'Europ Assistance qui existe depuis bientôt 25 ans. Elle organise des circuits touristiques au Ghana, Togo, Bénin et Burkina Faso. Les guides touristiques sont bilingues (anglais et français). L'accueil est assuré dès votre arrivée à l'aéroport, et l'agence s'occupe des demandes de visa en urgence pour les pays limitrophes, de la location de véhicules (vans, 4x4 et mini bus) avec ou sans chauffeur, mais aussi de la réservation de billets d'avion et de chambres d'hôtel.

EASY ALIBA BUY

www.alibabuy.com
Comparateur de voyages.

Easy Aliba Buy est un site comparateur de prix de voyages permettant aux internautes d'avoir une vue d'ensemble sur les diverses offres de séjours proposées par des partenaires selon plusieurs critères (comme le nombre de nuits, les catégories d'hôtel, l'ordre de prix...). Les internautes souhaitant avoir plus d'informations ou réserver un produit sont ensuite mis en relation avec le site du partenaire commercialisant la prestation. Sur ce site, vous trouverez un choix de billets d'avion, d'hôtels et de circuits et séjours variés.

EASYVOYAGE

✆ 08 99 19 98 79

www.easyvoyage.com

Le concept peut se résumer en trois mots : s'informer, comparer et réserver. Des infos pratiques sur plusieurs destinations en ligne (saisonnalité, visa, agenda...) vous permettent de penser plus efficacement votre voyage. Après avoir choisi votre destination selon votre profil (famille, budget...), le site vous offre la possibilité d'interroger plusieurs sites à la fois concernant les vols, les séjours ou les circuits. Grâce à ce moteur performant, vous pouvez réserver directement sur plusieurs bases de réservation (Lastminute, Go Voyages et bien d'autres).

LILIGO

www.liligo.com

Site comparateur de voyages qui propose d'étudier le prix de votre prochain séjour.

Liligo interroge les agences de voyages, compagnies aériennes (régulières et low cost), trains (TGV, Eurostar...), loueurs de voitures, mais aussi 250 000 hôtels à travers le monde pour proposer à ses clients les offres les plus intéressantes en temps réel. Les prix incluent les frais de dossier, d'agence... Une fois la recherche établie et l'offre sélectionnée par l'utilisateur, le comparateur le met directement en relation avec le site marchand. Quelques astuces sont délivrées en ligne pour bénéficier des offres les plus intéressantes.

EXPEDIA FRANCE

✆ 01 57 32 49 77

www.expedia.fr

Vous pouvez télécharger l'application mobile pour planifier votre séjour.

Expedia est le site n° 1 mondial du voyage en ligne. Un large choix de 300 compagnies aériennes, 240 000 hôtels, plus de 5 000 stations de prise en charge pour la location de voitures et la possibilité de réserver parmi 5 000 activités sur votre lieu de vacances. Cette approche sur mesure du voyage est enrichie par une offre très complète comprenant prix réduits, séjours tout compris, départs à la dernière minute... Son algorithme et sa base de données permettent en effet de proposer des formules vol et hôtel à peu près n'importe quand.

QUOTATRIP

www.quotatrip.com

Tarifs : devis sur demande en ligne.

QuotaTrip est une nouvelle plateforme de réservation de voyage en ligne qui met en relation des voyageurs à la recherche d'expériences authentiques et uniques et des agences de voyages locales sélectionnées pour leurs compétences et leur sérieux. Le réseau de QuotaTrip couvre près de 200 destinations dans le monde entier. Le but de ce rapprochement est simple : proposer un séjour entièrement personnalisé aux utilisateurs. QuotaTrip promet ainsi l'assurance d'un voyage serein, sur mesure, sans intermédiaires et sans frais supplémentaires.

JETCOST

www.jetcost.com

Jetcost compare les prix des billets d'avion et trouve le vol le moins cher parmi les offres et les promotions des compagnies aériennes régulières et *low cost*. Le site est également un comparateur d'hébergements, de loueurs d'automobiles et de séjours, circuits et croisières. L'interface du site Internet est très simple d'utilisation. Après avoir lancé la recherche, on peut affiner les résultats en fonction de ses choix afin de trouver le vol le plus intéressant, la durée du trajet, les éventuelles escales ou encore l'aéroport d'arrivée.

VIVANODA.FR

www.vivanoda.fr

Vivanoda.fr est un site français indépendant permettant en un clic de comparer et combiner plusieurs modes de transport (avion, train, autocar, ferry et covoiturage) entre deux villes. Vivanoda est né d'un constat simple : quel voyageur arrive à s'y retrouver dans les différents moyens de transports qui s'offrent à lui pour rejoindre la destination de son choix ? La recherche sur Internet de ces informations se révèle en effet souvent très fastidieuse... Grâce à ce site, fini les nuits blanches et bonjour les voyages à moindre coût.

INTERVIEW

LE VOYAGE-SUR-MESURE

AVEC STEVEN LE CHEVALIER ET MATHIEU VALLY DE QUOTATRIP

Quel est le concept de l'agence QuotaTrip ?

Quotatrip est la première plateforme de mise en relation entre voyageurs et agences locales. Grâce à elle, les voyageurs peuvent enfin échanger en direct avec des agences qui sont sur place et concevoir un voyage unique, au meilleur prix et 100% personnalisé.

Pourquoi voyager avec des agences locales ?

À l'inverse des agences traditionnelles, les agences locales sont des expertes de la destination choisie. Ce sont aussi les mieux placées pour concevoir des séjours qui sortent des sentiers battus. Elles sont ainsi en mesure de répondre à l'ensemble des envies, le voyageur rentre dans l'univers de l'equi-tourisme = le tourisme sans intermédiaire.

Quels sont les autres avantages pour les voyageurs ?

Il y a une multitude d'avantages. Cela permet notamment de ne pas voyager comme tout le monde, d'organiser de manière simple et rapide un séjour sur mesure et au meilleur prix. Fini les mauvaises surprises, les voyageurs posent toutes les questions qu'ils souhaitent et bénéficient d'un accompagnement sur mesure, de la conception du projet jusqu'à sa réalisation en toute sécurité car les agences référencées sont sélectionnées et recommandées par les journalistes des guides du Petitfute en toute impartialité.

Les démarches sont-elle simples à effectuer ?

Les sites de voyage en ligne font perdre beaucoup de temps aux internautes sans pour autant répondre entièrement à leurs désirs. QuotaTrip propose un formulaire simple et rapide qui permet de décrire les souhaits, les envies et les besoins. L'internaute reçoit aussitôt gratuitement et sans engagement les offres de trois ou quatre agences locales avec qui il peut ensuite échanger afin de personnaliser son projet grâce à la messagerie mise en place.

Quelles sont les destinations proposées ?

Notre plateforme propose plus de 21 000 projets de voyage sur plus de 100 destinations à travers le monde. De l'Amérique latine en passant par l'Asie et l'Afrique, nos mille agences partenaires sont là pour répondre à vos projets de voyage.

Décrivez votre projet de voyage. Echangez en direct avec les agences locales et partez au meilleur prix.

***Plus d'informations** : quotatrip.com*

© D.R

© D.R

© D.R

SE LOGER

Si le Ghana a vu son parc hôtelier grandir et se moderniser avec les années, et tout particulièrement à Accra, l'offre demeure assez limitée et de qualité inégale dès que l'on s'éloigne des sentiers battus. On trouvera malgré tout toujours un endroit où crécher, quitte à dormir chez l'habitant dans le plus reculé des villages du nord. À Accra et Kumasi, les deux plus grandes villes du pays, les hôtels de bon standing sont au rendez-vous, avec tout le confort qu'on attend de ce type d'établissement. Dans les lieux qui s'y prêtent (bord de plage ou de rivière, dans la Volta Region), on trouve de très jolis lodges/écolodges souvent très bien intégrés dans des environnements naturels superbes. On trouvera également des hôtels plus locaux, moins occidentaux donc, mais pas moins bien tenus, ainsi que des auberges de jeunesse aux tarifs très abordables. Voici également ici quelques pistes pour des logements moins conventionnels.

COUCHSURFING €€

www.couchsurfing.com

Plateforme internet pour séjourner chez l'habitant. Tarif d'adhésion : 15€ environ.

Couchsurfing est le service d'hébergement gratuit en ligne regroupant le plus d'adhérents. Il suffit de s'inscrire pour accéder aux profils des locaux ou faire sa demande d'hébergement pour quelques jours, voire quelques semaines. En échange, vous pouvez par exemple inviter votre hôte à manger, lui offrir un cadeau ou bien l'accueillir chez vous. Le site Internet met en place des systèmes de contrôle : notation des membres, numéro de passeport exigé à l'inscription, etc. Les participants ont accès à des hébergements volontaires dans plus de 200 pays.

HOSTELWORLD €

www.hostelworld.com

Depuis 2005, cette centrale de réservation en ligne permet de planifier son séjour à prix corrects dans le monde entier. Afrique, Asie, Europe, Amérique… Hostelworld est spécialisé dans les logements peu onéreux (auberges de jeunesse ou hostels…) mais proposant des services et un cadre plutôt soignés. Pour chaque grande ville, le site propose une sélection pointue d'enseignes partenaires et vous n'aurez plus qu'à choisir l'adresse la plus pratique, la mieux située, ou tout simplement la moins chère. Une plateforme bien pratique pour les baroudeurs.

HELPX €€

www.helpx.net

Plateforme Internet pour séjourner chez l'habitant.

Des fermes biologiques, des B&B, des hôtels où l'étranger aide tout en bénéficiant, selon les hôtes, d'un hébergement, de repas ou de cours de langues selon le travail fourni. Un panel de lieux, partout dans le monde, où vivre durant une année ou moins, afin d'améliorer une langue ou vivre une expérience hors du commun pendant une année de césure. Lors de notre dernière visite sur le site, des propriétaires de *guesthouse* proposaient lit + déjeuner en échange de quelques heures de travail. Peut être une bonne affaire pour les plus jeunes.

WORKAWAY €€

www.workaway.info

Abonnement annuel à la plateforme : 49 € pour un voyageur seul, 59 € pour deux voyageurs.

Ici, le système est simple : être nourri et logé en échange de services. Sur la page Web, vous entrez en contact avec vos futurs hôtes qui recherchent des volontaires pour les aider dans leur projet. Des fermes, des maisons à retaper, des vendanges, des cueillettes… Ce système de logement alternatif, s'il n'est pas de tout repos, est de plus en plus populaire parmi les voyageurs. Les hôtes proposent la plupart du temps le gîte et la nourriture en échange de cours d'anglais. Un bon deal mais surtout une expérience unique et des rencontres fort enrichissantes.

SE DÉPLACER

S'il est possible de louer un véhicule, il s'agit d'une option autorisant certes une parfaite indépendance de mouvement, mais une option tout de même onéreuse. Quitte à louer une voiture, autant recourir aux services de taxi. En négociant à l'avance votre course avec le chauffeur, ce dernier pourra couvrir de larges distances. Si toutefois vous préférez vous déplacer à la manière ghanéenne, vous opterez pour le tro-tro, des minibus d'une douzaine de places circulant à échelle locale (entre deux villes ou villages généralement). On les prend généralement à la volée, en se mettant du bon côté de la route et en levant la main (les locaux vous expliqueront comment vous y prendre). Vous pourrez aussi utiliser l'une des compagnies, très sûres, d'autocar ghanéennes ou monter à bord de minivans plus rapides que les tro-tro. Enfin, la compagnie Africa World Airlines (www.flyafricaworld.com) relie plusieurs fois par semaine Accra à Tamale et Kumasi.

STC-TRAVEL

✆ +233 21 221 414
https://stcticketing.gov.gh

STC est le nom de la compagnie nationale des bus et autocars du Ghana. Celle-ci compte parmi les plus sûres du pays, non seulement au niveau de la sécurité et de l'entretien des véhicules, mais aussi en termes de ponctualité. Petit plus non négligeable, certains bus de cette compagnie disposent du wifi. Une manière à la fois sûre et confortable d'effectuer de longs voyages sur le territoire ghanéen. Vous pouvez vous faire une idée précise des tarifs en effectuant une simulation d'achat de ticket sur le site internet de STC. Une compagnie recommandée.

V.I.P JEOUN TRANSPORT COMPANY

Circle - **ACCRA**
✆ +233 544 357 030

Dès 60 GHC le trajet Accra-Kumasi.

Des bus climatisés et confortables aux sièges inclinables, c'est l'offre de V.I.P. Ses bus prennent la route quand ils sont pleins, à l'instar des taxis-brousse, la sérénité en plus. Le temps d'attente n'est jamais trop long, les véhicules se remplissent rapidement. Ils effectuent par ailleurs des arrêts adaptés, pour permettre aux voyageurs de se rafraîchir. Seuls des trajets assez longs (plus de 3h de route) sont assurés par les bus V.I.P. Commode et confortable !

GHANA CAR RENTALS

Asylum Down - **ACCRA** ✆ +233 264 264 246
www.ghana-car-rentals.com/fr

Location avec chauffeurs (faux frais inclus), essence et péages non compris, à partir de 80 US$ par jour.

Ce service de location de voitures avec chauffeur propose des 4x4, Sedan, Van et Corolla. Tous les véhicules sont climatisés et équipés d'une radio avec lecteur CD. Les chauffeurs sont expérimentés et connaissent bien le Ghana. Le tarif comprend la location et les faux frais du chauffeur. Tarifs réduits pour les locations de plus de 10 jours. Paiement par Paypal, carte de crédit ou virement bancaire sur le site internet et liquide en dollars ou cedis sur place. Pas de limitation de kilométrage. L'agence propose aussi des logements (www.ghana-beach-cottage.com).

WOPECAR GROUP

First Otswe St, Osu
ACCRA
✆ +233 55 147 8540
www.wopecar.com

Wopecar est une agence de location de véhicule online. Nous nous expliquons : pour pouvoir louer une auto via leurs services, vous devrez créer un profil sur leur page web, y télécharger quelques infos et documents (permis de conduire et papiers d'identité), puis vous pourrez choisir le modèle et la durée de réservation que vous souhaitez. La gamme de véhicules est vaste, et tous sont bien entretenus. Ensuite, rendez-vous sur place et, grâce à votre téléphone, vous débloquerez la porte, récupérerez les clefs dans l'habitacle, et en route !

S'INFORMER

L'une des meilleures sources d'informations touristiques sur le Ghana émane de l'office de tourisme national, qu'incarne la Ghana Tourism Authority. Le portail internet de l'agence (visitghana.com) est plutôt complet, proposant toute une gamme d'activités liées à la nature et à la culture du pays, mais aussi de nombreuses et précieuses informations plus générales. Dans un registre plus socio-politique et sécuritaire, le site internet des services diplomatiques français (www.diplomatie.gouv.fr), quoique parfois un peu alarmiste, demeure une source fiable et très à jour d'informations sur le pays. Pour ce qui est des sources d'infos sur place, si vous pourrez dégoter quelques bons plans soirées en allant jeter un œil sur les sites internet et réseaux sociaux de lieux de sortie répertoriés dans ce guide, la source d'info principale reste la même depuis des siècles : le bouche-à-oreille ! Au gré des rencontres, vous saurez où aller.

GHANA TOURISM AUTHORITY

2 Haile Selassie St.
ACCRA
✆ +233 30 298 5069
www.ghana.gov.gh

Le Ghana Tourist Board (office de tourisme du Ghana) est l'institution centrale du tourisme du pays. Ouvert à toutes les requêtes, il propose des réponses adaptées et met à la disposition des visiteurs des contacts permettant de louer véhicules ou les services de guides. On y trouve des cartes d'Accra, du Ghana ainsi que diverses informations sur les sites, les hôtels ou les festivals, en fonction des stocks. Au sein du bureau général, le bureau régional peut vous informer sur les possibilités touristiques offertes par chaque région.

AFRIK.COM

www.afrik.com

Portail généraliste d'information spécialisé sur l'Afrique, *Afrik.com* est aujourd'hui le 1er quotidien francophone panafricain sur Internet couvrant l'ensemble des pays d'Afrique. On apprécie particulièrement les dossiers thématiques traitant de l'actualité, les documents audio ou vidéo mis en ligne, les reportages d'investigation, les interviews, etc. En recherchant les articles relatifs à la Zambie, on trouve plein d'informations intéressantes sur les actualités du pays, peu relayées en France dans les magazines et journaux plus généralistes.

107.5 - AFRICA RADIO

33, rue du Faubourg Saint-Antoine
PARIS (11e)
✆ 01 55 07 58 01
www.africaradio.com

Née au Gabon en 1981 et s'étant développée en Afrique grâce aux ondes courtes et à ses émetteurs FM, *Africa n°1*, devenu Africa Radio en 2019, est aujourd'hui la plus importante des radios francophones du continent. Les programmes spécifiques d'*Africa Radio Paris* sont composés d'information, de débats, de musique, de sport et d'interactivité. *Africa Radio* propose en outre, via son site internet, différentes radios musicales thématiques, et qui sont consacrées au coupé-décalé, au mandingue, rumba, etc. Le portail en ligne est également très riche.

AMINA

11, rue de Téhéran - **PARIS** (8e)
✆ 01 45 62 74 76
www.amina-mag.com
Abonnement annuel : 24 € (France) 40 € (Europe) ; 33 € (Afrique) ; 63 € (Canada/USA).

« Le magazine de la femme », le magazine mensuel de référence qui présente l'actualité des femmes depuis 1972 : voici comment se présente lui-même le magazine *Amina*. Et en effet, créé à l'origine pour les femmes noires, *Amina* continue à parler d'elles et pour elles. Un journal passionnant, mis en page et illustré avec élégance et esthétisme, suivant les rubriques Mode, Beauté, Société, Lifestyle, People, Culture, Femmes d'Amina, Agenda, Amina TV... *Amina* est aujourd'hui diffusé aux Antilles, en Amérique et auprès de toute la communauté afro-antillaise européenne.

CARNETS DE VOYAGE

36, Boulevard de la Bastille
PARIS (12e)
www.us.phoenix-publications.com

Publié par les éditions Phoenix, qui comptent déjà plusieurs revues à leur actif, ce trimestriel est consacré aux voyages avec des focus dédiés à la découverte d'une ville, d'une région, que ce soit en France, en Europe ou dans le monde. *Carnets de Voyage*, un magazine utile pour nous faire découvrir le meilleur d'une destination et nous faciliter le voyage. Pour de grandes ou petites escapades, les rédacteurs nous invitent à entrer dans leurs textes vivants, complétés de conseils pratiques, d'un agenda, de bonnes adresses et de superbes photos.

PETIT FUTÉ MAG

www.petitfute.com

Le *Petit Futé Mag* est le magazine idéal pour vous aider à préparer vos prochains week-ends, vacances, ou tout simplement rêver à votre prochaine destination ! Biannuel, vous le retrouverez dans vos kiosques au printemps et à l'automne. À chaque numéro, des destinations en France et à travers le monde sont mises en valeur sous forme de dossiers thématiques pour valoriser les différents aspects de ladite destination (culturels, gastronomiques, etc.). En prime, un agenda ouvre le mag pour ne rien manquer de l'actu touristique et muséale.

ECHAPPEES BELLES

8, rue Buffon - **CLERMONT-FERRAND**
✆ 04 73 14 03 00
www.turbulencespresse.fr

Trimestriel inspiré de l'émission éponyme diffusée sur France 5.

Le nouveau magazine *Échappées Belles*, inspiré de l'émission éponyme, met en lumière la rencontre et la découverte de l'autre par le voyage. Curiosité, tolérance, partage et respect des autres cultures sont les valeurs clés de ce trimestriel. Avec la participation des animateurs Sophie Jovillard, Ismaël Khelifa et Jérôme Pitorin, *Échappées Belles* fait découvrir de superbes destinations en France et dans le monde, via de nombreuses rubriques dédiées au patrimoine, à l'artisanat, à la gastronomie et à la nature. À retrouver en kiosque et sur www.turbulences-presse.fr

RFI

80, rue Camille Desmoulins
ISSY-LES-MOULINEAUX
✆ 01 84 22 84 84
www.rfi.fr

RFI (Radio France Internationale) est une radio française d'actualité diffusée mondialement en français et en 13 autres langues*, disponible en direct sur Internet (rfi.fr) et applications connectées. Grâce à l'expertise de ses rédactions basées à Paris et de son réseau de 400 correspondants, RFI propose à ses auditeurs des rendez-vous d'information et des magazines offrant les clés de compréhension du monde.

*anglais, cambodgien, chinois, espagnol, haoussa, kiswahili, mandingue, persan, portugais, roumain, russe, vietnamien.

FRANCE 24

80, rue Camille Desmoulins
ISSY-LES-MOULINEAUX
✆ 01 84 22 84 84
france24.com

Fondée en 2005, cette chaîne de télévision française d'information internationale en continu est accessible par le câble ou par le satellite dans certains bouquets de chaînes des hôtels du pays (canaux en français, en anglais, en arabe et en espagnol). Mais seuls les faits les plus retentissants de l'actualité locale sont traités. Dans les hôtels, vous pourrez aussi parfois trouver les chaînes *TV5 Monde* et *Euronews*. Cette dernière est diffusée en quatorze langues, dont le français, mais aussi en bosno-serbo-croate depuis 2021.

TV5 MONDE

www.tv5monde.com

La chaîne de télévision internationale francophone diffuse des émissions de ses partenaires nationaux (France Télévisions, RTBF, TSR et CTQC) et ses propres programmes. La grille de TV5 Monde reflète la diversité de la création audiovisuelle francophone : cinéma, fictions, documentaires, jeux, divertissements, musique, jeunesse, sport, spectacles… TV5 Monde est diffusée dans plus de 200 pays et propose 9 chaînes régionalisées et 2 chaînes thématiques. Son audience moyenne hebdomadaire est de 55 millions de téléspectateurs.

RESTER

Si vous êtes ressortissant français et touriste, vous ne pourrez rester que deux mois maximum au Ghana, et ce, quel que soit le type de votre visa (« entrée simple » ou « entrées multiples »). Si toutefois le pays est à votre goût et que vous souhaitez y rester plus que 60 jours, plusieurs options s'offrent à vous, selon votre profil et vos projets. Vous pouvez par exemple entreprendre des études le temps d'un semestre (ou plus) par exemple, les universités du Ghana ayant bonne réputation. Également, si vous avez une offre d'emploi ou une opportunité professionnelle sur place, il est possible d'entamer des démarches auprès des services diplomatiques ghanéens pour obtenir les autorisation nécessaires. Enfin, troisième option, qui concerne de nombreux jeunes étudiants : les chantiers de volontariat. Que ce soit à Accra, sur la côte ou à l'intérieur du pays, les projets humanitaires et les ONG ne manquent pas au Ghana.

AEFE

23, place de Catalogne
PARIS (14e)
✆ 01 53 69 30 90
www.aefe.fr

Cette agence, sous tutelle du ministère des Affaires étrangères, anime et gère un réseau de près de 500 établissements d'enseignement français à l'étranger, dans près de 140 pays. Des centaines de milliers d'élèves, dont une forte proportion de Français, fréquentent ces établissements. Offres d'emploi à l'international pour les titulaires de la fonction publique et informations sur la politique pédagogique émaillent le site Internet de cet organisme qui soutient également l'association Anciens des lycées français du monde est particulièrement bien fait.

ACTION CONTRE LA FAIM

102, rue de Paris - **MONTREUIL**
✆ 01 70 84 70 84
www.actioncontrelafaim.org
Par téléphone de 9h à 13h et de 14h à 18h.

ONG internationale spécialisée dans la lutte contre la faim dans le monde, active dans les domaines de la nutrition, santé, sécurité alimentaire, de l'eau, de l'assainissement. L'association intervient dans des situations de crise. Le but étant de rendre les populations autonomes d'un point de vue de la nutrition, en apportant une aide concrète et en formant les intervenants locaux qui prendront le relais. Ses missions de volontariat durent de trois mois à un an en Afrique, Asie, Amérique, Europe centrale, dans le Caucase, au Moyen-Orient et dans les Caraïbes.

ÉDUCATION NATIONALE

www.education.gouv.fr
Modalités sur www.france.diplomatie.fr/mfi.

Vous êtes enseignant ou fonctionnaire d'État, vous souhaitez travailler à l'étranger ? Consultez le site du ministère de l'Éducation nationale, il informe sur les conditions de mobilité dans le monde. Cette initiative peut s'inscrire dans un parcours professionnel. Elle permet d'exercer son métier dans des conditions spécifiques, ou un autre métier et diversifier ainsi son expérience en enrichissant ses compétences. Les personnels d'encadrement peuvent aussi postuler dans des organismes internationaux ou de l'Union européenne.

CIDJ

www.cidj.com

Le Centre d'Information et de Documentation Jeunesse a été créé en 1969, sous la tutelle du ministère de la Jeunesse et des Sports. Le site Internet est bien fait et très complet. La rubrique « Partir à l'étranger » fournit des informations pratiques aux jeunes qui ont pour projet d'aller vivre à l'étranger. Il y a une rubrique spécifique dédiée à chacun des thèmes suivants : travail, étude, stage, volontariat international et séjours linguistiques. Pour vous aider dans vos démarches, vous pouvez avoir un entretien gratuit avec un conseiller du CIDJ.

MINISTÈRE DE L'EUROPE ET DES AFFAIRES ÉTRANGÈRES

www.diplomatie.gouv.fr

Site Internet officiel pour connaître les formalités d'entrée et séjour dans le pays. Dans la rubrique « Services aux Français », vous trouverez un guide de l'expatriation, les modalités de demandes de documents officiels. Sur la page d'accueil en sélectionnant le pays, vous obtenez les contacts des ambassades. Dans l'espace politique, économie et socio-culturel, quantité d'informations et de communications utiles pour qui s'intéresse aux réalités du pays.

CAPCAMPUS

www.capcampus.com

CapCampus fut l'un des premiers portails étudiants français en ligne. Dans la rubrique dédiée aux stages et aux premiers emplois, vous trouverez aussi des offres pour l'étranger, classées par pays. Celles pour les Etats-Unis ne sont pas très nombreuses, le mieux est de consulter le site régulièrement pour ne pas passer à côtés des offres intéressantes. Le site est également utile pour se familiariser avec la vie aux Etats-Unis, car il propose également toutes les informations pratiques pour bien préparer son départ et son séjour à l'étranger.

WEP FRANCE

95, avenue Ledru Rollin
PARIS (11e)
✆ 01 48 06 26 26
www.wep.fr

WEP propose plus de 50 projets éducatifs et séjours linguistiques dans une trentaine de pays pour une durée allant de une semaine à 18 mois. Quel que soit votre projet d'études ou de volontariat à l'étranger, vous trouverez sur le site de WEP une rubrique qui y sera consacrée : étudier au lycée, dans une université, partir en séjour linguistique, faire une expérience professionnelle dans le cadre d'un stage ou vivre en immersion dans une famille. Possibilité également de planifier des programmes combinés (études et projet humanitaire par exemple).

CLUB TELI

Les Clarets
SAINT-PIERRE-D'ENTREMONT
✆ 04 79 85 24 63
www.teli.asso.fr
Adhésion d'un an : 45 €.

Le Club Teli est une association d'aide à la mobilité internationale créée voici bientôt 30 ans, forte de 4 000 adhérents en France et dans 65 pays. Si vous souhaitez séjourner à l'étranger, quel que soit votre projet, vous trouverez par le biais de ce club des infos et des offres de stages, de jobs d'été et de travail pour francophones. Si vous avez besoin d'aide pour envoyer des candidatures, le Club peut vous aider à mettre votre CV aux normes du pays où vous souhaitez partir. Pour bénéficier de ces aides et informations, il faut adhérer.

BUSINESS FRANCE

77, Boulevard Saint-Jacques
PARIS (14e)
✆ 01 40 73 30 00
Ouvert en semaine de 8h30 à 18h30.

L'Agence pour le développement international des entreprises françaises travaille en étroite collaboration avec les missions économiques. Le site Internet recense toutes les actions menées, les ouvrages publiés, les événements programmés et renvoie sur la page du Volontariat International en Entreprise (VIE). Fondée en 2015, cette structure est née de la fusion entre Ubifrance et l'Agence française pour les investissements internationaux. Elle est affiliée au Ministère de l'Europe et des Affaires étrangères et au Ministère de l'Économie et des Finances.

WEWORK

www.wework.com
Abonnements mensuels hot desk à 239 ou 395 € TTC.

Wework est une solution très complète d'espaces de travail pour entreprises et travailleurs indépendants. Ils ont des espaces de coworking partout dans le monde. Une fois que vous avez choisi votre formule (bien regarder avant si la ville où l'on se rend possède la formule), vous pouvez télécharger l'application et réserver votre bureau pour la journée. Vous pouvez bien sûr réserver à l'avance. D'autres possibilités existent comme celle d'avoir un bureau privé pour soi ou son équipe. Ce service est uniquement sur demande via le site.

INDEX

Les chutes de Wli.

EDITION

Directeurs de collection et auteurs : Dominique AUZIAS et Jean-Paul LABOURDETTE

Auteurs : Martin FOUQUET, Romain RISSO, Mathias DESHOURS, Baptiste THARREAU, Juliette COURTOIS, Sylvie DEL COTTO Amandine GLEVAREC, Priscilla PARARD, Kévin GIRAUD, Maeva KOKODOKO, Talatah FAVREAU, Nicolas LANDRU, Maxence GORREGUES, Pierre JARNIGON, , Jean-Paul LABOURDETTE, Dominique AUZIAS et alter

Directeur Editorial : Stéphan SZEREMETA

Rédaction Monde : Laure CHATAIGNON, Morgane VESLIN, Pierre-Yves SOUCHET, Natalia COLLIER, Julie BEZ

Rédaction France : Briséis TEMPLE-BOYER, Audrey VEDOVOTTO, Nicolas WODARCZAK, Mélanie PEILLET

FABRICATION

Maquette et Montage : Romain AUDREN, Julie BORDES, Delphine PAGANO

Iconographie et Cartographie : Anne DIOT, Julien DOUCET

WEB ET NUMERIQUE

Directeur Web : Louis GENEAU de LAMARLIERE

Technical Project Manager : Hervé MARION

Développeurs : Guillaume BARBET, Adeline CAUX

Intégrateur Web : Mickael LATTES, Antoine DION

Webdesigner : Caroline LAFFAITEUR

Community Traffic Manager : Alice BARBIER, Shirley NDEMA-KINGUE, Liman DIEW

Content Manager : Aliénor de PERIER

DIRECTION COMMERCIALE

Directeur commercial : Guillaume VORBURGER

Coordinatrice des Régies commerciales : Manon GUERIN

Responsable Régies locales : Michel GRANSEIGNE

Responsables Développement régie inter : Jean-Marc FARAGUET, Guillaume LABOUREUR et Camille ESMIEU

Assistante commerciale Régie internationale : Leila ANTRI-BOUZAR

Chefs de Publicité Régie nationale : Caroline AUBRY, François BRIANCON-MARJOLLET, Perrine DE CARNE MARCEIN, Jonathan TOUTOUX, Fouzia CHAOUI

Régie Monde : Muriel de GERLACHE

DIFFUSION ET PROMOTION

Directrice des Ventes : Bénédicte MOULET assistée d'Aissatou DIOP

Responsable des ventes : Jean-Pierre GHEZ assisté de Nelly BRION

Relations Presse-Partenariats : Jean-Mary MARCHAL

ADMINISTRATION

Président : Jean-Paul LABOURDETTE

Directeur général : Louis AUZIAS

Directrice des Ressources Humaines : Dina BOURDEAU assistée de Sandra DOS REIS et Eva BAELEN

Directrice Administrative et Financière : Valérie DECOTTIGNIES

Comptabilité : Guillaume PETIT, Aminata BAGAYOKO, Jeannine DEMIRDJIAN et Adama DIABY

Recouvrement : Fabien BONNAN assisté de Sandra BRIJLALL

Responsable informatique : Elie NZUZI-LEBA

PETIT FUTÉ GHANA

LES NOUVELLES EDITIONS DE L'UNIVERSITE
18, rue des Volontaires - 75015 Paris.
✆ 01 53 69 70 00 - Fax 01 42 73 15 24
Internet : www.petitfute.com
SAS au capital de 1 000 000 € -
RC PARIS B 309 769 966
Couverture : Femme dans le petit village de Keta
© Gerhard Pettersson - iStockPhoto.com
Impression : IMPRIMERIE CHIRAT -
42540 Saint-Just-la-Pendue
Achevé d'imprimer : septembre 2023
Dépôt légal : 08/10/2023
ISBN : 9782305092577

Pour nous contacter par email, indiquez le nom de famille en minuscule suivi de @petitfute.com
Pour le courrier des lecteurs : info@petitfute.com

IMPRIMÉ EN FRANCE